把权力关进制度的笼子里

中国政法大学制度学研究中心 ◎编

李 铁　李树忠　王凤鸣 ◎著

目 录

习总书记说制度笼子

要加强对权力运行的制约和监督,把权力关进制度的笼子里,形成不敢腐的惩戒机制、不能腐的防范机制、不易腐的保障机制……

习总书记说党的制度建设

社会主义基本制度确立以后,还要从根本上改变束缚生产力发展的经济体制,建立起充满生机和活力的社会主义经济体制,促进生产力的发展……

第三章　制度编制权力清单 ……………………………… ／65

习总书记说权力与制度

任何人都没有法律之外的绝对权力,任何人行使权力都必须为人民服务、对人民负责并自觉接受人民监督……

健全施政行为公开制度,保证领导干部做到位高不擅权、权重不谋私……

第四章　制度铁腕横扫"四风" ……………………………… ／87

习总书记说除"四风"

工作作风上的问题绝对不是小事,如果不坚决纠正不良风气,任其发展下去,就会像一座无形的墙把我们党和人民群众隔开,我们党就会失去根基、失去血脉、失去力量……

第五章　制度惩腐利剑高悬 ……………………………… / 117

习总书记说反腐败

要坚持"老虎"、"苍蝇"一起打，既坚决查处领导干部违纪违法案件，又切实解决发生在群众身边的不正之风和腐败问题。要坚持党纪国法面前没有例外，不管涉及到谁，都要一查到底，决不姑息……

第六章　制度守望精神家园 ……………………………… / 157

习总书记说官德制度生命线

制度一经形成，就要严格遵守，坚持制度面前人人平等、执行制度没有例外，坚决维护制度的严肃性和权威性，坚决纠正有令不行、有禁不止的各种行为，使制度真正成为党员、干部联系和服务群众的硬约束，使贯彻党的群众路线真正成为党员、干部的自觉行动……

第一章　什么是制度笼子

习总书记说制度笼子

习近平总书记于 2013 年首次提出了"制度笼子"的命题,之后又做了多次的理论阐释,初步形成了独自的制度结构框架。

1. 把权力关进制度的笼子里

要加强对权力运行的制约和监督,把权力关进制度的笼子里,形成不敢腐的惩戒机制、不能腐的防范机制、不易腐的保障机制。(习近平在十八届中央纪委二次全会上发表重要讲话,2013 年 1 月 22 日)

关键是要健全权力运行制约和监督体系,让人民监督权力,让权力在阳光下运行,把权力关进制度的笼子里。(习近平在中共中央政治局第五次集体学习时强调,2013 年 4 月 20 日)

2. 一场深刻革命中的制度建设

改革开放是一场深刻革命,必须坚持正确方向,沿着正确道路推进。在方向问题上,我们头脑必须十分清醒,不断推动社会主义制度自我完善和发展,坚定不移走中国特色社会主义道路。(习近平在中共中央政治局第二次集体学习时强调,2012 年 12 月 31 日)

我们讲要坚定道路自信、理论自信、制度自信,要有坚如磐石的精神和信仰力量,也要有支撑这种精神和信仰的强大物质力量。(习近平:《切实把思想统一到党的十八届三中全会精神上来》,2013 年 12 月 31 日)

3. 2020 年目标——实现党和国家治理制度化

党的十八届三中全会提出的全面深化改革的总目标，就是完善和发展中国特色社会主义制度、推进国家治理体系和治理能力现代化。这是坚持和发展中国特色社会主义的必然要求，也是实现社会主义现代化的应有之义。

实现党、国家、社会各项事务治理制度化、规范化、程序化，不断提高运用中国特色社会主义制度有效治理国家的能力。（习近平在省部级主要领导干部学习贯彻十八届三中全会精神全面深化改革专题研讨班开班式发表重要讲话强调，2014 年 2 月 17 日）

推进国家治理体系和治理能力现代化，就是要适应时代变化，既改革不适应实践发展要求的体制机制、法律法规，又不断构建新的体制机制、法律法规，使各方面制度更加科学、更加完善，实现党、国家、社会各项事务治理制度化、规范化、程序化。（习近平：《切实把思想统一到十八届三中全会精神上来》，2013 年 12 月 31 日）

真正实现社会和谐、国家长治久安，还是要靠制度，靠我们在国家治理上的高超能力，靠高素质干部队伍。（习近平：《切实把思想统一到十八届三中全会精神上来》，《求是》2014 年第 1 期）

国家治理体系是在党领导下管理国家的制度体系，包括经济、政治、文化、社会、生态文明和党的建设等各领域体制机制、法律法规安排，也就是一整套紧密相连、相互协调的国家制度。（习近平：《切实把思想统一到十八届三中全会精神上来》，2013 年 12 月 31 日）

国家治理体系和治理能力是一个国家的制度和制度执行能力的集中体现，两者相辅相成，单靠哪一个治理国家都不行。（习近平在省部级主要领导干部学习贯彻十八届三中全会精神全面深化改革专题研讨班开班式上发表重要讲话强调，2014 年 2 月 17 日）

一、什么是制度笼子

1. "制度笼子"从哪里来

党的十八大以来,有一个出现频率很高的词语,叫"制度笼子"。这最初是习近平总书记在中央纪律检查委员会第二次全体会议上提出的:"要加强对权力运行的制约和监督,把权力关进制度的笼子里,形成不敢腐的惩戒机制、不能腐的防范机制、不易腐的保障机制。"习总书记首次从惩治腐败的角度讲到"制度笼子",并强调用这个制度笼子从严治党,从严治吏,要"老虎"、"苍蝇"一起打,既坚决查处领导干部违纪违法案件,又切实解决发生在群众身边的不正之风和腐败问题。制度笼子就如同一个激烈的战场,从这里展开了一场在我党的反腐败斗争史上气壮山河的战役。

从党内做起,用制度笼子约束权力,用立体的全方位的制度笼子纠正党内不正之风,狠刹权力寻租,用一系列打造制度之笼的刚性手段,把制度笼子扎得更牢更实,终于将制度笼子摆上反腐阵地前沿,在中国人的心中升起了希望之光。今日中国,正昂首阔步迈进改革深水区,制度笼子的理念已经融入8000万党员和亿万民众的心灵。制度治国的壮丽诗篇正在中华大地上谱写。

同时,一个重大的国家治理体系和治理能力现代化的制度研究与实践命题,也在当代中国蓬勃展开。

（1）来自30年改革开放

如果说改革开放的总设计师是邓小平,那么制度治国的顶层设计师就是习近平。早在1992年,邓小平同志南方谈话,就提出了"制度建设"

的构想。他说："恐怕再有30年的时间，我们才会在各方面形成一整套更加成熟、更加定型的制度。"党的十八届三中全会就是在邓小平同志战略思想的基础上，提出要推进国家治理体系和治理能力现代化。这是完善和发展中国特色社会主义制度的必然要求，是实现社会主义现代化的应有之义。总书记习近平说："坚持把完善和发展中国特色社会主义制度，推进国家治理体系和治理能力现代化作为全面深化改革的总目标。""我们之所以决定这次三中全会研究全面深化改革问题，不是推进一个领域改革，也不是推进几个领域改革，而是推进所有领域改革，就是从国家治理体系和治理能力的总体角度考虑的。"国家治理体系和治理能力是一个国家的制度和制度执行能力的集中体现，两者相辅相成，单靠哪一个治理国家都不行。

治理国家，制度是起根本性、全局性、长远性作用的。然而，没有有效的治理能力，再好的制度也难以发挥作用。又强调指出："必须适应国家现代化总进程，提高党科学执政、民主执政、依法执政水平，提高国家机构履职能力，提高人民群众依法管理国家事务、经济社会文化事务、自身事务的能力，实现党、国家、社会各项事务治理制度化、规范化、程序化，不断提高运用中国特色社会主义制度有效治理国家的能力。"

（2）来自制度自信

提出"制度笼子"的概念，是建立在制度自信、中国走向制度文明的理念之上，这是继承中华五千年历史文化传统、东方人类文明的精华，在当代向着国家制度文明理想迈出的关键一步。正如习近平总书记指出的那样："没有坚定的制度自信就不可能有全面深化改革的勇气，同样，离开不断改革，制度自信也不可能彻底、不可能久远。"制度自信就是中国已经开始的制度现代化的理论根基和实践的起点。

一部人类文明史，也可看做是一部制度发展史。对一个发展中的大国而言，制度是决定未来发展前途的基础。对改革开放后的中国而言，面临的最大公约数就是13亿人民广泛认可的道路的选择、理论的创新和制度的保障。因此，提出的"三个自信"，道路自信和理论自信也是建立在制度自信的基础之上,只有坚守制度自信才能保证当代中国走向制度文明。

从近代历史变革着眼,从推进国家治理体系和治理能力现代化构思分析,将中国制度的历史文明和现代制度模式的创新,作为实现全面深化改革总目标的历史使命对待,这无疑是对我国历史传承、文化传统的继承。国家第一代领导人曾指出,新中国历史的发展道路就是坚持民族独立,选择独立自主道路的历史开端,而不是向西方国家制度借位,从根本上确立了新中国建设的目标和国家制度建设的定位。由民主主义革命依靠西方国家制度开始,到确立独立自主的社会主义制度体系,不仅决定了中国革命的成功、社会的进步,而且飞速取得了世界第二大经济体的国际地位,这也正是合理选择制度和坚守制度自信的结果。

在经历改革开放35年之后,已经进入改革深水区,同样面临着一个国家治理体系和治理能力向何处去的选择,这既关系到社会主义制度的定向,又决定着中国制度文明进步的步伐。新一届中央领导集体在继续完善中国社会主义制度的前提下按着历史发展的趋势,使国家已有的制度走向更加完备、更加科学、更加规范和实用,这是为法治中国的建设铺路架桥。

(3)来自5000年中华文明

今日之制度学源自五千年文明史的发展结晶。中国是一个具有五千多年悠久历史文明的国度,中华民族是一个具有八千年人类生存文明的东方民族,没有哪一个国家、哪一个民族的历史可堪媲美。中华民族积累的五千年文化素养,自商周以来的三千多年典章制度的历史沉淀,还有六十年建设新中国、三十年改革开放的制度建设成果,必将是未来制度文明的深厚沃土,推动当今中国步入制度文明国家的行列。

2. 紧连60年——中国的两件大事

(1)前半程的制度建设

我们说制度笼子来源于制度自信和五千年的历史文化,还有一点非常重要的理论根据,就是中国走过的六十年建国实践。习近平同志曾做过很好的说明:"六十多年前我们党领导人民经过长期艰苦卓绝的斗争建立了新中国,三十多年前我们党领导人民开始了改革开放,这两件大事大大加快了实现中华民族伟大复兴的历史进程。"这两件大事都是在确立中国特色社会主义制度。习近平同志还说:"从形成更加成熟更加定型的制度看,我国社会主义实践的前半程已经走过了,前半程我们的主要历史任务是建立社会主义基本制度,并在这个基础上进行改革,现在已经有了很好的基础。"总书记的论述,包括两个重要方面:

从我们国家的性质说起。我们是社会主义国家,我们坚持的是中国特色社会主义道路,中国特色社会主义理论,中国特色社会主义制度,这三位一体的构成体系,道路是实践途径,理论是行动指南,制度是根本保障,这三者统一于中国特色社会主义伟大实践中,具有最鲜明的时代特色。中国特色社会主义制度,正是中国走向社会主义道路的坚强后盾。

习近平还指出:"中国特色社会主义是实践、理论、制度紧密结合的,既把成功的实践上升为理论,又以正确的理论指导新的实践,还把实践中已见成效的方针政策及时上升为党和国家的制度。所以,中国特色社会主义特就特在其道路、理论体系、制度上,特就特在其实现途径、行动指南、根本保障的内在联系上,特就特在这三者统一于中国特色社会主义伟大实践上。"

社会主义制度与道路和理论的相互关系,又明确体现在:

中国特色社会主义道路是实现社会主义现代化的必由之路,它以经济建设为中心,全面推进经济建设、政治建设、文化建设、生态文明建设以及其他各方面的建设,这些领域的建设均涉及到制度和制度建设的问题。

(2)前半程决定了制度的功能和实践特征

中国特色社会主义理论体系,就是马克思主义中国化的理论体系,它包括邓小平理论、"三个代表"的重要思想及科学发展观,同马克思列宁主义、毛泽东思想是继承和发展创新的关系,马克思列宁主义毛泽东思想是中国特色社会主义理论体系的根本。创新又要着眼于马克思主义理论的实际运用,着眼于现代化中国进程中的实际问题,中国特色社会主义制度就是实践道路、理论行动指南的根本保障。

中国特色社会主义制度坚持把根本政治制度、基本政治制度同基本经济制度以及各方面体制、机制等具体制度有机结合起来,坚持把国家层面民主制度同基层民主制度有机结合起来,坚持把党的领导、人民当家做主、依法治国有机结合起来,既符合我国国情,又集中体现了中国特色主义社会的特点和优势,这就决定了中国进步的根本保障是中国特色社会主义制度。

党的十八届三中全会把制度建设摆在突出位置,充分发挥我国社会主义政治制度的优越性,坚持以理论创新推动制度创新,坚持和完善现有制度,从全面深化改革开放出发,及时制定和创新一批新的制度,全力构建系统完备、科学规范、运行有效的制度体系,使各方面的制度更加成熟、更加定型。其目的就是为全面夺取深化改革的伟大胜利提供切实有效的制度保障。

(3)后半程的制度建设

习近平同志指出,中国特色社会主义制度的后半程,"我们的主要历史任务是完善和发展中国特色社会主义制度,为党和国家事业发展、为人民幸福安康、为社会和谐稳定、为国家长治久安提供一整套更完备、更稳定、更管用的制度体系。"碎片化修补不行,必须是全面的、系统的改革和改进,是各领域改革和改进的联动和集成,在国家治理体系和治理能力现代化上形成的总体效果。

后半程的历史任务就是将国家治理体系和治理能力的现代化运用中国特色社会主义制度的优势,加以实践和推进。

3. 制度笼子里的制度体系

(1)权力与制度关系

权力和制度的关系,历来是我党治国实践中所关注的重大问题之一。党和国家的基本概念是权力必须受制于制度,所有权力的行使都必须按照国家的政治制度同基本政治制度、基本经济制度以及各个体系的具体制度为依据，必须受到制度的严格约束和制约，并要以法律为保障。

触动制度笼子是要付出代价的，这也是我党一贯认定的政治命题。从政治上讲，触动制度笼子就是对抗了国家的政治制度；从经济上讲，触动制度笼子就是走向了违背经济规律乃至经济犯罪的道路；从权利义务和关系上讲，触动制度笼子就是否定了国家制度的功能，带来对抗制度、破坏制度的一系列后果。在过去很长一段时间内，中国腐败的问题异常严峻，社会道德水平下降，就是因为缺少制度笼子，缺少了人们对国家制度和国家建设关系的深刻认识，造成无限制的放纵权力，使许多人民公仆变成了制度笼子的阶下囚。在这个意义上，扎紧、扎实制度笼子，编织立体的监督权力的制度笼子，就是为了保障国家制度、党内制度、社会制度的权威实施，维护国家政权的良好运行。

李克强总理在政府工作报告中曾指出："我们要用法治的思维，用制度来管钱、管权。"通过制度性措施来制止权力寻租，让腐败现象无藏身之地。正如张德江委员长在人大报告中指出的："要增强按制度办事，依法办事的意识，善于用制度和法律治理国家。"就是说健全权力制约和建立制度体系，让权力在阳光下运行，把权力真正关进制度的笼子里，使各级国家机关要用制度管钱、管权、管人，加大制度惩治腐败的力度，加强执法和司法制度建设，是全面深化改革，夺取全面改革胜利的必然选择。

关于制度笼子的功能概括起来就是实现党和国家各项事务治理的制度化，体现国家制度执行能力的成果化，最终目的是实现国家现代化、制度现代化。

(2)制度笼子的制度结构

制度笼子包括怎样的制度体系，这也是我党在制度建设上一直努力探索的一个命题。按照党的十八大和十八届三中全会的决定，对制度体系做了一个基本概括，这就是：中国特色社会主义制度就是人民代表大会制度的根本政治制度，就是人民代表大会制度的良好政治制度、中国共产党领导的多党合作和政治协商制度、民族区域自治制度以及基层群众自治制度等基本政治制度,中国特色社会主义法律体系,公有制为主体,多种所有制经济共同发展的基本经济制度,以及建立在这些制度基础上的经济体制、政治体制、文化体制、社会体制等各项制度。

党的十八届三中全会又进一步明确:政治体制改革总的目标是巩固社会主义制度,发展社会主义社会的生产力,发扬社会主义民主,调动广大人民的积极性。党的十四大提出,我国经济体制改革的目标是建立社会主义市场经济体制。党的十八届三中全会提出全面深化改革的总目标,并在总目标统领下明确了经济体制、政治体制、文化体制、社会体制、生态文明体制和党的建设制度深化改革的分目标,这是改革进程本身向前拓展提出的客观要求,体现了我们党对改革认识的深化和系统化。

党的十八届三中全会提出的全面改革的总目标就是完善和发展中国特色社会主义制度、推进国家治理体系和治理能力的现代化。在总目标统领下明确了经济体制、政治体制、文化体制、社会体制、生态文明体制和党的建设制度深化改革的分目标。在确定了五位一体的制度建设上还有党的建设制度,共同构成了六部十体的体系。

习近平同志在中法建交五十周年纪念大会的演讲中谈道:"我们将通过经济、政治、文化、社会、生态文明等各领域改革,完善和发展中国特色社会主义制度、推进国家治理体系和治理能力现代化。"

党的十八大确立了党的基本制度结构,三中全会确定了制度体系建设和国家制度现代化的结构。至此,中国特色社会主义制度框架应该明确确立。

(3)六体制度的内涵概念

下面从五个层面来认识它的内涵概念和实践意义,这就是制度笼子里装的是哪些制度?采取什么手段把权力关进制度笼子?谁又是制度笼子的守护人?解答这三个问题的基本点就是弄清楚六部体系制度的内涵和结构。

①政治制度体系概括为五个系列:即人民代表大会制度、民主协商制度或称为政治协商制度、政府运行制度、司法制度以及党内制度,这些构

成中国制度的基本框架和制度运行模式。

②中国经济制度是以经济领域的体系所组成的制度框架,主要概括为三个体系,即现代财政制度(包括预算管理、税收和事权和支出责任三大要素)、及资源产权所有制以及金融等制度体系。其中最关键的是现代财政制度的确立和混合所有制度的建设。

③始终跟政治制度、经济制度有机相连的文化体制制度、社会体制制度及生态文明制度,这五项共同构成国家五位一体的制度运行体系。

④党的制度建设应该看做是党内立法,它是独立于国家运行体系的一个完整制度体系,主要是党的建设、干部人事制度、反腐廉政制度,以及作风建设等系列制度体系。

⑤在全面深化改革推行一年中,制度创新方面有许多重要举措,这就是城镇一体化的制度构思框架,京津冀一体化的制度互溶基础、中央主导的司法制度改革、互联网浪潮下的制度体系建设,这都可概括为创新国家制度的顶层设计,是在六体制度体系上未来的制度创新,也是作为国家制度顶层设计的伟大序幕。

4. 六体十部的制度体系

(1)政治制度体系

一、根本制度——人民代表大会制度

二、基本制度——民主协商制度

民族区域自治制度

基层群众自治制度

三、政府制度

四、司法制度

五、监察监督制度

(2)经济制度体系

六、经济制度——现代财政制度

政府预算制度

税收制度

事权责任制度

产权保护制度

国家资产管理制度

不动产统一登记制度

现代企业制度

混合所有制经济制度

城乡一体化制度

自由贸易区制度

互联网经济制度

土地农林制度

价格制度

分配制度

（3）文化制度体系

七、文化制度——文化制度

教育制度

医疗卫生制度

科技制度

健康制度

（4）社会制度体系

八、社会制度——社会治理制度

社会保障制度

社会民生制度

社会诚信制度

人格制度

（5）生态文明制度体系

九、生态文明制度——自然资源产权制度

　　生态补偿制度

　　环境保护制度

　　损害赔偿制度

　　防污治污制度

　　终身追究制度

（6）政党制度体系

十、党内制度——党内基础制度

　　党内生活准则

　　战略规划制度

　　制度是一个庞大的王国体系，涉及国家治理的方方面面。制度现代化将是实现复兴中国梦的坚强支柱，是治理体系现代化和治理能力现代化的根本保障。学制度、懂制度、行制度的治国重任必将成为几代人的历史担当。与时代共进、与制度建设共进，将迎接一个中华制度文明灿烂的伟大时代。

5. 具体制度的框架体系

（1）政治制度体系

　　中国特色社会主义制度是党和人民在长期实践中奋斗、创造、积累的符合国情，充满生命力的制度体系，它具有鲜明的中国特色。

　　人民代表大会制度是根本的政治制度。这个制度始终坚持国家层面民主制度，同基层民主制度的有机结合。中国共产党领导的多党合作和政治协商制度、民族区域自治制度，以及基层群众自治制度，构成为国家的基本政治制度。

　　人民代表大会制度作为国家的根本政治制度，是人民当家做主的重要途径和最高实现形式，人民通过普遍的民主选择产生自己的人民代表，人民代表大会或者人民代表大会常委会代表人民利益和意志，统一行使国家权利,各级人大都对人民负责,受人民监督,普遍反映人民呼声,有效支持和监督各级国家机关。

多党合作和政治协商制度,实现共产党领导、多党合作,共产党执政、多党派参与,实现了广泛的民主参与,有利于集中统一,同时兼顾各方面利益,既健全了民主制度又丰富了民主形式,拓展了中国特色社会主义民主的深度和广度。

民族区域自治制度是保证各民族享有平等的经济、政治、文化、社会、生态权益,形成相互支持、共同团结奋斗、共同繁荣发展的和谐民族关系。

基层群众自治制度,是由村民自治、居民自治、职工代表大会制度构成的自治制度,在城乡基层单位和组织中,依法直接行使民主选举、民主决策、民主管理和民主监督的权利,保障人民享有更切实的民主权利,这是中国特色社会主义民主最直接和最具体的表现形式。

中国特色社会主义制度始终坚持根本政治制度、基本政治制度同基本经济制度,以及各方面体制、机制等具体制度的有机结合。

(2)民主政治制度体系

在稳步推进人民代表大会制度、政治协商制度、民族区域自治制度、群众自治制度的基础上进一步创新和制定一系列国家需要的政治制度,主要包括以下五个系列:

积极实现大部门制,建立各类事业单位统一登记管理制度;

构建程序合理,环节完整的协商民主体系,建立健全决策咨询制度以及新型智库建设制度;

在进一步完善法律体系的基础上,普遍建立法律顾问制度、法律援助制度;

建立科学的法制体系管理和考核标准、完善人权司法保障制度、废止劳动教养制度、健全社区矫正制度,同时建立国家司法援助制度和法律援助制度;

在司法制度建设上将推出适当与行政区划分离的司法管辖制度、审判委员会制度、建立独立法官审判制度,以及严格的司法监督问责制度。

强化权力运行制约和监督体系,完善专项报告和监察制度,严格责任追究制度,探索实行官邸制度等。

我国的根本政治制度、基本政治制度同基本经济制度,以及建立在这些制度基础上的经济、政治、文化、社会、生态文明各项具体制度有机结合在一起,共同构成了中国现行的制度体系,对保持党和国家的活力,调动广大人民群众和社会各方面的积极性、主动性、创造性,解放和发展生产力,推动经济社会全面发展,维护和促进社会公平正义,实现全体人民共同富裕,同时对集中力量办大事,有效应付各种风险挑战,维护社会稳定、国家统一,具有最坚强的保障职能。

(3)经济制度体系

党的制度建设部署仍然坚持经济制度作为基本制度体系,即按照马克思主义理论"经济是基础,制度是上层建筑"的马克思主义理论,我国在经济制度建设上强调,坚持公有制为主体,多种所有制经济共同发展的基本经济制度。

在市场资源配置中起决定性作用的基础上加快完善现代市场体系、宏观调控体系、金融市场体系、开放性经济体系的建设,以完善公有制和非公有制并存的市场制度体系。实行统一的市场准入制度,健全社会主义市场经济体系。完善产权保护制度,明确公有制财产不可侵犯,非公有制财产同样不可侵犯的基本制度原则,全力推动国有企业完善现代企业制度,完善国有资产管理制度,完善国有资本经营预算制度,加快转变经济发展方式,创新国家经济制度体系。

同时,在创造自贸区的制度方面,以上海自贸区为试点,形成可复制、可推广的制度成果,这将丰富中国社会主义基本经济制度的内涵,创新经济制度建设的外延。不久的将来,在中国大地上,自贸区经济制度的发展将成为一道亮丽的风景线。

(4)文化制度体系

文化制度建设是我国面临的重大课题,与建设社会主义文化强国相一致,在建设先进的文化价值体系以及文化道德体系方面,都首先要确立文化管理制度,健全正确舆论导向的体制、机制。

这些文化产业和文化市场的繁荣,建立现代文化市场准入和退出制度,构建公共文化服务体系,建立公共文化服务制度协调体系,都将是文化制度建设方面的系统工程。

文化产业的兴起将决定文化产品评价体系的建立,如文化产品评奖制度,文化传播体系和能力建设制度,以及互联网制度、网络安全制度、网络突发处置机制等先进文化制度体系的框架结构。

(5)社会制度体系

社会制度体系也使国家面临着范围广博、制度体系结构复杂的制度建设任务,它包括四个方面:

健全社会保障财政投入制度,完善社会保障预算制度,以确保社会保障体系的建立和正常运行。民生改善是建立民生制度的核心,如工资决定和正常增长制度,完善最低工资和工资支付保障制度,完善企业工资集体协商制度,以及促进就业责任制度,提供就业失业监控统计制度。

与社会民生和社会保障相密切联系的现代职业教育,人才培训机制,都需要有与时共进的制度体系诞生。

安全将是中国未来社会面临的重大社会问题,创新预防和化解社会矛盾体制,健全重大社会稳定、风险评估制度,创立公共安全体系,设立安全委员会制度等。

与社会制度建设相配套的教育制度,医疗卫生改革制度,房屋保障制度,都是重要的民生制度建设内容,是推进国家治理体系和治理能力制度现代化的重要前提。

(6)生态文明制度体系

建立系统完整的生态文明制度体系,成为未来十年最繁重的、最艰巨的制度建设任务之一。它包括:严格的源头保护制度、环境的损害赔偿制度、完善的环境治理和生态修复制度、健全的自然资源资产产权制度和用途管制制度、国家自然资源资产管理制度等体系。生态文明制度体系将对整个中国未来经济的发展以及五大体系制度建设产生深远的影响。

在责任追究制度方面,建立最严格的问责制度,最严格的惩罚制度,以及法律保护制度,同样是建立系统生态文明制度的重要内容。

(7)党内制度体系

它包括三个主要体系:

完善科学民主决策机制,建立用制度严格管党的体系。

完善干部教育培训和实践锻炼制度,以及培养选拔制度,职务与职级并行,与待遇挂钩制度,在此基础上完善公务员录用制度。

完善干部的监督考评主要包括考核评价制度,重大事项报告制度,政绩考核评价制度,以及系列权利监督制度;同时完善对领导干部的问责制,对主体责任人的双重问责制。这将从整个制度体系完善和创新党的制度体系角度,形成一套科学、民主、效率统一的党内制度法规体系。

二、制度现代化——国家现代化的基石

1.国家现代化提出的三个阶段

实现国家现代化是以习近平同志为首的新的中央领导集体做出的重大的战略决策,它的布局和进程是与"两个一百年"的奋斗目标紧密连在一起。这是一个分三步走的路线图、时间表。

(1)第一阶段

党的十八大的决定,改革开放是决定当代中国命运的关键一招,邓小平同志在 20 世纪 80 年代就说过,改革的意义是为下一个十年和下一世纪的前五十年奠定良好的持续基础。改革开放不是只看三年五年,要看二十年,要看下个世纪的前五十年,也是决定实现"两个一百年"的奋斗目标,实现中华民族伟大复兴的关键一招。

（2）第二阶段

党的十八届三中全会吹响了全面深化改革的新号角，不断深化对改革开放规律的认识，决定了开拓中国特色社会主义更加广阔的前景，于是提出了"两个一百年"的奋斗目标。

"两个一百年"的奋斗目标，主要内容是在经济全球化快速发展，综合国力竞争力更加激烈，国际形势复杂多变的情况下，中国要抓住机遇，迎接挑战实现新的更大发展，从根本上要靠改革开放，在激烈的竞争中前行。

在这一认识基点上，党的十八届三中全会作出并通过了《中共中央关于全面深化改革若干问题的决定》。

（3）第三阶段

今后5—10年，即到党的第一个百年，是制度建设的第三阶段。全面深化改革的总目标已经确定，就是要进一步发展和完善中国特色社会主义制度，不断实现生产力的新飞跃。这从制度建设和深化改革的紧密连接在一起的角度，党中央提出了三个要求全面深化改革的理由：

实现党的十八大描绘的全面建成小康社会、加快推进社会主义现代化、实现中华民族伟大复兴的宏伟蓝图，要求全面深化改革。

坚持和发展中国特色社会主义，不断推进中国特色社会主义制度自我完善和发展，进一步解放和发展社会生产力，继续充分释放全社会创造活力，要求全面深化改革。

解决我国发展面临的一系列突出矛盾和问题，实现经济社会持续健康发展，不断改善人民生活，要求全面深化改革。

改革的战略目标、战略重点、优先顺序、主攻方向、推进机制提供了改革的总体方案、路线图、时间表，这同"两个一百年"奋斗目标紧密相连。实现"两个一百年"奋斗目标就是要以改革开放为抓手，要有相应的开放措施。党中央继而提出了顶层设计，说明顶层设计就是要对经济体制、政治体制、文化体制、社会体制、生态体制做出统筹设计，加强对各项改革关联性的研判，努力做到全局和局部相配合、治本和治标相结合、渐进和突破相促进。

这三阶段的战略为国家现代化、制度现代化做出了全局性的安排和部署。

2. 路线图、时间表、方法论

党的十八届三中全会作出的《中共中央关于全面深化改革若干重大问题的决定》（以下简称《决定》），是继三十五年改革开放之后，关乎如何推进全面深化改革，夺取建设小康社会伟大胜利的决定性战略，是对全党、全国人民进行的一次总部署、总动员。

十八大之后，国内国外普遍关注的一个问题就是新一届中央领导集体施政方针和工作重点的依据是什么？未来5—10年工作的重心和规划是什么？中央召开十八届三中全会的议题，就是围绕为全面建成小康社会、全面深化改革的总目标而展开的总体规划。

从党的十一届三中全会做出党和国家工作重心转移到经济建设上来，实行改革开放的历史性决策，整整过去了35个年头，中国人民的面貌、社会主义中国的面貌、中国共产党的面貌都发生了深刻的变化，中国在国际社会赢得了举足轻重的地位，已经进入世界第二大经济体。国内国外有利的形势发展，都需要新一届中央领导集体作出未来5—10年的工作规划。

三中全会在继承历史传统的基础上，及时作出了全面推进深化改革的重大决定，正如习近平同志指出的："正是从历史经验和现实需要的高度，党的十八大以来，中央反复强调，改革开放是决定当代中国命运的关键一招，也是决定实现'两个一百年'奋斗目标、实现中华民族伟大复兴的关键一招。""实践发展永无止境，解放思想永无止境，改革开放永无止境，停顿和倒退没有出路，改革开放只有进行时、没有完成时。"面对新的形式任务，党中央认定只有通过全面深化改革，着力解决我国发展面临的一系列突出矛盾和问题，才能不断推进中国特色社会主义制度的自我完善和发展。

因此，十八届三中全会《决定》明确指出："全面深化改革的总目标，是完善和发展中国特色社会主义制度,推进国家治理体系和治理能力的现代化。必须更加注重改革的系统性、整体性、协同性,加快发展社会主义经济、民主政治、先进文化、和谐社会、生态文明,让一切劳动、知识、技术、管理、资本的活力竞相迸发,让一切创造社会财富的源泉充分涌流,让发展更多、更公平惠及全体人民。"

全面深化改革的决定立即引起国内外的广泛关注,大大激发了全党、全国人民的积极性。

《决定》画出的路线图、时间表,就制度建设角度看,可以划为两大体系,紧紧围绕6个主体关系,全面部署10个领域的制度改革和创新,这在中国历史上空前绝后,这在国际社会的发展进程中也前所未有。这次总动员、总部署,将对中国未来社会的发展产生巨大的推动力。

(1)制度建设路线图

三中全会《决定》的路线图是:以经济体制改革为中心,发挥经济体制改革的导向作用,处理好政府和市场的关系,使市场在资源配置中起决定性作用,更好发挥政府作用,这是全面深化改革的路线图,是今后十年在制度建设上的重要遵循和指引。

制度建设的方法论,就是做到"四个坚持",处理好"六个关系"。这就是:坚持党的领导,坚持解放思想;坚持实事求是、与时俱进、求真务实;坚持以人为本;坚持正确处理改革发展稳定关系。

①制度建设要坚持"紧紧围绕六个主线"推进。

全面深化改革的总体目标就是完善和发展中国特色社会主义制度,在制度建设的总体部署上,三中全会决定了紧紧围绕六个主线,在经济体制、政治体制、文化体制、社会体制、生态文明体制和党的建设制度六个方面,做出了全面部署。

紧紧围绕使市场在资源配置中起决定性作用深化经济体制改革,坚持和完善基本经济制度,加快完善现代市场体系、宏观调控体系、开放型经济体系,加快转变经济发展方式,加快建设创新型国家,推动经济更有效率、更加公平、更可持续发展。

　　紧紧围绕坚持党的领导、人民当家做主、依法治国有机统一深化政治体制改革,加快推进社会主义民主政治制度化、规范化、程序化,建设社会主义法治国家,发展更加广泛、更加充分、更加健全的人民民主。

　　紧紧围绕建设社会主义核心价值体系、社会主义文化强国深化文化体制改革,加快完善文化管理体制和文化生产经营机制,建立健全现代公共文化服务体系、现代文化市场体系,推动社会主义文化大发展大繁荣。

　　紧紧围绕更好保障和改善民生、促进社会公平正义深化社会体制改革,改革收入分配制度,促进共同富裕,推进社会领域制度创新,推进基本公共服务均等化,加快形成科学有效的社会治理体制,确保社会既充满活力又和谐有序。

　　紧紧围绕建设美丽中国深化生态文明体制改革,加快建立生态文明制度,健全国土空间开发、资源节约利用、生态环境保护的体制机制,推动形成人与自然和谐发展现代化建设新格局。

　　紧紧围绕提高科学执政、民主执政、依法执政水平深化党的建设制度改革,加强民主集中制建设,完善党的领导体制和执政方式,保持党的先进性和纯洁性,为改革开放和社会主义现代化建设提供坚强政治保证。

　　②制度建设要坚持唯物主义方法论。

　　改革开放的成功实践为全面深化改革提供了重要经验,必须长期坚持。最重要的是,坚持党的领导,贯彻党的基本路线,不走封闭僵化的老路,不走改旗易帜的邪路,坚定走中国特色社会主义道路,始终确保改革正确方向;坚持解放思想、实事求是、与时俱进、求真务实,一切从实际出发,总结国内成功做法,借鉴国外有益经验,勇于推进理论和实践创新;坚持以人为本,尊重人民主体地位,发挥群众首创精神,紧紧依靠人民推动改革,促进人的全面发展;坚持正确处理改革发展稳定关系,胆子要大、步子要稳,加强顶层设计和摸着石头过河相结合,整体推进和重点突破相促进,提高改革决策科学性,广泛凝聚共识,形成改革合力。

习近平同志指出:"摸着石头过河和加强顶层设计是辩证统一的,推进局部的阶段性改革开放要在加强顶层设计的前提下进行,加强顶层设计要在推进局部的阶段性改革开放的基础上来谋划。"

(2)制度建设时间表

当前,我国发展进入新阶段,改革进入攻坚期和深水区。必须以强烈的历史使命感,最大限度集中全党全社会智慧,最大限度调动一切积极因素,敢于啃硬骨头,敢于涉险滩,以更大决心冲破思想观念的束缚、突破利益固化的藩篱,推动中国特色社会主义制度自我完善和发展。

到2020年,在重要领域和关键环节改革上要取得决定性成果,形成系统完备、科学规范、运行有效的制度体系,使各方面制度更加成熟更加定型。

《决定》中一再强调,要正确推进改革、准确推进改革、有序推进改革、协调推进改革,做好一个文件,只是万里长征走完了第一步,关键还是落实文件。要防止、抑制断章取义,要防止徒成空文、等待观望、急功近利,要把握大局、审时度势、统筹兼顾、科学实施,既敢于出招又敢于应招。这就是说,制度现代化的建设要从30多年的改革历史中汲取宝贵经验,在深水区和攻坚期推进制度改革中运用科学方法,以达到事半功倍的效果。

3. 国家制度建设的现状

党的智慧群体确立了"制度航船"的目标,这场意义深远的变革所期望达到的总目标,从制度、改革、现代化三个维度,给出了撬动中国发展的总支点。

在当代中国的词典里,现代化与改革始终紧密相连,改革开放的本质就是推动社会主义中国跟上现代化的时代潮流。实现中国的现代化是根据中国历史的发展脉络而做出的重要决断。

看看世界近代革命史,如巴黎公社、十月革命、苏联解体,均是由于没有能够形成有效的国家治理体系和治理能力,无法抵御社会矛盾积重难返,最终难以逆转国亡政息的命运,只能留下在国家治理史上令人扼腕的沉重一笔。

中国历史的治理路径自汉唐治国到康乾盛世,君主专制制度曾经辉煌一度,但专制根基保持不变,就使得中国这只雄狮进入了沉睡的状态。当欧美国家争相改革图强之时,东方帝国却依然固守于宗法祖制,与现代化的浪潮失之交臂。辛亥革命的爆发,结束了封建王朝帝制,为维新变法揭开了序幕。但君主立宪、复辟帝制、军阀政治都无法改变混乱的中国政坛。更谈不上现代国家治理体系的建立。只有共产党发动人民革命战争推倒三座大山,建立新中国,才开始寻求适合中国国情的治理路径,这就是所提出的实现四个现代化,建立社会主义制度体系。

35年前的改革开放钟声,提出了诸如改革开放不问"姓资"或"姓社",实行一国两制无论港澳或台湾,运用制度体系开创一条前进之路。伴随着共产党人的智慧和勇气跨越迈进,终于换得一个强盛时代的来临,引领中国步入现代化的行列。就在这片地基上,今天又开始迈入深水区的改革。

在建设社会主义社会这样一个历史命题下,中国共产党人所经历的是一项前无古人的伟大事业,没有先例可循。马克思恩格斯没能进行这方面的实验,列宁也只是完成了十月革命夺取政权阶段,未及建立制度化的管理体系。在其他国家,更没有先例解决社会主义步入现代化的难题。

只有新中国的60多年实践,从完善社会主义市场经济体制到形成中国社会主义法律体系,从实行基层群众自治到建设社会管理制度,在治理社会主义国家的历史进程中,才积累了丰富的管理经验。又经过了35年改革开放的实践,我国的政治稳定、经济发展、社会和谐、民族团结的局面已经形成。现实效果证明,我们的国家治理体系总体上是适应国情发展的需要。

正是在这一起点上,根据社会经济发展的时代要求和人民群众的期盼,以及日趋激烈的国际竞争条件,我们在制度建设上,才能确立以国家治理体系和治理能力的现代化作为制度建设的总目标、总抓手,以增强制度建设的系统性、整体性、协调性,在加快发展社会主义市场经济、民主政治、先进文化、和谐社会、生态文明的基础上让一切劳动、知识、技术、管理、资本的活力竞相迸发,让一切创造社会财富的源泉充分涌流,让发展成果更多、更公平地惠及13亿人民群众。

习近平同志指出,一个国家的现代化离不开治理现代化。实现社会和谐稳定、国家长治久安还是要靠制度,靠我们在国家治理上的高超能力,靠高素质干部队伍。这清楚表明,要靠制度安排,主动适应时代的急剧变化,改革完善不适应社会发展的体制机制、法律法规,构建新的制度体系,使各方面的制度更加科学、更加完善,从而实现各项事务治理制度化、规范化、程序化。也表明,要善于运用制度和法律治理国家,把制度优势转换为管理国家的效能,从而提高科学执政、民主执政、依法执政的水平。

三中全会所提出的制度建设总任务,包括12个领域300多项制度,如:坚持和完善基本经济制度、加快完善现代市场制度体系、加快转变政府职能、深化财税制度改革、健全城乡发展一体化体制机制、构建开放型经济新体制、加强社会主义民主政治制度建设、推进法治中国建设、强化权力运行制约和监督体制、推进文化体制机制创新、推进社会事业改革和制度创新、加快生态文明建设等,在更好发挥中国特色社会主义制度的优越性上,从各个领域推进治理体系和治理能力现代化的宏图拓展,这就是全党和全国人民未来5—10年的重大历史使命。

4. 实现国家治理现代化靠制度

科学合理的制度体系,是实现治理体系现代化的前提,又是现代化治理能力的产物,对于国家治理体系现代化和制度现代化具有决定性的作用。

民主政治的制度建设是提升国家治理能力现代化的基本条件和实践前提。社会主义国家制度的性质是人民当家做主,和充分发挥人民群众的智慧和创造力,实现民主政治建设的目标和根本任务,这一建设任务的实践同国家治理能力现代化的实践是目标一致,方向明确的,它构成为治理能力现代化的坚实基础。发扬人民民主,发扬人民群众的智慧创造能力,就是将人民群众的利益诉求和建国主张,进行协调综合,使制度建设最大限度地符合广大人民群众的利益和诉求,因此,健全民主制度,丰富民主形式,提供各种条件,动员各层次各领域人民的有序参与,这就是实现治理能力现代化的最大公约数。

(1)构建科学合理的制度体系

构建科学合理的制度体系,注重制度的系统性、整体性、协调性,以提升治理能力的实践效能,通过不同制度之间的紧密衔接、相互配合,整体发挥制度的行为规范、利益整合和关系协调作用,确保治理能力的运行在制度的框架下顺利推进,并保证达到良好的实施效果。

在实现党、国家、社会各项事务治理的现代化进程中,首先要形成治理体系和治理能力的制度化,完善中国特色社会主义制度,才能有效地治理国家、管理国家,在有效推进国家治理体系、治理能力现代化的进程中,达到完善创新中国社会主义制度的效果。

国家治理体系和国家治理能力是现代化行程中的姊妹篇。没有现代化的制度体系就不会有现代化的治理能力,同样,国家治理体系的现代化是实现治理能力现代化的实践基础。

治理能力的现代化提升还需要成熟的法律保障体系。制度是治国之本,法律是保障之本,我国已经形成配套完备和成熟的社会主义法律体系,对国家治理能力将提供有效的保障手段,使制度获得有效的实践支撑和强有力的权威保护,能够保证制度所蕴含的目标指向、活动范围和运行方式,更加具有可行性、执行性,尤其对于利用制度漏洞阻碍和影响治理能力现代化的违法行为,进行处理和打击,运用法律保障制度的刚性权威。

全面深化改革,必须立足于我国长期处于社会主义初级阶段这个最大实际,坚持发展仍是解决我国所有问题的关键这个重大战略判断,以经济建设为中心,发挥经济体制改革牵引作用,推动生产关系同生产力、上层建筑同经济基础相适应,推动经济社会持续健康发展。

（2）建立制度化的国家治理体系

推进国家治理体系和治理能力现代化是完善和发展中国特色社会主义制度的总体要求，是全面深化改革的总方向、总目标。国家制度需要一套更完备、更稳定、更管用的治理体系，本质上是为了党和国家事业发展，人民幸福安康，社会和谐稳定，国家的长治久安，这就是建设制度笼子的重要内容。

国家治理体系和治理能力是两个有机联系的部分，是一个有机整体，又是独司其职的体系。国家治理体系是指国家治理的框架，国家治理体系是在党领导下管理国家的治理体系，包括经济、政治、文化、社会、生态文明和党的建设等各领域的体制机制、法律法规安排，是一整套紧密相连相互协调的国家制度。国家治理能力则是运用国家制度管理社会事务的能力，发挥中国特色社会主义制度的优越性，就是从各个领域推进国家治理体系和治理能力现代化，构筑现代化的国家制度体系，全面完成深化改革大计的终极目标。

国家治理体系和治理能力，是一个国家制度和制度执行能力的集中体现。国家治理体系的制度化就是党领导人民管理国家事务现代化的具体体现；国家治理能力则是运用国家制度管理社会事务的能力，包括改革发展稳定、内政外交国防、治党治国治军等各个方面。治理体系搭建好了，治理能力才能提高；治理能力提高了，治理体系才能充分发挥其效能。完善和发展中国特色社会主义制度，就是为实现社会主义现代化提供坚强的制度保障。

（3）把握好社会的制度资源

今天的国家治理体系，是在我国历史传承、文化传统、经济社会发展的基础上长期发展、渐进改进、延伸性衍化的结果。我国的国家治理体系还需要改进和完善，"但怎么改，怎么完善，我们要有主张，有定力。"这是运用制度化推进治理体系现代化的基本方略。要坚持四个方面：

坚持一个核心，巩固中国共产党的执政地位，巩固党领导的社会主义国家政权。

把握一个原则，坚持党的领导，人们当家做主，依法治国有机统一，坚持依法治国、依法执政、依法行政共同推进，坚持法治国家、法治政府、法治社会一体建设。

划清一个界限，坚守中国特色社会主义制度的底线，加强社会主义核心价值体系和核心价值观建设，鲜明地与妄图改变我国社会主义制度性质的思潮划清界限，进行不懈斗争，始终做到方向明确，颜色不变。

做好一个准备，立足于我国仍处于并将长期处于社会主义初级阶段这个历史条件，深刻认识治理体系建设的艰巨性和复杂性，做好长期作战的思想准备。

同时，要充分运用有利的社会条件和社会资源：

必须适应社会发展。我国社会正处于由传统社会向现代社会转型的时期，现代国家治理体系建设必须适应转型发展要求，以相应的科学手段和组织方式推进。

充分发挥人民智慧。由于国家体系治理的现代化进程中，人们的思想观念、交往方式、利益诉求都在不断变化，要建设现代化的国家治理体系，就要充分发挥人民群众的智慧和正能量，作为建设的主动力。

要运用法制的保障职能，在国家治理现代化进程中，首先要完善制度安排，运用法律手段保障制度化的运行。

在规范权力中推进治理体系现代化，实现国家治理现代化，对国家权力的设定和运用，必须按照制度规范运行，不允许任何组织和个人超越制度范围，超越法律规范。

要充分依靠社会提供的三大资源：

一是制度资源。从中国的优秀历史制度传承，新中国成立 60 多年和改革开放 30 多年的制度建设资源，都将是推进治理体系现代化的丰厚制度资源，将制度资源转化为国家治理的强大动力。

二是社会资源。已经形成的社会机制和社会资源，是国家治理体系现代化进程中巨大的功能资源，如社会和谐、社会安全、建设资源、城乡一体化等，都将为实现国家治理体系现代化提供坚强的支撑功能。

三是文化资源。具有丰厚的历史沉淀和国家治理经验,以及改革开放的勇气和智慧的凝聚力,是实现社会治理现代化的巨大精神资源。

具有科学的顶层设计、丰厚的制度、社会和文化资源,对于国家治理体系现代化的推进是最好的途径。

三、制度与法律——法治国家的两大支柱

1. 三位一体的法制化建设

在党的十八届三中全会《决定》中指出:"建设法治中国,必须坚持依法治国、依法执政、依法行政共同推进,坚持法治国家、法治政府、法治社会一体建设。"这是对法治中国建设的基本定义。

(1)法治国家的定义

在法治国家、法治政府、法治社会一体建设中,法治国家确立了整体性、纲领性的总目标,就是说法制建设的牛鼻子,首先是实现法治国家。这是由它的属性所决定的:

①要求国家机构严格依法行使权力、依法办事,国家机构在法律设定的权力职责范围内,按照法定的程序行使权力履行职责。

这从纵向和横向上,纵向即国家领导层和地方职权,横向即法律、文化、政治、经济等多层面的机构的联系,它应当调整和制约纵向的法律关系。

②要求国家机构与社会主体之间都受法律调整,特别是在交往渠道中,纵横均形成有序交往的关系准则。

③要求国家机构体系中,必须权责清晰,形成相互配合、相互促进的法制化关系。

(2)法治国家的目标

在法治国家框架下的独立目标,即政府不是国家的全部,是国家体系中最具代表性的重要组成部分,相对于立法、审判、监察机构,政府具有更

广泛的权力层面和公开生活的影响力,法治政府建设构成了法治国家建设的主体部门。

这些属性决定法治政府必须成为有限政府,法治政府必须成为透明政府和诚信政府。

(3)法治作为法制化的基础

法治社会要求法律在系统中具有最高位置,任何社会主体都不能凌驾于法律之上,都必须受法律约束,在法律提供的保障下相互交往,形成规范、有序的社会持续。同时,法治社会要求各种社会矛盾、社会纠纷都要在法律框架内予以化解和调和,各种社会裂痕都要在法律框架下进行有效修复。

法治社会和法治政府都从属于法治国家这个整体目标,在建设法治国家的基础上,必须完成法治政府和法治社会的同步持续。

这样,法治的概念就与三位一体的建设构成了一个紧密相连、密切协调、相互影响和制约的关系,这是三中全会对建设法治国家在理论上的重要提升,在实践上也做出了具体的部署和安排。

2. 制度与法律的相互职能

(1)制度

①制度定义——行为准则、管理规章。

1)国家和群体制定的行为准则、管理规章;

2)制度与法律共同承担建设法治社会的重任。

②制度功能——主旨是治理和管理。

1)确立国家政党的性质、道路和理论体系;

2)建立国家政党的治理体系和治理能力制度体系;

3)确立党内管理规则,以党内立法适用于党内;

4)制约功能,明确执行人的责任担当与权利义务;

5)定位人格,当代人格精神以制度定位。

③适用范围——主体为党政国家机关公务人员。

1)针对性——党政机关公务活动制度;

2)政府官员——行为准则及人格标准;

3)普通社会成员 ——管理措施和行为规范;

4)特殊群体的组织成员——特定行为规范。

④制定序列——国家、部门、群体。

1)第一序列国家制度—— 确立治理体系、管理职能;

2)第二序列部门制度—— 分类确立独立执行细则;

3)第三序列公民规则——建立行为章程及活动规范;

4)制度具有可修订性——制度订立可大可小,与法律并行。

⑤执行标准——刚性与柔性并举。

1)国家制定制度——必须严格,全体执行;

2)部门制定制度——在指定范围内严格执行;

3)群体约定的规范——在公认环境中独立执行。

(2)法律

①法律定义。

1)国家立法机关制定—— 强制力执行,维护国家制度、公民权利;

2)法律普遍性——对违法者惩罚一致,法律面前人人平等;

3)垄断性—— 制度与法相冲突以法为执行依据,约束人们行为。

②法律功能——主旨是惩治犯罪,维护制度。

1)通过立法—— 确定国家的根本法律,保证其执行,维护其发展;

2)保障维护制度——运用法律保障国家运行安全、社会发展、公民权利;

3)运用强制手段——惩治危害国家、个人利益(造成一定后果)者。

③适用对象——以自然人为主体。

1)自然人——主体是单体的人,其次为人群组织;

2)运行体系对国家的运行机制是保障机制,但不能实施惩处;

3)部门——对社会成员实行规定范围的惩罚,惩处是永久性的。

④制定序列——国家立法机关制定。

1）定制立法唯国家立法机关制定；

2）立法目标——保障执行而立法，惩处犯罪而立法；

3）法与制度并行——法为制度定型，特定情况下，制度升华为法律。

⑤执行标准——司法机关执行。

1）法律刚性的制定与执行、立法机关制定、无条件执行，具有强制手段；

2）在法治建设进程中，由于制度建设的后滞，会出现泛法律化现象，随着制度学体系的确立，制度与法的功能会进一步明晰。

附件 1：制度—法律＝树与土的关系

制度：立国之本—社会主义制度

法律：立法护本—制定根本法宪法—人大制度实施

治理体系：制度制定；治理界定：法律确认

治理机构：制度确定；治理界内：法律保护

治理能力：制度培育；治理越界：法律惩处

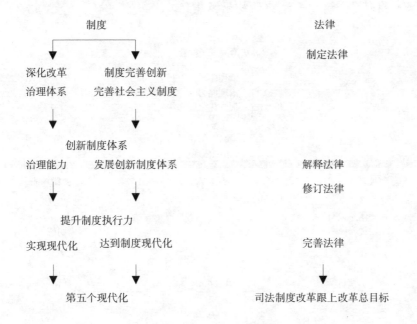

附件2：制度—法律结构示意图（一）

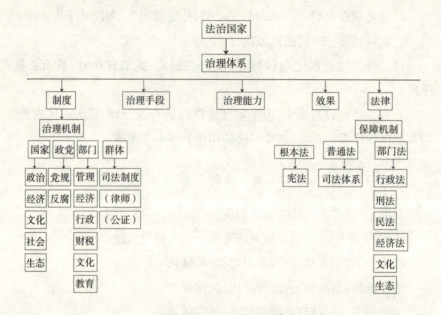

附件3：制度—法律结构示意图（二）

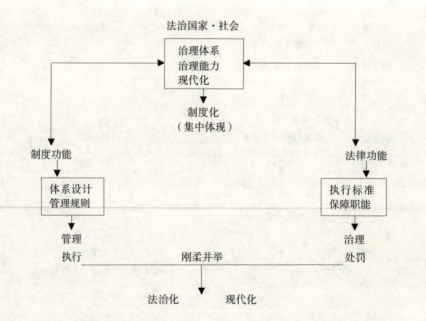

3.明晰法律与制度的功能

党的十八大报告指出,既要适应实践发展要求的体制机制、法律法规,又要不断构建新的体制机制、法律法规,使各方面制度更加科学、更加完善,党、国家、社会、各项事务治理都要程序化。在国家走向现代化的进程中,在改革的基础上,实践新的制度体系,完善和健全法律法规,使各方面的制度更加科学、更加完善。

在治国理政和实现四个现代化的进程中,制度现代化是先决条件,法律是它的基本保障。制度的功能侧重在决定国家、体系、社会主义制度还是资本主义制度,还是一国两制制度,它定的是国家的国体、社会的方向。我国所确定的是人民代表大会制度,是运用宪法法律形式确定的制度体系和法律体系的总和,宪法确立的制度和体制机制,是党和国家治国理政的根据,同时宪法所确立的法律体系,又是进行法制活动的依据。通过完备的法律推动宪法实施,保证宪法确立的制度和原则切实得到落实。

习近平同志曾指出:"为了保障人民民主,必须加强法制。必须使民主制度化、法律化,制度和法律不因领导人的改变而改变,不因领导人的看法和注意力的改变而改变。"同时指出制度问题更带有根本性、全局性、稳定性、长期性,国家治理体系和治理能力是一个国家制度和制度执行能力的集中体现。

国家治理体系是在党领导下管理国家的制度体系,包括经济、政治、文化、社会、生态文明和党的建设等,各领域体制机制、法律法规安排,实施一整套紧密相连、相互协调的国家制度。

国家治理能力则是运用国家制度管理社会各方面事物的能力,包括改革发展稳定、内政外交国防、治党治国治军等各个方面。国家治理体系和治理能力的有机结合相辅相成,是保障国家治理体系和治理能力走向现代化,实现法治社会建设,实现国家亲民,政治勤政的基本条件。因此,习近平同志强调:"真正实现社会和谐稳定、国家长治久安,还是要靠制度,靠我们在国家治理上的高超能力,靠高素质干部队伍。"体系决定能力的提升,首先是要使制度更加科学、更加完善和稳定、管用。

制度的创新,制度的执行和推进,都要有法律体系的保障。二者相辅相成,决定了国家现代化的进程。

4. 制度现代化——中国第五个现代化

中国航船进入深水区,设计必须适应时代的变化和需要,尤其是在治理体系和治理能力的高度上,离制度化、规范化、程序化的标准还存在较大差距。这样我们党和国家必须肩负起为深化改革寻找新的历史突破口,从而开始了十八届三中全会的顶层设计。

我们全面深化改革,是要使中国特色社会主义制度更好;我们坚定制度自信,不是要故步自封,而是要不断割除体制、机制弊端,让我们的制度成熟而持久。没有坚定的制度自信,就不可能有全面深化改革的勇气,离开不断改革,制度自信也不可能彻底、不可能久远。

党和国家深刻认识到:领导制度、组织制度问题更带有根本性、全局性、稳定性和长远性,社会制度是现代变革的关键性因素,因此,必须从最紧迫的事项干起,从老百姓最期盼的领域干起,从制约经济社会发展最突出的问题干起,与社会各界共同搭起的共识干起,这一总目标的细化将制度现代化进程的大梦迅速展开。

还有个方法问题,这就是从摸着石头过河到顶层设计的推进。

"摸着石头过河"的探索方式决定了我们之前的改革往往是自发、零散和孤立进行的,而改革走到今天,各项改革的关联性、耦合性越来越强,进一步加强顶层设计,构建起一整套更加系统、完备、科学规范、运行有效的制度体系已成当务之急,

我们党在四个现代化之后,又提出了一个现代化的战略目标,这就是制度现代化,这是从现实和历史考虑,做出的最有名的决断,因为过去我们对制度建设和制度能力的要求是不平衡的,或是在执行环节上重视不够,或是忽略了对制度科学性、规范性的要求。到了今天,将治理体系和治理能力有机结合、共同完善,势在必行,也是完成国家现代化最关键的一环。四个现代化的实现就是要靠制度现代化的杠杆支撑,它的终极目标就是完成"三更"制度的建设。正如习近平论述的:"到今天,我国社会

主义实践已经走过前半程;后半程我们的主要历史任务便是完善和发展中国特色社会主义制度,为党和国家事业发展,为人民幸福安康,为社会和谐稳定,为国家长治久安提供一整套更完备、更稳定、更管用的制度体系。"

三中全会的决定正是实现这个路线图的关键一战,因此,它自然构成这一代共产党人责无旁贷的伟大历史使命。

四、创造制度红利,消除制度陷阱

1. 制度陷阱与制度红利

关于全面深化改革的总目标,就是实现国家治理体系和治理能力的现代化,实现制度现代化,提出这一命题的根本思路,即决定于突破制度陷阱、创造制度红利,以适应时代变化,实现从要素驱动向创新驱动的产业政策转换,以智慧、绿色、包容式发展的产业政策推进产业结构的优化升级。

从创造制度红利而步入深水区的全面改革,是我们党新一届领导集体审时度势做出的高瞻远瞩的重大决策,将对国家进步、社会事业发展带来巨大的制度红利。

2. 中国经济发展的现状

中国经历了 30 多年的持续快速增长,在重化工业和制造业都取得了巨大进步,如钢铁、汽车等 220 多种工业产品,产量跃居世界第一,新能源、新材料、高端装备制造新型产业发展迅猛,电子商务、现代物流等服务行业快速发展,我国在产业结构的宽度和深度都创造了工业化发展中的奇迹。从制度学角度说,所取得的巨大成就首先决定于社会主义制度的优越性,以及在改革开放的各个领域注重制度建设和制度管理所取得的成果。

当前我国的经济发展仍处于工业化的过渡时期,三个尚未完成的指标决定了过渡阶段的性质,这就是:工业化的历史任务尚未完成,产业结构高度化的目标没有完成,产业价值链由低端向高端的跨越没有完成。其特征表明,我国所处的工业化中期的性质没有改变,这就面临着工业化中期向后期的过渡任务。

由于第三次工业革命的到来,这就决定了我国仍处于工业期与信息化的追赶期,与实现工业化发展的超越期同步进行。

首先表现在:作为工业化后发的国家,仍在沿着先行国家的工业化、信息化道路追赶前行,其要素结构、产业结构和空间布局结构,仍处于优化升级的巨大空间之中。

其次,我国业已迈入第三次工业革命的导入期,以信息、制造、能源、材料技术的交叉融合、深度渗透、群体兴起为特征的第三次工业革命,又为我国实现工业化发展提供了机会窗口,提供了产业结构的战略性调整优势。抓住机遇就可能在工业化的结构、质量、效益等方面,大幅缩小追赶期的差距,并实现超越可能,但这一机遇没有给我们留下更多的时间和空间。

所面临的从追赶期、导入期到实现超越期的历史空间,就意味着我国的产业结构升级必须从两个要素安排。

盘活存量:对现有产业的改造与升级要通过淘汰和转移落后产业,改造提升传统产业,实现既有产业的存量盘活。

做好增量预期:在盘活存量的基础上,大力培育新一代的战略性新兴产业发展,如通信装备、智能装备、三维打印等;其主要策略就是运用制度优势,营造创业环境,为新兴产业提供开发优势。大力发展高端生产性服务业,如:研发设计、大数据、云计算等技术,使服务业成为巨大的发展能量,有力支持战略性新兴产业的拓展。

3. 要素和体制机制的双重转换

未来十年,我国经济发展和制度创新建设都面临着巨大的机遇和繁重的历史任务。这主要体现为三个层面:

首先是实现和必须完成要素和体制机制的双重转换。

这个新时期的特点就是改造提升传统产业和培育发展新型产业同步推进,实现产业结构优化升级,这就要在要素和体制机制的双重转换上做出科学、稳定、合理的三方安排。

(1)先说要素转换。发达国家的工业化经验表明,要确立产业的竞争优势,必须摒弃建立在低端劳动力、土地、一般性设备等初级要素比附上建立的原始优势。大力培育高素质的人类资源、现代化的基础设施等高级要素,从而实现由低端原始要素向高素质、高级要素的转换。

(2)从体制转换上推进。体制机制转换,是我国产业结构优化升级的根本保障。我国经济能够保持高速增长三十年,它的本质转换要素就是实现了突破束缚经济发展的体制结构,在制度层面做出了三次大的调整:一是党的十一届三中全会作出党的历史性决定,到党的十四大,以及加入世贸组织等都是我国为适应国内国际形势变化而做出的重大制度调整,这为我国经济和社会发展提供了巨大的效益。二是随着时间的推进,原来依托劳动力、土地、自然资源等要素的比较优势,实现产业结构不断升级,促进经济迅猛增长的优势,逐渐减弱和退化。三是由于适龄劳动人口比重下降,劳动力比重快速上升,资源环境约束条件逐步加大,中国经济依赖要素低成本的竞争优势已经大大削弱,如果依靠传统要素实现产业升级和经济持续增长,为了使产业结构升级,更多地建立在人力资本和知识基础等高级要素之上,必须加快改革不合理的和影响经济发展的体制机制,进行有效的制度调整,为产业结构升级给予切实可行的制度保障。

(3)第三个制度调整是,促进经济制度转换,消除制度陷阱,创造制度红利。发达国家的工业化阶段转换,都要求与相适应的生产力和生产方式、相匹配的经济制度的转换相一致,而对于后发工业化国家,由于在实践上被高度压缩,制度调整的频率和幅度相应加大,由此而产生的制度转换和调整的难度,也被无限地放大。其结果导致工业化进程受阻和产业结构升级停滞不前,这就是"中等收入陷阱",即制度陷阱。

消除制度陷阱才能创造制度红利,十八届三中全会作出的全面深化改革一系列的制度调整和创新,就是为实现新时期的经济发展,运用深层改革的推进动力,而达到预期的国家经济发展目标。

当前的制度陷阱如何攻克,制度陷阱都是依赖传统和原始方式加上体制僵化而产生的后果,未来十年,重心要释放结构效应,运用制度红利消除制度陷阱。

消除制度陷阱的第一要素就是通过全面深化改革,消除现有体制机

制中经济发展或产业转型升级的瓶颈,以及与产业结构升级不适应的一些环节。当前的制度瓶颈表现在两个突出方面:

首先是产能过剩,当前产能过剩行业出现库存、积压,当前传统行业的钢铁建材等产能过剩,积压库存过大,年年亏损;新型产业的光伏产业光能设备等也已产能过剩,对新能源产业的发展造成不利影响。产能过剩的现象按照一般市场规律原则,即优胜劣汰自我修复功能,不可能长期存在,而中国当前出现的过剩问题,却是诱发于制度体制,主要表现为GDP 的考核制度,中央与地方财权与实权的不匹配现象,直接加剧了地方政府的投资冲动。要突破这一瓶颈,就要实行突破利益藩篱,改革体制框架,运用制度优化资源配置,抑制盲目投资,以实现经济的高速发展。

其次是通过制度红利创新制度体系,为产业结构升级开拓发展空间。目前的切入点就是以战略性新型产业和高端生产性服务行业的发展为龙头,建立相应的符合发展需要的体制机制,如政府施行审批权制度改革,权力清单制度建立,创造自贸区可推广、可复制的制度体系,以及完善市场准入制度,开放投资环境,这些制度上的安排又直接关系到建立新财政制度的完善和建设,政府预算制度、税收制度、责任实权和支出匹配制度等,都将为产业结构升级提供制度红利。

4. 全面深化改革就是释放制度红利

十八届三中全会《决定》中指出:"改革开放是党在新的时代条件下带领全国各族人民进行的新的伟大革命,是当代中国最鲜明的特色。党的十一届三中全会召开三十五年来,我们党以巨大的政治勇气,锐意推进经济体制、政治体制、文化体制、社会体制、生态文明体制和党的建设制度改革,不断扩大开放,决心之大,变革之深、影响之广前所未有,成就举世瞩目。"

全面深化改革总目标是完成和发展中国特色社会主义制度,推进国家治理体系和治理能力现代化。必须更加注重改革的系统性、整体性、协同性,加快发展社会主义市场经济、民主政治、先进文化、和谐社会、生态文明,让一切劳动、知识、技术、管理、资本的活力竞相迸发,让一切创造社会财富的源泉充分涌流,让发展成果更多更公平惠及全党全国人民。

在总目标指引下,正确处理政府与市场、政府与社会等产业治理主体的关系,使市场在资源配置中起决定性作用,同时更好发挥政府作用,加快要素市场化的全面改革,对价格领域实行深化改革。在转变政府职能的前提下,政府的职能定位在于战略、规划、政策、标准的制定和实施,加强市场监管,维护市场秩序,弥补市场失灵,等等。同时,培养和发展社会中介组织,使其在产业政策制定、公信基础平台打造方面发挥积极的支撑作用。这就是用好第三只手的制度策略。

同时充分发挥企业的主体地位,激发新活力,市场主体要注意使用互联网和大数据、云计算等信息网络技术,推进产业投资信息共享,构建完善的信息服务体系,尽快建立市场诚信制度。构建产业政策的科学制定、有力执行、动态调整、自我纠错的良性循环机制。通过全面深化改革,一系列制度调整和创新,以建设智慧绿色包容式的现代企业制度,全面推进中国未来十年的产业结构升级,使中国经济发展在跃上一个新台阶。

五、制度——法治中国的定位

法治是治国理政的基本方略。国家机关按照法定权限和程序行使权力,坚持科学决策、民主决策、依法决策,组织人民依法管理国家事务和社会事务,管理经济和文化事业,使国家各项工作法治化。实现党内监督、民主监督、舆论监督、法律监督,让权力在阳光下运行。

党的十八届三中全会《决定》强调:"建设法治中国,必须坚持依法治国、依法执政、依法行政共同推进,坚持法治国家、法治政府、法治社会一体建设。"

1. 法治国家

建设法治国家,是一个整体性、纲领性的目标。应具备三个条件:

（1）要求国家机构严格制度化

国家机构在法律设定的权力清单范围内行使权力,法无授权不可为,清单之外再无权。正如习近平同志指出的:"推进国家治理体系和治理能力现代化,就是要适应时代变化,既改革不适应实践发展要求的体制机制、法律法规,又不断构建新的体制机制、法律法规,使各方面制度更加科学、更加完善,实现党、国家、社会各项事务治理制度化、规范化、程序化。"

（2）要求国家机构与社会主体之间的关系受法律调整

国家机构与社会主体在法律的框架下形成有序的交往关系。通过这样的交往,社会主体的愿望和要求能顺畅传递到国家机构,国家机构并做出积极回应。真正实现社会和谐稳定、国家长治久安,还是要靠制度,靠我们在国家治理上的高超能力,靠高素质干部队伍。

（3）要求国家机构体系的权责明晰

无论是纵向的中央与地方政府之间,还是横向的立法、行政、审判、检察等机构之间,形成彼此配合、相互制约、相互促进的法治关系。必须适应国家现代化总进程,提高党科学执政、民主执政、依法执政水平,提高国家机构履职能力,提高人民群众依法管理国家事务、经济社会文化事务、自身事务的能力,实现党、国家、社会各项事务治理制度化、规范化、程序化,不断提高运用中国特色社会主义制度有效治理国家的能力。

习近平同志指出:"要更加注重治理能力建设,增强按制度办事、依法办事意识,善于运用制度和法律治理国家,把各方面制度优势转化为管理国家的效能,提高党科学执政、民主执政、依法执政水平。"

2. 法治政府

建设法治政府是一个局部性目标,是法治国家框架下最重要的目标,是法治国家建设的核心部分。政府虽然不是国家的全部,却是国家体系中最重要的组成部分。相对于立法、审判、检察机构,政府更广泛、更深远地影响着社会生活的方方面面。建设法治政府要具有三个标准：

（1）必须是有限政府

只有权力有限的政府才可能成为责任明晰的政府。法治政府建设的一项基础性工作，就是确立权力清单制度。构建系统完备、科学规范、运行有效的制度体系，把制度建设摆在突出位置，实现国家各项工作制度化、法治化，建立充满活力的政府管理体制。

（2）必须是透明政府

习近平同志指出："要强化公开，推行地方各级政府及其工作部门权力清单制度，依法公开权力运行流程，让权力在阳光下运行，让广大干部群众在公开中监督，保证权力正确行使。"要实现透明政府，必须推行政务公开，权力公开，让人民监督权力、让权力在阳光下运行。做到依法行政，更好把政府职能转变过来，坚持用制度管权、管事、管人，完善政务公开制度，做到有权必有责、用权受监督、违法要追究，以透明政府促成廉洁政府。

（3）必须是诚信政府

建设诚信政府，必须首先完成征信系统，坚守诚信的底线，用制度约束失灵诚信，保持政府在社会的诚信形象，对弄虚作假、暗箱操作行为要理直气壮—如既往地揭露和反对，在整个社会树立诚实、勤勉的形象，把诚实信用演变成为对法治政府的基本要求。

3. 法治社会

建设法治社会作为法治的基础，是实现社会的法治化。法律既是实现社会和谐的保障，也是实现社会正义的保障。法治社会和法治政府一样，都从属于法治国家这个整体性目标，应当在法治国家建设这个整体框架下展开。

（1）要求法律居于社会最高地位

任何社会主体都不能凌驾于法律之上，各种社会主体的行为都要受到法律的制约，依据法律形成稳定、可预期的社会秩序，按照社会制度的约定从事社会活动。

国家治理体系和治理能力是一个国家制度和制度执行能力的集中体现。包括经济、政治、文化、社会、生态文明和党的建设等各领域体制机制、法律法规安排，也就是一整套紧密相连、相互协调的国家制度。

（2）要运用制度建设和谐关系、化解矛盾

法治的领域既包括整体性的国家，也包括关键性的政府和基础性的社会。法治国家、法治政府、法治社会都是法治建设的目标，三者是一个相互牵连的整体。国家、政府、社会一体化法治建设，反映了当代中国法治建设进程的基本特征。

习近平同志指出："要提高运用法治思维和法治方式深化改革、推动发展、化解矛盾、维护稳定能力，努力推动形成办事依法、遇事找法、解决问题用法、化解矛盾靠法的良好法治环境，在法治轨道上推动各项工作。"

4. 实现法治中国的五大目标

要更加注重发挥法治在国家管理和社会管理中的重要作用，维护国家法制统一、尊严、权威，完善中国特色社会主义法律体系。

深入开展法制宣传教育，弘扬社会主义法治精神，增强全社会学法、尊法、用法意识，真正达到科学立法、严格执法、公正司法、全民守法的法治社会氛围，建党百年真正实现：

①依法治国基本方略全面落实；

②法治政府基本建成；

③司法公信力不断提高；

④人权得到切实尊重和保障；

⑤建立一个社会主义法治社会。

第二章　怎样打造制度笼子

习总书记说党的制度建设

把权力关进制度的笼子里,是新一届党中央领导集体执政之后振奋人心的承诺之一,受到了国内外广泛的赞誉和期待。而打造制度笼子却是一项极其艰巨而复杂的系统工程,需要 10 年左右的时间完成这一伟大的历史使命。

对制度建设的整体思考和顶层设计,习近平同志已做过多方面的阐述,尤其在基本框架体系建设以及时间表的安排上,都有一系列的举措。

中央决定,打造制度笼子首先从党内做起。党的三大工程,即基础工程、战略工程和实施工程,为党的制度建设制定了一个总目标和未来的远景规划。

总书记关于党的制度建设的重要阐述,主要包括三个方面:

1. 用制度建党管党

党要管党,首先是管好干部;从严治党,关键是从严治吏。要把从严管理干部贯彻落实到干部队伍建设全过程,坚持从严教育、从严管理、从严监督,让每一个干部都深刻懂得,当干部就必须付出更多辛劳、接受更严格的约束。(习近平在 2013 年 6 月 28 日至 29 日召开的全国组织工作会议上强调,建设一支宏大高素质干部队伍,确保党始终成为坚强领导核心)

解放思想,解放和增强社会活力,是为了更好解放和发展社会生产力。邓小平同志说：革命是解放生产力，改革也是解放生产力，"社会主义基本制度确立以后，还要从根本上改变束缚生产力发展的经济体制，建立起充满生机和活力的社会主义经济体制，促进生产力的发展"。（习近平：《切实把思想统一到党的十八届三中全会精神上来》，2013 年 12 月 31 日）

2. 执政理政制度化

各级党组织和党员领导干部要带头厉行法治，不断提高依法执政能力和水平，不断推进各项治国理政活动的制度化、法律化。（习近平在首都各界纪念现行宪法公布施行 30 周年大会上的讲话，2012 年 12 月 4 日）

首先要坚定理想信念，牢记党的性质和宗旨，牢记党对干部的要求。作为党的干部，就是要讲大公无私、公私分明、先公后私、公而忘私，只有一心为公、事事出于公心，才能坦荡做人、谨慎用权，才能光明正大、堂堂正正。（习近平在十八届中央纪委三次全会上发表重要讲话，2014 年 1 月 14 日）

3. 严守制度底线

要继续按照守住底线、突出重点、完善制度、引导舆论的思路，统筹教育、就业、收入分配、社会保障、医药卫生、住房、食品安全、安全生产等，切实做好改善民生各项工作。（习近平在中央经济工作会议上的讲话，2013 年 12 月 10—13 日）

民主集中制、党内组织生活制度等党的组织制度都非常重要，必须严格执行。（习近平在十八届中央纪委三次全会上发表重要讲话，2014 年 1 月 14 日）

把好干部选用起来，需要科学有效的选人用人机制。要紧密结合干部工作实际，认真总结，深入研究，不断改进，努力形成系统完备、科学规范、有效管用、简便易行的制度机制。(习近平在2013年6月28日至29日全国组织工作会议上强调,建设一支宏大高素质干部队伍,确保党始终成为坚强领导核心)

我们要健全权力运行制约和监督体系,有权必有责,用权受监督,失职要问责,违法要追究,保证人民赋予的权力始终用来为人民谋利益。(习近平在首都各界纪念现行宪法公布施行30周年大会上的讲话,2012年12月4日)

成为好干部,就要不断改造主观世界、加强党性修养、加强品格陶冶,时刻用党章、用共产党员标准要求自己,时刻自重自省自警自励,老老实实做人,踏踏实实干事,清清白白为官。(习近平在2013年6月28日至29日全国组织工作会议上强调,建设一支宏大高素质干部队伍,确保党始终成为坚强领导核心)

一、法规清理的加减法——基础工程

把权力关进制度的笼子里,是新一届党中央领导集体执政之后振奋人心的承诺之一,受到了国内外广泛的赞誉和期待。而打造制度笼子却是一项极其艰巨而复杂的系统工程,需要十年左右的时间完成这一伟大的历史使命。对制度建设的整体思考和顶层设计,习近平同志已做过多方面的阐述,尤其在基本框架体系建设以及时间表的安排上,都有一系列的举措。

中央决定,打造制度笼子首先从党内做起。党的三大工程,即基础工程、战略工程和实施工程,为党的制度建设制定了一个总目标和未来的远景规划。

1.一个甲子的政党制度

改革开放 35 年来,我们党以巨大的政治勇气,锐意推进经济体制、政治体制、文化体制、社会体制、生态文明体制和党的建设制度改革,成就举世瞩目。以往党的制度建设可概括为以下方面:

新中国成立以来,党制定颁布了一批重要的党内法规,为管党治党,提供了重要的制度保障,党的主要工作领域、治理领域都以党内法规的形势确立了制度框架,实现了基础主干的制度治理效能。

以党内管理范畴为主题的制度框架,包括党内准则、行为规范、作风建设、廉政建设等系列,尤其对惩治渎职、贿赂、贪污等腐败行为,初步确立了反腐败制度框架,这对规范党员的行为,凝聚党员对党的向心力起到了重要的制度保障。

在惩治高级官员犯罪和处理大案、要案、窝案、群案犯罪和预防方面,都有一批成熟的制度出台。这些党内法规对党的执政权力的制约以及对党员干部执政行为的监督，形成了一个基础制度的结构模式。

2. 减法——清理减负知家底

在新形势下，党的建设面临一系列新情况、新问题、新挑战。在全面深入改革开放向治理体系现代化、治理能力现代化迈进的进程上，由于党的制度供给不足，以及现有制度的体系问题日益突显，特别是主干党内制度、配套党内制度均需要尽快出台，制度滞后已与社会实践的发展和党所面临的治国理政使命形成了极不协调的音符。

严峻的反腐廉政制度建设，不仅涉及党的生命力，也成为整个社会的期盼。党的十八大和十八届三中全会《决定》中对此做出了明确要求："紧紧围绕提高科学执政、民主执政、依法执政水平深化党的建设制度改革，加强民主集中制建设，完善党的领导体制和执政方式，保持党的先进性和纯洁性，为改革开放和社会主义现代化建设提供坚强政治保证。"

党的制度建设从法规清理入手，于2013年发布了《中共中央关于废止和宣布失效一批党内法规和规范性文件的决定》，首先弄清党内制度底数，开启和创新基础制度建设的序幕。

清理党内法规和规范性文件是维护党的制度协调统一的重要举措。在国家法律法规清理程序上有具体规定和程序，但党内法规和规范性文件的清理程序上缺少规定，造成了制度、规定日益庞杂，新旧并存，有些规定失效之后或交差重复，或待命修订，对于党的制度体系创新是一大瓶颈性的问题。

《中共中央关于废止和宣布失效一批党内法规和规范性文件的决定》的发布，是建党90多年来第一次对党内法规和规范性文件进行集中清理，这是为摸清家底一揽子解决党内法规制度的"不适应、不协调、不衔接、不一致"的四不问题。

清理摸清党内制度法规的底数是为制度创新铺路，凡是对于不适应、不协调、不衔接、不统一的法规制度，在清理的基础上要达到协调统一，为制度建设创新提供必要的条件。

这次党内法规文件的清理,决定中规定了五条原则:

①以党章和宪法为根本依据。凡是同党章规定和宪法、法律相抵触的都应通过清理逐一废止或者修改。

②维护党内法规制度体系的统一性和协调性。对同位党内法规和规范性文件相抵触的或者与其他同位党内法规和规范性文件相冲突的,应该清理逐一废止或者修改。

③坚持与时俱进。以适应世情、国情、党情的发展变化,吸纳60年来党的工作和党的建设取得的创新成果。

④坚持实事求是。既考虑历史条件,又立足党内法规制度建设实际,突出清理重点,积极稳妥地做好清理工作。

⑤统筹推进。在中央领导下统一部署、统一标准、统一行动,协调一致地开展工作,确保任务完成好。

纳入第一阶段清理范围的共767件,加上中央纪委、中央各部门及各省区、市清理的总量加起来超过2万件,工程浩繁巨大。

这次党内制度法规的清理,可分为三大类:

①废止162件,占清理文件总数的20%,主要是内容同党章和党的理论路线方针政策相抵触,或者同宪法和法律不一致的;明显不适宜现实需要或者被新的规定覆盖或者替代的。

②全部失效138件,占清理文件总数的18%,主要是调整对象已经消失,或文件的使用期已经过时,或者阶段性的任务业已完成,文件已不能执行。

③继续有效的467件,占清理文件总数的60%以上。

对这次党内法规制度的清理,习近平同志指出:有些政策规定是约束性的,有些明确是刚性要求,却成了"稻草人",成了摆设,这样就会形成"破窗效应"。因此,党的制度法规既要实现有规可依、有规必依,又要在清理基础上,进行制度创新的规范化。

确立每5年进行一次的清理制度,从制度上保证清理的经常化、制度化、规范化,为管党治党,治国理政的党内制度建设提供科学的管理依据。

3. 加法——创新"党内立法"法

一方面打牢党的制度建设基础工程,另一方面又发布了《中国共产党党内法规制定条例》、《中国共产党党内法规和规范性文件备案规定》。

这两个条例是自1990年中央颁发的党内法规制定程序暂行条例的新版。经过20余年的实践之后进行的修订,被称作"党内立法法"。它标志着党内制度建设迈上一个新的台阶,标志着党的制度建设步入了系统化工程的行列。它所包含的理念上的深刻变化,说明一些现代的法制概念正在党内生根发芽。这体现在:

一是"制定条例"和"备案规定"确立了党内制度的制定权限和程序。明确哪些制度由中央制定,哪些由中央各部门或省区市制定,运用制度程序安排,克服了以往存在的随意制定、越权制定、重复制定等无序现象,确立制度的制定主体,从根本上改变了"被管对象成为制度制定主体",让"本末倒置"被规划约束的团体和个人成为制定规则的主体的管辖混乱现象。运用制度使权力受到约束,体现了党在制度建设的一个重大进步。

二是确立制度体系的理念。长期以来,虽然强调制度建设,但由于存在认识的误区,往往只把制度简单地理解为作出规定、制定条例,是用于一时之计,头疼医头、脚疼医脚。而党内立法法规的出台从根本上扭转了这一理念,把制度作为刚性的执行规则,作为从严管党、从严治党的制度法规在党内正式确立。

三是强调公开透明的理念。在以往的概念中,党内有许多规定是严格保密,而在条例和规定中明确提出,党内法规的公开发布,不仅仅是体现党内民主的重要性,满足广大党员和社会的知情权,更是用公开透明的民主协商方式进行监督和评判,让制度更具有权威性。真正从党内立法的意义上,确立了打造制度笼子是从党内做起的理念。

二、宏伟浩瀚五年规划——战略工程

1. 一幅系统宏伟的规划图

《中央党内法规制定工作五年规划纲要（2013—2017）》（以下简称《纲要》），是我党第一个党内制度建设的战略工程，标志着党的制度建设步入了规范化、科学化、制度化的新阶段。

《纲要》作为一项宏伟的工程，将有力推进党的制度建设，将为新的历史条件下全面深化改革提供坚实的制度保障。《纲要》所传递出的强烈信号，证明在党的领导下全面推进法治社会建设已迈入了新的征程。《纲要》所体现的顶层设计特色，充分展现了国家未来制度化建设的美好前景，这就是：全方位确立了推进党的制度建设的总体目标，确立了党的基础主干制度建设的方向，确立了配套制度体系的框架，确立了党治国理政和自身建设的制度基础。

2. 领导工作制度建设

党的领导主要是政治、思想和组织领导，制定和完善党的领导工作制度法规，是为提高党的科学执政、民主执政、依法执政水平，包括以下制度：

①地方党委工作制度。在《中国共产党地方委员会工作条例（试行）》基础上，制定体现集体领导和个人分工负责相结合的具体制度，建立健全决策权、执行权、监督权，实现相互制约相互协调的权力运行机制。

②省级党组工作制度。抓紧制定《中国共产党党组工作条例》，支持人大、政府、政协、司法、人民团体依照法律和各自章程独立负责、协调一致地开展工作，支持国有企业和事业单位依法运营，使党的路线方针政策和决策部署得到贯彻落实。

③国家法治建设方面的党内法规。加强党对法治建设的领导，健全党领导法治建设的制度和体制机制，使党的主张通过法定程序成为国家意志。完善党领导政法工作的体制机制，积极推进司法制度改革，完善党

员干部特别是领导干部带头学法尊法守法用法的制度规定,形成依法办事的良好法治环境。

④意识形态方面的党内法规。加强宣传思想工作方面党内法规建设,从制度上加强、改进和保障党对意识形态工作的领导。加强对互联网等高科技的管理,制定意识形态阵地管理制度,健全各类行业社会团体的管理制度。

⑤统一战线工作方面的党内法规。坚持和完善中国共产党领导的多党合作和政治协商制度,推进政治协商、民主监督、参政议政制度建设。完善党领导统一战线工作的体制机制,完善社会主义协商民主方面的制度建设,推进协商民主广泛、多层、制度化发展。

3. 思想建设制度

主要以思想理论建设为根本、党性教育为核心、道德建设为基础,加大思想建设方面的党内法规制度,积极探索理论创新途径,推动思想建设制度化。主要包括两个制度:

①理论学习制度。以健全马克思主义理论研究和中国特色社会主义理论宣传为主体核心。健全学习型党组织制度。强调完善党委中心组学习制度、领导干部理论学习考核制度、学习培训阵地建设管理制度、学风建设制度等,强化刚性约束,增强学习效果。

②党性教育和分析制度。对照党章规定探索建立健全党性教育和分析的机制,强化党员党性意识。健全党员立足岗位创先争优长效机制,引导广大党员更好地发挥党的先锋模范作用,保持党员队伍的纯洁性。

4. 干部选任管理制度

2013年中共中央公布了《党政领导干部选拔任用工作条例》、《关于加强干部选拔任用工作监督的意见》,是贯彻党的十八大全会精神,选拔任用好干部,用科学有效的制度体制从严治党,从严治吏,是党内最新干部选拔任用制度体系的成果。

党的干部制度主要包括:选拔、考核、监督、问责和责任追究四个方面,主要体现在对领导干部的选拔和任用方面。

（1）干部任用条例突出四个方面的制度建设

①既强调党管干部又发扬民主,在党管干部原则上体现最鲜明的政治特色。根据十多年来党的干部任用工作制度建设经验,发扬民主职能,不断改进选拔方式,在推荐考察识别选用中用制度选人,而不是以人选人,最大限度地遏制了用人腐败现象,把党管干部原则走向规范化、制度化。

②坚持任用好干部标准。遵循习近平同志关于选任"信念坚定、为民服务、勤政务实、敢于担当、清正廉洁"的干部标准,突出理想信念、政治态度、政治纪律和务实从政的基本标准,用一套好的制度和程序选拔出优秀的从政干部,这坚持了科学性和实用性的统一,体现了在制度建设上统一的标准和科学规律性。

③坚持民主推荐,防止简单化以票取人,在制度规定上干部选拔坚持发扬民主,走群众路线,不能只由几个人和领导班子说了算。同时在广泛发扬民主的同时又要根除利益票、感情票、跟风票、贿赂票等恶劣现象,避免把民主推荐变成简单的机械化、简单化的以票取人,而是坚持民主推荐和集中通过相结合的制度建设标准。

④坚持竞争性选拔,改进规范化选拔,运用制度防止恶性竞争,排除运用不良手段将选拔变成贿选的行为。

（2）干部选拔任用监督制度

为了加强选人用人上的严明组织纪律和人事制度的规则,专门又制定了加强干部选拔任用工作监督制度。各地区各部门严明组织纪律,选人用人进行公开化、透明化以及加大监督力度,是一项建立营造风清气正的制度环境建设。关于选拔任用工作的监督明确定位如下:

①六个严禁。严格按照条例的原则标准、条件、资格和程序办事,规定了六个严禁:严禁违反规定程序选拔,严禁私自干预下级或原任职单位的干部任用,严禁在干部考察中隐瞒和歪曲事实真相,严禁在干部档案上弄虚作假,严禁跑风漏气,严禁突击提拔,严禁封官许愿、任人唯亲、营私

舞弊、跑官要官等恶劣行为。这六个方面的严禁,是运用刚性制度规定了选人用人的范畴。

②三个严格。把好选廉政官,坚决防止带病提拔,明确规定了三个严格:违法违纪的要严格掌握,对人选对象要认真查阅有关人事报告核实事情真伪;要严格干部档案审核,对人选的身份、年龄、党龄、学历、经历等档案信息仔细核查不得放过一点;严格考查入选对象的党风廉政情况。不得将三个严格规定之外的人选带进入选行列。

③对于违规用人,徇私用人,钱权交易的用人歪风,实行零容忍。即使已经提拔的必须责令免职或辞退,贿选的要按照制度严格处理,买官卖官的必须先停职或先免职,移送执纪执法机关处理,并运用12380综合举报受理平台接受社会公开监督,对于违规用人案件通告曝光,以起到强烈的震慑作用,以体现制度的威严。

④强化责任追究制度。对于违反选拔规定,违规选人用人,违规破格提拔等用人事件要一查到底,建立相关部门负责人责任追究制度。在强化重点监察听取群众反映以及巡视检查的同时,网络曝光等有关配套巡视制度都同时构成对选人用人行为的监察体系。

5. 作风制度建设

用制度保障干部清正、政府清廉、政治清明,最关键就是健全和创新思想作风方面的制度建设。要干部在任职期内真正运用制度规范自己的思想道德作风行为,保持清廉的人格本色。正如邓小平同志所说:制度好可以使坏人无法任意横行,制度不好可以使好人无法充分做好事,甚至会走向反面。运用制度保证干部秉公用权、廉洁从政,终生保持两袖清风的人格,这不仅是为官一方,富民一方,清廉一方的德性之治,更是对党和人民交出的履职答卷。

作风建设的制度依据是党性。将党性的作风层面细化为组织制度,靠思想觉悟引领,靠制度保障实施,这样就达到了制度如渠、行为如水,渠正道则水流通。在净化思想污霾的环境中,就得用刚性的制度托举起思想道德的信誉,托举起人民公仆天下为公的公理,就会使口头的公仆行为熔化为制度的公信力。

抓作风建设就要返璞归真、固本培元,在坚定理想信念,践行根本宗旨,加强党性修养上,运用制度作为立身、立本、立业、立德的本源,把公仆情怀、求实作风、奋斗精神、道德情操,筑就为永恒的楷模丰碑。这种从党性走向制度的过程的确立,正是我们在思想作风建设上永恒追求的制度环境目标。

"三严三实"作为座右铭,已成为党的作风制度建设的基石。习近平同志提出的"三严三实"是党员干部的为政之道,诚实之要,作人准则。以"三严三实"作为干部培养制度的基础,选拔任用干部的制度标准,监督管理干部的尺度,构成从严管理干部道德作风的制度基础,这在党的制度建设上也是一项重要的创新措施。

将核心价值观建设体现在各项作风制度建设中,同样是一项党的作风制度建设的重要成果之一。

把培育和弘扬社会主义核心价值观作为凝魂聚气、强体固本的基础工程,这是昂扬向上的精气神,也是作风建设的一个崭新价值制度体系。有什么样的核心价值观就会有什么样的制度安排,真正通过制度体系将它融入社会生活的方方面面,让人们内化为精神追求,外化为自觉行动,沿着富强、民主、文明、和谐的国家目标推进制度建设,以自由、平等、公正、法治的社会理想,以爱国、敬业、诚信、友善的公民准则,凝聚共识,推进国家诚信体系的建设,核心价值观就成为巨大的制度正能量。可定位于沧海横流中的历史坐标,风云巨变中的坚定信念,为中华民族的精神弘扬产生巨大的凝聚力。

6. 一个脚踏实地的目的地

（1）监督执纪问责制度建设

围绕建设廉洁政治,加快推进解决体制缺陷制度漏洞的弥补工作,以此提高制度安排的系统性、科学性,健全权力运行制约监督体制和制度建设。中国共产党党内监督条例已经实行数年,在监督体制、监督渠道、监督优势方面都需要有制度修订和创新的使命。尤其是对主要领导干部的监督制度,应充分发挥巡视监察督查制度和领导干部的述职、述廉、提醒谈话,诫勉谈话,以及执行罢免撤换等制度优势,还需要在新的形势下有进一步的修订、完善以及细化制度的实施细则等。

（2）健全权力运行制约和监督体系

健全监督机制,拓宽监督渠道,强化监督力量,研究制定加强对主要领导干部监督的制度,切实加大对一把手的监督力度。因此确立了三大制度内容:

①主体责任。明确在任期的领导责任,管理责任,执纪责任,运用述职述廉、提醒谈话、诫勉谈话、函询、质询、罢免或撤换等制度,完善领导干部责任制度。

②执纪、问责制度。把握考核干部的标准,改进工作实绩考核,强化作风考核,树立以德为先、科学发展、注重作风的导向,切实改变一些领导干部片面追求 GDP 总值、盲目攀比发展速度,将其工作重心转移到执纪问责上来,保证问责制度与党纪政纪处分、法律责任追究制度有效衔接。完善组织处理制度,提高相关制度的集成性、针对性的执行力,为推进作风建设提供有力的制度支撑。

③制度创新体制。党的制度建设由于具有半个多世纪的实践经验,并初步确立了党内的法规与制度体系的并行运行规则,初步形成了具体化和规范化的党内制度体系,具有较成熟的制度建设优势和成功经验。实现国家治理体系和治理能力现代化的时期,党的制度创新体系,将对实现党的制度建设规范化、科学化、体系化产生巨大支持力度,对形成可复制、可推广的现代化制度体系也是具重要借鉴意义。

三、"1+20"制度——实施工程

1. 首轮"1+20"作风制度出台

"1+20"制度建设框架,更是党内作风制度建设上的重要成就。过去一年多来,从反对舌尖上的浪费、车轮上的铺张到整治楼堂馆所的豪华、堵塞节日不正之风,党中央坚持不懈、步步为营抓作风、抓落实,建立了一批有影响力的党内作风制度,这就是所说的"1+20"制度框架。

到目前为止已经出台的制度有 10 多部:

①《党政机关厉行节约反对浪费条例》;

②《关于党政停止新建楼堂馆所和清理办公用房的通知》;

③《党政机关国内公务接待管理规定》;

④《中央和国家机关培训费管理办法》;

⑤《中央和国家机关会议费管理办法》;

⑥《因公临时出国经费管理办法》;

⑦《关于在党的群众路线教育实践活动中严肃整治"会所中的歪风"的通知》;

⑧《关于进一步做好领导干部报告个人有关事项工作的通知》;

⑨《关于进一步规范党政领导干部在企业兼职(任职)问题的意见》;

⑩《严禁干部用公款互相宴请、赠送节礼、违规消费》;

⑪《国有企业负责人职务消费管理办法》;

⑫《中央和国家机关公务用车制度改革》;

⑬《审计署关于加强公务支出和公款消费审计的若干意见》;

⑭认真执行干部退休、工资接转。

其余 8 部将陆续出台。这个党内的制度建设的系统工程,使广大党员干部普遍认识到,强化作风建设的"紧箍咒"越念越紧,"组合拳"也越来越密。

2. 制度建设时间表

关于党的制度建设的时间表,早在 1992 年邓小平同志就曾指出:"恐怕再有三十年的时间,我们才会在各方面形成一整套更加成熟、更加定型的制度。在这个制度下的方针、政策,也将更加定型化。"而在 35 年后的十八届三中全会决定中又站在新的历史起点,落实这一战略构想的实施,为推动中国特色社会主义制度更加完备、更加成熟、更加定型,标注了制度建设现代化的新高度,成为这一代共产党人责无旁贷的伟大历史使命。

从 1992 年算起,再过 30 年,正是 2022 年,即党的二十大召开之年。根据十八大提出的两个一百年的奋斗目标,共产党成立一百年是全面建成小康社会的奋斗目标,这就是为党和国家事业发展、为人民幸福安康、为社会和谐稳定、为国家长治久安,提供一整套更完备、更稳定、更管用的制度体系的彼岸终点。这项伟大的历史航程,将为中国的四个现代化的实现筑起根深蒂固的堤岸,成为新一届的党中央领导集体必然承担的执政使命。

在实现制度现代化的伟大工程中,有一个突出的问题就是它的方法论。如果说渐进式的路径选择,摸着石头过河的探索方式,决定了我们之前的改革往往是自发、零散和独立进行的,那么改革走到今天,各项改革举措的关联性、偶合性进一步加强,进一步加强顶层设计,构建起一整套更加系统完备、科学规范、运行有效的制度体系,已成当务之急。

对于摸着石头过河是中国改革开放、开山劈崖的第一名斧,但随着改革开放步入深水区,就需要有新的布局和措施,习近平同志对此作出了明确的说明:"摸着石头过河,是富有中国特色、符合中国国情的改革方法。摸着石头过河就是摸规律,从实践中获得真知。摸着石头过河和加强顶层设计是辩证统一的,推进局部的阶段性改革开放要在加强顶层设计的前提下进行,加强顶层设计要在推进局部的阶段性改革开放的基础上来谋划。"

习近平指出:"从形成更加成熟更加定型的制度看,我国社会主义实践的前半程已经走过了,前半程我们的主要历史任务是建立社会主义基本制度,并在这个基础上进行改革,现在已经有了很好的基础。后半程,我们的主要历史任务是完善和发展中国特色社会主义制度,为党和国家事业发展、为人民幸福安康、为社会和谐稳定、为国家长治久安提供一整套更完备、更稳定、更管用的制度体系。"并且强调这项工程宏伟浩瀚,零敲碎打调整不行,碎片化修补也不行,必须是全面的、系统的改革和改进,是各个领域改革和改进的联动和集成,只有在国家治理体系和治理能力形成了总体效应,才能取得总体的制度建设的效果。

3. 2022 路线图

在实现国家治理体系和治理能力现代化的未来十年中,强调更加系统完备的顶层设计是制度建设的必由之路。尤其对领导制度、组织制度问题带有根本型、全局性、稳定性和长期性的问题,形成强烈的共识,并确认只有通过严密规范的制度设计和制度执行,解决"单枪匹马"和"灵机一动"的弊端,才是顶层设计的最高智慧表现。这就明确指出了顶层设计的制度、高屋建瓴的构思在于领导制度和组织制度的全局建设,这在党的十八届三中全会的决定中运用六个围绕、五个体系和党的建设制度,已经清楚展现了中国实现制度现代化的历史远景,一副制度现代化的图谱已经摆在世界的面前。这个伟大的历史跨越不仅是一个充满战略意义的改革擘画,更是当代更重要的一个顶层设计,甚至是人类制度文明史上一段富有冒险勇行的征程。

4. 学习型政党的学习制度

确立学习制度的宗旨,就是运用人类创造的科学文化知识,一切灿烂的文明成果,从中汲取有益于加强党性修养,做好党的工作的智慧和营养。将一个八千多万党员的政党以制度安排推动全党的学习活动,这在制度建设史上也是一个重要的创新,这是一个国家、一个民族兴旺发达的基本理念和行动规则。

运用制度建设学习型政党,这是为全党深刻了解过去、全面把握现在、正确创造未来的基本遵循和正确方向。

2014年5月24日,习近平同志在同外国专家座谈时强调,任何一个民族、任何一个国家都需要学习别的民族、别的国家的优秀文明成果。中国要永远做一个学习大国,不论发展到什么水平,都虚心向世界各国人民学习,以更加开放包容的姿态,加强同世界各国的包容、互鉴、互通,不断把对外开放提高到新的水平。

习近平同志在中国科学院第十七届院士大会上的讲话中,曾经举了一个很有意义的学习案例,他说道,康熙曾经对西方科学技术很有兴趣,大概在十多年的时间中学习过西学,内容包括天文、数学、地理、动物、解剖、音乐、哲学,光听讲天文学的书就有一百多本,曾经连续两年零五个月不间断地学习西学,而封建皇帝的学习只是坐而论道、禁中清谈,并没有从根本上将这种学习精神用于改变国家面貌、发展国家的政治经济、科学文化。而我们今天已经在勇攀科学技术高峰上创造了举世瞩目的成就,我们今天的无数科学技术创新成果已经对世界文明进步作出了积极贡献。

他又说:我们所面临的时代机遇往往是稍纵即逝,我们正面临着推进科技创新的重要机遇,机不可失,时不再来,必须紧紧抓住,要在改革开放三十多年积累的坚实物质基础上,实施创新驱动发展的战略,下好先手棋,打好主动仗,对国家和民族具有重大战略意义的科学决策,想好了、想定了就要决断,不能再与历史机遇失之交臂,甚至可能付出更大的代价。要把握住历史的机遇,实现创新驱动发展战略,中华民族所面临的任务还是要加强学习。

习近平在韩国国立首尔大学演讲时又说道:"中国将始终做一个虚心学习的国家。虚心使人进步,骄傲使人落后。中国虽然取得了巨大发展成就,但同世界先进水平相比,我们还有很大差距。中国人民为自己取得的成绩感到自豪,但不会骄傲自满、止步不前,而是要有海纳百川的胸怀,以开放包容心态虚心倾听世界的声音。中国坚持和而不同的思想,尊重和保护文明多样性,积极推动不同文明相互尊重、和谐共处。中国将继续向世界学习、向各国人民学习,学习人类创造的一切文明成果,推动中国和世界发展得更好。"

这些论述清楚表明,搞好全党学习,已是全党的历史使命,适应建设学习型、服务型、创新型政党的要求。围绕全面深化改革,促进科学发展,增强党性,提高广大党员的素质,也必须抓好全党的学习。

《2014—2018年全国党员教育培训工作规划》已经出台。中央通知中指出,加强学习,全面提高党员队伍素质能力,这是党中央从党和国家事业发展全局出发,作出的一项重要部署,这是为全面建成小康社会不断夺取中国特色社会主义新胜利,实现中华民族伟大复兴的中国梦提供坚强保障。

（1）五大学习制度

五大学习制度的建立,将为增强党的学习使命,探索学习教育培训新方式、新载体,大力推进信息化建设,切实推进制度化建设,使全党的学习教育培训走向制度化,提供坚强制度保障。

①建立党员教育工作条例及配套规定,为做好学习教育培训提供基本遵循。

②建立党员教育培训基本制度。坚持和完善"三会一课"、党员党性定期分析、民主评议党员等制度。健全集中轮训制度,采取集中轮训,分类别、分专题组织轮训,并对农村党员专门实行春训和冬训措施。

③建立党员教育培训学时制度。党员每年集中培训学习时间,一般不少于32学时,基层党组织和班子成员每年集中学习培训时间不少于56学时,至少参加一次集中培训。

④建立教育培训考核评估制度。完善述学、考学、评学制度,推行培训考勤、学时登记。加强学习培训的考核结果运用,将考核结果作为党组织和党员评先、评优的重要依据。

⑤学风制度建设。为加强学风建设,营造勤奋好学、求真务实的良好学风,坚持从严治学、坚持厉行节约勤俭办学,严格执行规章制度,加强学习管理,联系实际开展学习教育培训。

⑥建立中央和地方各级党委教育培训联席会议制度。在党委统一领导下,由组织部门牵头,全面安排部署督促监察,落实各项学习教育培训任务,真正在全党树立刻苦学习、学以致用的良好学风。

（2）学习培训三原则

①坚持围绕中心、服务中心原则。紧紧围绕党和国家工作大局,谋划推进党员学习教育培训工作,把增强党性作为第一任务,将理想信念教育和能力教育贯穿始终,坚持党和国家事业发展需要什么,就培训什么,进一步增强广大党员贯彻落实中央决策部署的自觉性和责任感。

②坚持联系实际、学以致用原则。大力弘扬理论联系实际的好学风,坚持问题导向,提高解决实际问题,做好本职工作的能力,切实做到学与

用、治与行、说与做的统一。

③坚持继承创新、注重实效原则。为适应新形势新任务,创新工作理念和形式内容,切实增强全党学习教育活动的针对性和实效性。

(3)深化党的制度教育

对党员教育制度的基本安排是,建立系统科学、开放有序、务实高效的教育培训工作体系。形成理论武装、党性修养、道德指南、知识普及、能力培养和技术训练相结合的能力体系;按照中国特色社会主义五位一体总布局的需要,有针对性的开展经济、政治、文化、社会、生态文明和哲学、历史、科技、法律等方面的知识学习,特别是新知识领域,如互联网、大数据、云计算等高科技的学习;进一步优化党的知识结构,提升综合素质和履职能力。

①加强中国特色社会主义理论体系学习教育培训。始终把中国特色社会主义理论体系教育放在首位,引导党员坚定理想信念,增强中国特色社会主义道路自信、理论自信、制度自信。加强社会主义核心价值观和中华民族优秀文化传统美德的培养教育,倡导富强、民主、文明、和谐,倡导自由、平等、公正、法治,倡导爱国、敬业、诚信、友善,引导广大党员在工作和生活中带头践行社会主义核心价值观。

②加强党风、党纪的学习教育培训。把党章作为加强党性修养的根本标准和必修课,加强党的宗旨和党的群众路线教育,引导党员全心全意为人民服务,密切同群众的血肉联系,切实做"守土有责、守土尽责"的楷模。加强党性修养,坚决反对形式主义、官僚主义、享乐主义和奢靡之风,始终保持艰苦奋斗、勤俭节约、为民务实清廉的本质,严格党的纪律和廉洁自律教育,严格党内生活,特别是政治纪律和组织纪律,牢记纪律是不可触摸的"带电高压线"。

③加强党的制度法规的学习教育培训。围绕中央重大决策部署,重要会议、重大活动,及时开展形势政策教育,监督国家政策方针。围绕完善和发展中国特色社会主义制度,推进国家治理体系和治理能力现代化,加强制度学习和制度修养,严格执行以制度管钱、管事、管人,在制度面前人人平等,做严格执行纪律,严格遵守法纪的好党员、好干部。

（4）分类教育的八个方面

为切实抓好党的学习教育培训，根据不同领域基层组织、党员的特点，作出了分类教育培训的制度安排。

①基层党组织书记的学习培训。要确定培训主题，定期开展党组织书记集中轮训，以提高服务大局、推动科学发展能力，服务群众、凝聚人心能力，协调关系、维护社会和谐稳定能力的内容学习和培训。

②农村党员远程教育的学习培训。利用互联网、大众传媒等教育工具，广泛开展理想信念、政策法规、科学文化知识、农村实用技术、致富技能等学习培训，提高带头致富、带领群众共同致富的能力。

③非公有制和社会组织党员的学习培训。采取集体学习、实体培训、网络培训等方式开展岗位成长培训，培训职业道德、提升素质能力。

④新党员的学习培训。在党员入党后一年内，组织一次集中培训，着眼于从思想上入党，增强党员意识，发挥先进模范作用为主题的学习教育培训。

⑤流动党员的学习培训。采取集体学习、实体培训、网络培训等方式，开展党的基本知识、政策法规、生产经营技能、业务能力培训，着眼于增强党员意识，发挥先锋模范作用。

⑥边疆民族地区党员的学习培训。要坚持不懈开展马克思主义的祖国观、民族观、宗教观、文化观和唯物论、无神论教育，加强法律法规、民族宗教政策和双语培训，引导党员增强党性观念、国家观念、法治观念，做推动发展、反对分裂、维护稳定、促进和谐的带头人。

⑦党员创业就业的技能培训。把党员创业就业技能培训纳入农村实用人才培训工程、绿色证书培训工程、农村劳动力培训阳光工程、成人继续教育和再就业培训工程、雨露计划等，以提高党员的创业就业技术能力。

⑧街道社区党员的学习培训。重点围绕联系服务群众、化解社区矛盾、建设文明和谐社区开展培训。

对于领导干部的学习，中央也有详细的制度安排，特别是强调领导干部学习国家历史、党的历史和改革开放史，要落实在提高历史文化素养上,落实在提高领导工作水平上。具有历史文化素养,最重要的是要有历史文化意识和文化自觉,想问题做决策都要有历史眼光,能够从以往的历史中汲取经验和智慧,自觉按照历史规律和历史的辩证法履职尽责。在学习中,要坚持马克思主义的历史观和方法论,同工作实际结合起来,对所读之书要取其精华、去其糟粕,做到"博学之、审问之、慎思之、明辨之、笃行之",知古鉴今、古为今用,在认识和处理现实问题中发挥历史知识的指引导向。

党的五年学习教育培训规划是一项伟大的学习工程,将对在新形势下全面提高党的队伍素质能力,提高党组织的创造力、凝聚力和战斗力,为全面深化改革实现中华民族伟大复兴的中国梦提供坚强保障。

第三章　制度编制权力清单

习总书记说权力与制度

总书记关于权力、制度的论述内容极为丰富，体系多元广博。本书所选入的主要是市场经济与权力运行有关的部分，包括三个方面：

1. 基础性制度建设

要深刻认识深化行政体制和政府机构改革的重要性和紧迫性，处理好政府和市场、政府和社会、中央和地方的关系，深化行政审批制度改革，减少微观事务管理，以充分发挥市场在资源配置中的基础性作用、更好发挥社会力量在管理社会事务中的作用、充分发挥中央和地方两个积极性，加快形成权界清晰、分工合理、权责一致、运转高效、法治保障的国务院机构职能体系，切实提高政府管理科学化水平。(习近平在中共十八届二中全会发表重要讲话,2013 年 2 月 28 日)

任何人都没有法律之外的绝对权力，任何人行使权力都必须为人民服务、对人民负责并自觉接受人民监督。要加强对一把手的监督，认真执行民主集中制，健全施政行为公开制度，保证领导干部做到位高不擅权、权重不谋私。(习近平在十八届中央纪委二次全会上发表重要讲话,2013 年 1 月 22 日)

2. 基本经济制度

理论和实践都证明,市场配置资源是最有效率的形式。市场决定资源配置是市场经济的一般规律,市场经济本质上就是市场决定资源配置的经济。健全社会主义市场经济体制必须遵循这条规律,着力解决市场体系不完善、政府干预过多和监管不到位问题。作出"使市场在资源配置中起决定性作用"的定位,有利于在全党全社会树立关于政府和市场关系的正确观念,有利于转变经济发展方式,有利于转变政府职能,有利于抑制消极腐败现象。

坚持和完善公有制为主体、多种所有制经济共同发展的基本经济制度,关系巩固和发展中国特色社会主义制度的重要支柱。

坚持和完善基本经济制度必须坚持"两个毫不动摇"。全会决定从多个层面提出鼓励、支持、引导非公有制经济发展,激发非公有制经济活力和创造力的改革举措。(习近平关于《中共中央关于全面深化改革若干重大问题的决定》的说明,2013 年 11 月 16 日)

3. 民主协商制度

全会决定把推进协商民主广泛多层制度化发展作为政治体制改革的重要内容,强调在党的领导下,以经济社会发展重大问题和涉及群众切身利益的实际问题为内容,在全社会开展广泛协商,坚持协商于决策之前和决策实施之中。

发挥统一战线在协商民主中的重要作用,发挥人民政协作为协商民主重要渠道作用,完善人民政协制度体系,规范协商内容、协商程序,拓展协商民主形式,更加活跃有序地组织专题协商、对口协商、界别协商、提案办理协商,增加协商密度,提高协商成效。(习近平关于《中共中央关于全面深化改革若干重大问题的决定》的说明,2013 年 11 月 16 日)

一、制度确保简政放权

制度决定国家性质，是治国理政的基本方式，它首要的使命就是运用制度限制和控制公权的使用，以保证权力在阳光下运行。

改革开放是我们党在新的时代条件下带领人民群众进行的伟大革命，开创了完善和发展中国特色社会主义制度的新征程，主要目标就是推动我国社会主义制度的自我完善和发展，使中国社会主义制度更加完善、更加定型。

十八届三中全会《决定》指出："科学的宏观调控，有效的政府治理，是发挥社会主义市场经济体制的优势的内在要求。必须切实转变政府职能，深化行政体制改革，创新行政管理方式，增加政府公信力和执行力，建设法治政府和服务型政府。"要全面正确地履行政府职能，就必须进一步简政放权，深化行政审批制度改革，最大限度减少中央政府对微观事务的管理，放活市场经济，为企业松绑，使市场机制能够有效地调节市场的经济活动。

1. 处理好六大关系

简政放权目的是使市场在资源配置中起决定性作用，激发市场主体的创造活力，因此，简政放权要坚持市场化的改革方向。政府把工作的重点转移到创造良好的发展环境、提供优质公共服务、维护社会公平正义上来，加强管理和服务职能，目的是更好发挥市场的作用，处理好六个方面的关系。

（1）坚持处理好简政放权与加强管理和服务的关系

在政府的职能转换上，要坚持市场化的方向，进一步简政放权，深化行政审批制度改革,最大限度减少中央政府对微观事务的管理。这既是加强政府自身建设,提高政府治理能力的措施,又是促进经济稳定增长、推动经济转型的必然手段。凡属市场有效调节的经济活动,一律取消审批,这样政府把不该管的放下,把该管的管到家,管到位,彻底管好。

在审批制度改革上,要做到打破三个门,实现三平等。坚决打破各种影响公平准入和竞争的"玻璃门"、"弹簧门"、"旋转门",保证各类市场主体权利、机会、规则平等。这样,该由市场决定的事项由市场办理,该由企业决策的由企业执行,和政府之间摆平各自的主体责任,使职责明晰,就能更好地协调工作,改变在放权上的畏首畏尾现象。

同时,应当看到,市场并非万能,在这里政府还有巨大的监管服务空间,凡关系国家安全和国计民生的大事,市场机制和社会力量管不了也做不好的事项,就是政府应有之责任。因此,政府要做到"三加强"、"两保障",这就是《决定》中指出的:政府要加强发展战略、规划、政策、标准等制定和实施,加强市场活动监管,加强各类公共服务提供。加强中央政府宏观调控职责和能力,加强地方政府公共服务、市场监管、社会管理、环境保护等职责。推广政府购买服务,凡属事务性管理服务,原则上都要引入竞争机制,通过合同、委托等方式向社会购买。在保持宏观经济稳定,加强和优化公共服务中,保障公平竞争;在加强市场监管,维护市场秩序中,弥补市场失灵中,保障可持续发展。

(2)处理好中央和地方政府的关系

十八届三中全会《决定》指出:要加强中央政府的宏观调控职责和能力,加强地方政府的公共服务和市场监管职责,我国实行的是中央统一领导,地方分级管理的行政体制,对中央转变职能的决策必须统一步调,但同时也要考虑到地方的不平衡特点,需要各级政府更好地发挥、更好地从实际出发,因地制宜,发挥创造性的调节功能,把中央放给市场的权力坚决下放,给地方政府的职能也要切实管好,同时地方政府该放的权力放下去、放到位,把该管的事情管到位、管彻底。

权力和责任要同步,该上收的上收,该下放的下放,形成权责一致、事权与财权相匹配的政府职能划分体系。

(3)处理好"瘦身"与"强身"的关系

十八届三中全会提出转变政府职能必须深化机制改革,现在机构编制总量超大、超前,效率低下,结构臃肿,造成了政府资源的配置失灵。对于已经瘦身的政府领域,要避免人浮于事、庸职、散职,从强身固体上解决政府的职能转换,既要政府的权力瘦身,又要职能强身,为基层工作提供合理而有效的工作机制。

(4)处理好合理赋权与有效制衡的关系

十八届三中全会《决定》指出,必须构建决策科学、执行坚决、监督有力的权力运行体系,形成科学有效的权力制约和协调机制。

权力配置是否科学,运转是否协调,监督是否有效,是判断一个国家的制度机制发展水平的重要标志。合理赋权与有效制衡同步进行,关键在于制度设计和制度的执行力,用制度促进权力运行规范有序,避免权力过分集中而失控,以构建科学有效的权力制约和协调机制。在顶层设计安排下,以制度设计为支撑,以分权制约为核心,以公开问责为监督,使决策权、执行权、监督权达到有效制衡。

但目前的权力结构,既有职能分散、九龙治水的问题,又有权力部门化、利益化的倾向;既有程序烦琐、效率低下的庸政、懒政、散政,也有暗箱操作、透明程度不够的现象。

因此,权力的配置要遵循职、权、责相对应原则,优化上下级之间,同级部门之间,以及事前、事中、事后各环节之间的权力配置,以制度确立权力运行的方式、范围、责任,坚决禁止揽权、争权、让权、越权的行为。

权力的运行要坚持科学民主决策,凡重大项目决策由集体商讨、多元咨询,实行效果评估制度,规范运行流程,提升制度刚性能力。

要执行问责制度,自觉接受人大监督、法律监督、民主监督、司法机关依法监督和社会舆论监督,运用互联网进行高科技监督,确保政务公开,人民群众的知情权、参与权和监督权落实到位。

（5）处理好直接管理与间接管理的关系

政府职能的转变，主要体现在行政管理和服务方式的转变上，即从权力规则向制度规则方向的转变，从政府本位到社会本位的转变，从注重权威管制到注重柔性疏导的转变。政府对微观经济活动的干预过多，运用行政手段直接调控过多，运用市场手段间接调控较少，对各项职能大包大揽，转移外包的空间微乎其微。而按照《决定》要求，实现政府治理和服务能力的现代化，实现服务型政府的本质转变，就要通过合同、委托等方式向社会购买服务，有效解决公共服务短缺、质量效益不高等群众反映强烈的现实问题。

（6）处理好制度创新与法治建设的关系

改变计划经济体制下的习惯模式，清除体制机制的利益障碍，创新政府职能转变的制度体系，是为法治建设提供的根本保障。依法行政是政府的工作准则，在政府职能转变的目标上，要确保按照制度规范实现政府职能的方向转换，引领政府治理能力的提升。

创新政府制度工作体系是运用制度优势推进依法行政的良好过程，是提高执政公信力的最有效手段，要充分盘活资源存量、充分发掘制度、政策和法律资源优势，使依法行政得到有效实施。

政府的本质是什么？应该是有限政府。而许多官员却认为是管人、管权、管事的，因此形成了大包大揽，造成机构臃肿，办事拖沓，该管的没管好，不该管的却乱伸手，正因为权力在握，最容易造成以权谋私、权力寻租，形成腐败，这是无限政府的权力弊端。

有限政府的主要职能，是处理好政府与市场的"铁规"关系。习近平同志在中共中央政治局第十五次集体学习时强调："使市场在资源配置中起决定性作用、更好发挥政府作用，既是一个重大理论命题，又是一个重大实践命题。科学认识这一命题，准确把握其内涵，对全面深化改革、推动社会主义经济健康有序发展具有重大意义。"又指出，在市场作用和政府作用的问题上要讲辩证法、两点论，看不见的手和看得见的手都要用好，努力形成市场作用和政府作用有机统一、相互补充、相互协调、相互促进的格局,推动经济社会持续健康发展。

经济体制改革是全面深化改革的重点,核心问题是处理好政府和市场的关系,使市场在资源配置中起决定性作用,更好发挥政府作用。这一理论命题是我党对中国特色社会主义建设规律认识的一个新突破,是马克思主义中国化的一个新成果。

2. 简政放权 600 项

2014 年是全面深化改革、爬坡过坎的开局之年,政府工作报告中指出,推动重要领域改革取得新突破,深入推进行政体制改革,抓好财税体制改革,深化金融体制改革,增强各类所有制的经济活力。按照报告的思路,新一届政府已经取消和下放了 416 项行政审批事项,取消和免征行政事业性收费 348 项。2014 年再取消和下放行政审批事项 200 项,全面启动建立权力清单制度,启动不动产统一登记制度,建立诚信体系制度,继续推进三公经费公开制度等,这些都是完善依法行政,健全科学、民主、依法决策机制的重要制度举措。

简政放权是"做减法",开发市场活力是"做加法"。

一方面,简政放权处理好政府和市场关系,整体意义上是减法。把该放的权力放掉,该管的事务管好,加强政府的公共服务职能,建立资源配置有序化,激发市场活力,增强发展动力,这是做的加法。

另一方面,政府放权同样要加强事中和事后监管,对政府管理水平相应提出了更高的要求,加大对经济社会发展的分析、裁判,为经济社会健康和发展保驾护航。

二、用好"三只手"

市场铁规是政府处理与市场关系的首要制度,或者说是第一要件,这里面涉及"三只手"的问题。

推进政府职能转变和机构改革,要突出处理好政府与市场的关系。

要更好发挥市场在资源配置中的决定性作用,一个重要的前提条件是完善市场制度,建立一个权力有限和定位恰当的政府。

处理好政府、市场、社会的关系,用好政府"有形之手",放活市场"无形之手",完善社会"自治之手",积极主动放掉该放的权,认真管好该管的事,从"越位点"退出,把"缺位点"补上,在"错位点"纠正,注重事中事后监管,放权放活不放任,从而激发市场活力、需求潜力和发展的内生动力,争取改革的最大制度红利。

1.政府的手——"有形之手"

政府的手是有形之手。政府的权力有限,权力受到制约与监督,这是建设法治政府的本质要求,政府的作为可以分为作为和不作为两种。能为而不为,是不依法行政,不尽职尽责、懒政、庸政、散政;另一种是可作为而不为,糊弄差事,渎职枉法,甚至讲"无利不起早","天下熙熙皆为利来",政府作为的重点也成为利而谋。而政府与民争利则是失职于国、失信于民。政府运用超越权限的资源配置权力,干预企业的权力,必然会产生寻租空间,这种与民争利的政府行为将是政府职能转变中最大的藩篱,必须彻底推倒。

政府该做的是与利益无关的、市场不愿做和做不好的,才由政府介入,通过提供公共服务,维护社会公平正义,推动市场主体的活力。

(1)政府的作为

有为政府的作为体现在以下四个方面:

①坚持法治。坚持法治是有为政府的重要标志。政府行为必须有法可依、执法必严、违法必究。在权力行使中,法治政府要求尽量减少在行政执法过程中的自主裁量权,严格规定执法人员的权限范围,既不能越权违规也不能不到位、不作为。

②提供公共服务。政府提供的公共服务,是一种社会公共服务,政府要达到均等化、全覆盖、可持续,具有实质的公正公平性。

③政府的公信力。政府最大的无形资产是公信力。如果政府失去公

信力,不维护好政府的公信力,无论你说的是与非、对与错,干得正确与错误,都不会得到民众的信任,相应产生社会危机。

④提高政府效能。政府执行力的实质是提高政府效能。构建一个善治高效的政府,当务之急是要将社会、公民应得到的公共服务、公共服务标准,以及如何得到这些服务项目,均应明晰告诉社会公众,如果民众没有得到相应服务,找政府申诉,政府就应当予以补偿。

（2）政府的乱作为

政府的乱作为是政府职能转换之大敌,表现在以下三个方面:

①与民争利,扰乱市场秩序。政府获利的目的是与民争夺市场主体和市场利益,政府将自身变为一个经营公司,市长蜕变为总经理,书记像董事长,自己挣钱却不为民间谋利,这就是典型政府公司主义。它破坏了市场的天然公平牌、天然创新牌,把最灵敏的市场机制扭曲,造成市场恶性循环。

②越俎代庖,影响政府公信力。政府代替市场进行资源配置,压制市场活力,任意设阻,将市场的项目政府参与审批,给企业上枷锁,上缆绳,致使企业的市场动力减弱,影响了企业创新活力,将政府的常规化工作状态变成了非正常的个体性工作状态。

③对雪中送炭不作为。现代政府的主要职能是保障公共安全、公共教育、人的健康和安全,制定科学统一的福利配置标准。但一些政府没有很好履行职责,民众不要的政府偏要提供,民众需求的政府却闻而不为,造成了民众对政府的极大愤慨。

（3）用制度规范乱作为

用制度规范乱作为,就是政府的第一要务,用制度管人、用制度管事、用制度约束人的行为,这体现在四个方面:

①制度需要顶层设计,制度框架要清晰,制度结论要明确;

②政府运行要按照制度化的安排公开化、透明化;

③要维护公正、公平,在制度运行过程中要有公众的参与;

④政府的"动脉血栓"慢慢把老百姓和政府隔绝疏远,人为地制造了体制性矛盾,必须运用制度给予溶解疏通。

这些方面都是在运行中要全面考虑的市场制度建设问题。

2. 市场的手——"无形之手"

处理好政府和市场的关系,起决定作用的是使市场在资源配置中起决定作用和更好发挥政府作用。资源配置是指各种生产资料,包括人力、物力、财力等,如何用各种商品的生产和服务的提供,即生产什么、生产多少、怎样生产等,市场就是商品交换的场所、渠道和流通纽带,是商品生产者之间全部交换关系的总和。市场规律必然要包括与资源配置直接关联的价值规律、供求规律、竞争规律和货币流通规律等,市场在资源配置中起决定作用,严格地说就是将市场的规律与政府的关系摆顺理好,让市场规律这只无形之手与政府这只有形之手共同推进和发展市场经济。

(1)市场之手需要处理的几个制度关系

①经济效益与社会效益的关系。这主要体现在当前所发生的城镇化进程中的制度不配套、不协调所带来的实际问题,在城镇化市场开发的现状下,有的重商业开发轻居民安置,重城区扩建轻土地保护,重地上外观建筑轻地下设施配套,只注意了经济效益的主体而忽略了社会效益和民生,这需要在制度安排下,做好科学合理规划,完善建设规划,尤其是对人口较多、经济发展较好的城镇,更要加大基础设施建设,诸如学校、医院、娱乐、健身等关系社会民生的项目,保证在市场条件下经济效益和社会效益的统一。

②资金投入与项目落地的关系。在基础项目建设方面,如农田水利、市场区划开发等,由于地方普遍存在基础设施投入不足、资金不及时到位的问题,在市场运作中,出现违规操作、牟取私利,使惠民政策大打折扣,影响了经济健康增长,这些问题的出现主要是制度供给不足,造成责任不明确问责不到位所致。

③资金扶持与政策鼓励的科技创新关系。尤其是高技术市场产业的

发展,在创新制度不足,创新社会贡献与个人价值体现不匹配等情况下,扶持科技创新项目,如加大对国产计算机操作系统的资金扶持,优化电讯资源和铁路资源配置,加强对微电子产业等产业链扶持,都需要有制度层面的安排。

④经济增长与企业减负关系。在加大企业特别是中小企业的政策扶持方面,由于制度滞后,仍存在企业融资艰难、融资成本昂贵、财务负担重等困境,这样,对推动企业发展、保障就业的重要渠道贯通方面,要企业适应市场变化、加强经营管理方面,也需要创新制度,以切实减轻企业负担,从整体上解决企业费用高、负担重、盈利低、经营困难等一系列难题,处理好政府与市场的关系,清理不符合改革方向和经济健康发展的政策、规定已是刻不容缓,当务之急。

当前,阻碍经济发展的一些制度弊端仍然存在,如政府对市场干预过多:一些地方财政资金投入竞争领域,影响市场公平;一些地方为提高竞争力出台大量税费减免退政策,导致资源配置抵消,造成财政收入的流失等。要保证释放市场活力,必须打破制度束缚和利益干扰,对政府设置的审批备案和具有强制性条款的等级制度,特别是与经济活动相关的隐形和变相审批事项,要进行全面清理,打破部门藩篱的利益垄断,建立统一规范公平竞争的市场体制,这对发挥隐形的市场之手作用极为重要。

十八届三中全会《决定》指出:"科学的宏观调控、有效的政府治理,是发挥社会主义市场经济体制的内在要求。"在社会主义市场经济条件下,政府的职责和作用主要是保证宏观经济稳定,加强优化公共服务,维护市场秩序。在当前资源配置状况下,公共产品和服务的资源配置,由政府主导;在非公共产品和服务的资源配置中,由市场起决定性作用,这样,就实现了"看不见的手"和"看得见的手"的优势互补,共同促进了市场经济健康发展。

习近平同志指出:"各级政府一定要严格依法行政,切实履行职责,该管的事一定要管好、管到位,该放的权一定要放足、放到位,坚决克服政府职能错位、越位、缺位现象。"同时指出:"要坚持在实践中深化学习、在学习中深化实践,不断研究新问题、总结新经验,学会正确运用'看不见的手'和'看得见的手',成为善于驾驭政府和市场关系的行家里手。"

　　(2)中国与欧亚市场的案例借鉴

　　强调资源配置中起决定性作用的市场和更好发挥政府作用这一突破性的命题,是十八届三中全会做出的重大决定。从党的十一届三中全会到党的十四届三中全会的定位是,市场在国家宏观调控下,对资源配置起基础性作用。十八届三中全会再次强调,从基础性到决定性不只是字词的转换,而是充分体现了解放思想、实事求是、与时俱进的理论探索,为进一步推动经济持续健康发展,为中华民族伟大复兴中国梦的实现打下了制度基础。

　　我们可以从欧亚经济发展的案例中得到借鉴。19世纪中叶到现在,发达国家人均收入水平年平均增长3%,一个发展中国家如果善于利用后发优势,经济增长速度可达到8%—10%,但这是前所未有的历史现象。从第二次世界大战后到现在,全世界180多个发展中经济体,只有中国台湾和韩国两家从低收入到中等收入,然后进入高收入阶段。还有13个经济体从中等收入变成高收入,其中有日本和亚洲四小龙。而180多个经济体的绝大多数国家长期陷入低收入或中等收入陷阱。究其原因就是没有处理好政府和市场的关系。这一现实案例,为党的十八届三中全会提供了借鉴。因此,要成为一个发展成功的国家,必然是以市场经济为基础,再加上一个有为的政府作后盾。所以在强调"无形之手"的同时,一定要和政府的"有为之手"紧密连接,这主要考虑了两点因素:

　　一是转型中的国家,因为过去所采取的战略,遗留了一批违反比较优势、没有自生能力的资本密集型大型企业,对这些企业的保护津贴不能立即完全取消,否则会造成大规模破产,给社会带来不稳定,因而需要政府给原有产业一定的转型期的保护和补贴。

　　二是转型中的国家,由于政府过去多将有限资金用于发展资本密集型的产业,导致基础设施条件弱化,同时存在很多制度扭曲,需要政府解放思想、实事求是、务实地创造条件给予克服,有为政府在发挥调整制度扭曲作用中,还要充分与市场合作。

3. 行业的手——"自治之手"

在当代中国，市场经济发展的熙熙攘攘人群中，除了科学家、政府官员、企业家外，又增加了一些社会组织板块的秘书长们，他们忙碌穿梭于政府和企业之间，通过宣传政策、创办论坛、推出产品，让创新驱动发展战略落地生根，打造充满活力的行业协会、产业联盟。这种社会组织发育中的成功代表就是中关村科技园区，被称作"中关村现象"。它为科技创新驱动创造了多个奇迹。

市场导向下的创新活动催生社会服务，科技企业下的创新行为，使科技与经济融为一体。一般情况下，科技企业下的专长不在公关，而在技术创新，研发生产什么，一律由市场说了算。企业只需要对市场负责，专攻技术和市场的结合点。而对政策信息、公共关系等制度化服务的需求，就交予由此而产生的科技企业、协会、商会等社会组织，以便为科技企业家的技术创业行为找到归宿点。

首要一点是组织好政社活动，才能充分发挥"自治之手"的功能。

创新需要政社分开，政府和社会组织是参与创新过程中的两个不同主体，前者具有税收强制力和行政权力，后者是依靠承接公共服务和社会筹资运转，前者的优势在于规范管理和宏观统筹，后者在于为创新活动提供多元化及时性的服务。政府可以把行业的信息收集、规划研究、信用体系的建立等，以定向形式公开外包，而社会组织可以通过充分竞争完成优胜劣汰，使两者在宏观调控和微观服务上形成一种互动局面，创新体系，促进整体效能提升。

"自治之手"的治理空间宽广而深远，现代化的创新治理首先要划分出各主体间清晰的治理空间，完成创新的过程需要企业冲在前，同时给予社会组织生长的空间，确保政府在知识产权保护执法等方面的托底职能。创新必须体现一个涟漪信号，在市场推动下，从位居中心的企业深渊不断向社会组织和政府扩散，最终实现驱动的市场治理、社会治理和环境治理的平衡，正如习近平同志所指出的那样，实施创新驱动发展战略，是一项系统工程，需要破除一切束缚，创新驱动发展的概念和体制、机制，这一工程的主题就是通过充分发挥和驱动"自治之手"的功能来实现。

三、权力清单——"法无授权不可为"

党的十八届三中全会,提出权力清单制度的建设规范,国家部委和地方政府都在积极探索和实践,这对限制有效的权力制约和协调机制,推行政府工作部门的权力清单制度具有重大实践意义。

权力清单制度推行的根本依据是:理清政府机关行使公权、干预私权利的界限,建构符合现代市场经济规律的规则。

按照建立现代法治国家的要求,建设现代法治政府是首要之举。必须确立政府清晰的权利和义务关系,全面完善和建立政府各个领域的运行制度,推进决策公开、管理公开、服务公开、结果公开,对坚持依法治国、依法执政、依法行政具有重要推动力,对实现法治国家、法治政府、法治社会的一体化建设将会开创崭新的局面。

1. 权力清单的出台

习近平同志指出:"要强化公开,推行地方各级政府及其工作部门权力清单制度,依法公开权力运行流程,让权力在阳光下运行,让广大干部群众在公开中监督,保证权力正确行使。"

全面深化改革的总目标是实现国家治理体系和治理能力的现代化,建设依法治国、依法执政、依法行政的制度现代化体系,将行政权力机关实行权力规范和权力监督,提到了重要议程。不论治理体系还是治理能力的运行和提升,都涉及国家权力,也包括政党权力的范畴。十八届三中全会《决定》提出:必须切实转变政府职能,深化行政体制改革,创新行政管理方式,增强政府公信力和执行力,建设法治政府和服务型政府。并强调,深化行政体制改革,加快转变政府职能,对于使市场在资源配置中起决定性作用,更好发挥政府作用,进一步提高政府执政水平,激发经济社会发展活力意义重大。推行权力清单就是在这一前提下,将行政管理和行政执法的范围、边界和执行手段,运用清单的形式进行考量和规范,产生了权力清单制度。

权力清单制度为行政机关依法行政提供了约束尺度,同时,为企业、社会、公民提供了依法办事的规则、根据。它运用办事指南和程序手册的形式,简明扼要、合法有据地公布,公开透明,这对深化治理体制改革也是一个大部署,将为建设法治政府,推动法治社会建设起到不可估量的先导效果。

2. 权力清单的四个要素

推行权力清单是一个阶段性试点、长远性执行的制度体系,它具有自身的资质特点:

①它按照法定范围授权,理清行政权力事项。

②为清单的顺利推进,需要编制行政权力运行的流程图。

③需要确立行政权力清单的运行程序和制度安排。

④根据运行流程图的安排,不断调整权力清单的内容和运行流程,在动态的运行中,系统经受政策考验,并编制权力清单的细化规则。

3. "红头文件"审批,再也行不通

国务院发出了严格清理非行政许可审批事项的通知,这在社会引起巨大震动。

行政许可包括许可与非许可两种。行政许可是指行政机关根据相对人的申请准予其从事特定活动的行为,只有法律、行政法规可以设定行政许可,即按照行政许可设定的行政审批制度。

非行政许可审批是指不适用行政许可法的审批范畴:"有关行政机关对其他机关或者对直接管理的事业单位的人事、财务、外事等事项的审批不适用本法"。国务院首批将各部门的行政审批事项汇总,清单涵盖60个部门,1325项正在实施中的行政审批事项,其中非行政审批事项369项,占三分之一。非许可行政审批,在目前的行政审批制度中占有三成的比例,国务院发出清理非行政许可审批事项就是针对这一现状而做

出的决定,将面向公民、法人和其他组织的非行政审批事项取消,或者依法调整为行政许可,不再保留红头文件式的审批方式,即非行政许可审批这种文件类型。从一定环境意义上看,非行政许可审批事项的存在是方便部门管理行使的一种捷径,但客观上逃避了设定行政许可的严格规范,实际上,非行政许可审批就成为没有法律依据的红头文件,所进行的审批事项,成为政府行政权力的"灰色地带",在很大程度上,导致权力寻租空间的存在,形成滋生腐败的土壤。

四、负面清单——"法无禁止即可为"

负面清单是针对权力清单而设立的一项制度。即一种国际上广泛采用的投资准入管理方式。政府以清单方式明确列出禁止和限制企业投资经营的行业、领域、行为等,清单以外则充分开放,"法无禁止即可为"。

十八届三中全会《决定》指出,建立公平、开放、透明的市场规则,就要"实行统一的市场准入制度,在制定负面清单基础上,各类市场主体可依法平等进入清单之外领域"。推行负面清单对于加快完善现代市场体系,建设法治政府,是一项治理模式上的重要转变,是对规范、约束政府权力、规范公权、保障私权的一项制度性重大改革。

1. 负面清单瘦身

2013 年 9 月上海自贸区首次发布负面清单之后,于 2014 年 7 月 1 日又公布了瘦身版的负面清单,管理措施由原来的 190 条调整到 129 条,同比瘦身近三成,在瘦身的 51 项中,因扩大开放而实质性取消 14 条,因内外资均有限制而取消 14 条,因分类调整而减少 23 条,如删除禁止投资互联网上网服务营业场所、限制投资铁路货物运输公司、禁止投资博彩业以及禁止投资色情业等内容,有关取消投资博彩业色情业的限制引起广泛关注,但自贸区解释说删除不代表放开限制。与 2013 年版相比,新版负面清单具有明显瘦身特征,其制度的影响面均可推广、可复制,这在权力清单制度建设领域又迈出了更大更快的步伐。

2. 清单之外即可为

国家的试点范围首先确定在上海自贸区,率先在外商投资的准入领域实行负面清单制度,将原来的正面清单制度转变为非禁即入的负面清单模式,这是将法律法规禁止的事项,即对于权力清单之外的事项,对市场主体的行为不进行任何干预,这将保证统一的市场准入制度得到有效实现。它的最鲜明的探索是对外商投资实行准入前国民待遇加负面清单的管理模式。这在推进工商注册制度便利化,削减资质认定项目,实行先照后证,注册资本认缴登记,推进国内贸易流动体制改革,向建设法制化营商环境迈出了重要的一步。

负面清单制度的实行是随着社会的发展,各种新的业态、新的领域不断出现,市场主体能否进入这些领域的现状而决定的。负面清单就成为制度调整的空白地带,在正面清单制度确立之后,市场主体能否进入,这就取决于政府的自由裁量,由此会产生权力寻租、暗箱操作等系列腐败现象,严重影响了市场活力的释放。

负面清单的治理模式就如同机场的安检人员采取负面清单的做法,列出不能随身携带的物品清单,这既保证飞机安全,又提高安检效率。如机场的安检,采取正面清单管理模式,就必须对乘客行李逐一进行安检,这样将大大加大安检成本。而实行负面清单模式,则是运用禁止的指令手段确定通行规则和准入条件。同样,对市场主体采用的负面清单制度,明确规定法律限制之外的都属合法,即"法无禁止皆可为"的概念。相对于限制政府权力的正面清单,则是行政行为非法律许可都视为非法,这既是"法无授权即禁止"的治理理念。

负面清单制度必须与政府职权配套,政府的职权和行为都必须由法律作出明确规定,法无授权不得随意作为,法治政府只能是有限权力政府,它只能做法律授权的事,自然政府的责任也是有限的,在实行负面清单制度的同时,法律必须为政府对负面清单的管理提供明确的规则。

同时对负面清单的设置必须及时更新,删除政府不需要再继续管制的成分,根据社会经济发展需要纳入新的领域。

3.法律立法与制度的统一

强调依法治理的法治原则,同时运用制度编制权力清单和负面清单,二者的实质都是保证政府的职权法定,同时保证市场主体行为自由法定。其实质都是突出法治,强调法定既是法制的执行权,所运用的法制形式一是立法,二是一整套完备的制度体系,这样综合配套措施的及时跟进,保障立法不滞后,执行不误时,对加快改革速度会产生鲜明的效果。

这种制度与法律的并行运行体现了法制化的前瞻性,既确认了制度建设对权力空间的调整,又为之后的立法提供了实践空间。权力正面清单和负面清单的推行进一步证明制度与法律不愧为是国家治理现代化的两大坚强支柱。

清理后将进一步实现政府的权力瘦身,目前现实的情况是:一些部门的非法行政许可审批事项大大超过行政许可审批范围,非规范的行政审批权限超越了规范的行政权限设定,偏离了职权法定的轨道,增加了公民、法人和其他社会组织的义务。这既不利于规范行政审批权限的设定和实施,更不利于保护公民、法人合法权益。这种取消或者限制红头文件的制度措施,就是为激发市场活力、增强发展动力,把权力关进制度的笼子里。

五、让权利制约权力

广大人民群众将政府的简政瘦身比喻为扁平政府措施,这是形象化的制度描述。下面可以从几个方面来观察、分析,运用权利制约权力的实际成果。

1.抓住行政审批"牛鼻子"

紧紧抓住行政审批的"牛鼻子",转变政府职能,转变工作作风,作为深化改革加强制度建设的发展改革重心。到目前为止,国家发改委已经进行了整改方案 36 项,完成 27 项,专项治理 13 项,完成 10 项,将于年终全部完成。制度建设计划的 66 项任务已完成 13 项,年底完成 49 项,大幅度减少行政审批事项。2013 年取消和下放 44 项行政审批,中央层面管理核准的项目数量已减少了 60%,大大减少了政府核准的企业投资项目,激发了企业和地方活力。在此基础上,2014 年将对投资创业影响巨大,对经济社会发展制约明显的行政审批事项,更大限度地向市场放权,给企业松绑,让人民受益。同时,为确保行政审批制度改革落到实处,又下决心拿三难积弊开刀。

一是着力解决"门难进",在加强保密工作前提下,对办事人员实行一卡多人,简化进门登记手续;

二是着力解决"脸难看",对办事人员以礼相待、热情接待;

三是解决"事难办",凡重要问题领导亲自出面接待,集中会商现场表态,书面审批,在 20 个工作日内书面反馈办理意见;对一般性项目办理,5 个工作日内即答复受理情况。

2. "权力清单一表清"

发挥市场配置资源的决定性作用,必须加大政府职能转变,这是政府的一场自我革命。如天津市,已经六次清理减少行政审批事项,由 2005 年的 1133 项减少到 2013 年年末的 349 项,现在又减少四分之一,减去 100 项,仅保留 290 余项。行政许可事项累计减少 70% 的成果,充分体现了简政放权的政府决心和行动气魄。在权力清单设置上,做到五项清单一表清。这五项权力是:按照企业设立、投资、固定资产、资质、资格五个方面,均列入权力清单表之中,使审批速度创造全国最快的成效纪录。

3. 一颗印章管到底

天津滨海新区在新组建的行政审批局清单中将发改委、经信委、司法局等 18 个单位、109 枚印章的管理共计 216 项审批权,启用行政审批一枚专用章,实现一颗印章管到底,如同制度流水线,联办事项一口办,关联审批一章办,网上审批一次领证,申报验收一次过。这一颗印章的管理制度完全突破了权力审批部门的利益藩篱,是行政权力审批制度放开提效所取得的巨大成果。

2014年9月11日,李克强总理亲身见证封存了那109枚审批公章,深情地赞许道:"为了盖这些章,老百姓不知要跑多少腿。""这些公章今天被贴上了封条,就决不能再打开,要让它们彻底成为历史!"并强调指出:要继续深化行政管理,109个印章变一个章,是政府自我革命的大动作,要让不必要的审批成为历史。设立政府权力清单负面清单和责任清单,就是要划定政府权力界限,明确政府责任担当,做到"法无授权不可为""法无禁止皆可为""法定责任必须为"。

4.三张清单一张网

在探索以制度约束权力、制约权力和提升权力公信力的实践中,浙江省的"三张清单一张网"达到了政府"瘦身"更健身的特殊效果,这就是政府的职能定位于政府权力清单、企业负面清单、财政专项资金管理清单的三清单,加上省、市、县三级联动的政府服务网,就构建成框定政府体型的三张清单一张网,让政府在"瘦身"的同时更加健康,"健身"这一制度体系的出笼,创造了制约权力、制度建设的又一辉煌。

5.政府"瘦身"更"健身"

释放制度红利,在全国首家行政服务中心,即首轮行政审批改革试点的浙江上虞市,将行政制度改革确定为6项制度:

①建立集中审批制度;

②加快完善联合审批制度;

③建立审批牵制和中介服务规范化管理制度;

④推行入园项目、大项目审批服务全程代理制度;

⑤建立审批事项准入制度;

⑥健全审批责任制,行政审批制度的改革,从高层次改善制度质量,让企业和广大群众获取制度红利。

富阳全市的行政权力统计原有 7000 多项,现已缩减为 2500 项,并且明确规定,权力清单之外再无权,真正起到了政府自身改革"瘦身"、改革建立扁平政府的实践效果。

制度基因的效果就是扁平政府的诞生,一个扁平化的现代政府最有可能在弥合城乡差异的环境中建成,在制度制约权力的时代中诞生,这就是中国共产党人所苦苦探寻的经济繁荣背后的制度基因。

第四章　制度铁腕横扫"四风"

习总书记说除"四风"

在除"四风"上,总书记的论述主要围绕三个方面:

1. 党的作风就是党的形象

党的作风就是党的形象,关系人心向背,关系党的生死存亡。我们党作为一个在中国长期执政的马克思主义政党,对作风问题任何时候都不能掉以轻心。(习近平在中共中央政治局就加强改进作风制度建设进行第十六次集体学习时强调,2014 年 6 月 30 日)

工作作风上的问题绝对不是小事,如果不坚决纠正不良风气,任其发展下去,就会像一座无形的墙把我们党和人民群众隔开,我们党就会失去根基、失去血脉、失去力量。(习近平在十八届中央纪委二次全会上发表重要讲话,2013 年 1 月 22 日)

作风问题抓和不抓大不一样,小抓大抓也大不一样,只有动真格打硬仗,才能扫除顽瘴痼疾,取得人民满意的实效。(习近平在中共中央政治局就加强改进作风制度建设进行第十六次集体学习时强调,2014 年 6 月 30 日)

进一步落实中央八项规定精神,要同反对形式主义、官僚主义、享乐主义和奢靡之风这"四风"紧密结合起来。作风问题是腐败的温床。(习近平主持召开中共中央政治局专门会议"对照检查中央八项规定落实情况讨论研究深化改进作风举措"发表重要讲话,2013 年 6 月 26 日)

2. "四风"紧联世界观

"四风"问题与世界观、人生观、价值观有密切联系。在作风问题上，起决定作用的是党性。作为党的干部，必须永不动摇信仰，做到坦荡做人、谨慎用权，光明正大、堂堂正正。越是发展中面临的矛盾比较突出，越是要时刻牢记目标，踏石留印、抓铁有痕，过了一山再登一峰，跨过一沟再越一壑，决战决胜打好调整经济结构、化解产能过剩这场攻坚战。（习近平在指导河北省委常委班子专题民主生活会时强调坚持用好批评和自我批评的武器，提高领导班子解决自身问题能力，2013 年 9 月 25 日）

要从思想教育入手，深刻剖析产生"四风"的思想根源，解决好世界观、人生观、价值观这个"总开关"问题。

要带头树立正确的权力观、地位观、利益观，坚持自重、自省、自警、自励，严格遵守党纪国法，严格按制度和程序办事，严格管理自己的亲属和身边工作人员。（习近平主持召开中共中央政治局专门会议时讲话，2013 年 6 月 25 日）

3. 以刚性制度除"四风"

中央提出抓作风建设，反对形式主义、官僚主义、享乐主义，反对奢靡之风，就是提出了一个抓反腐倡廉建设的着力点，提出了一个夯实党执政的群众基础的切入点。（习近平同志在中共中央政治局第五次集体学习时强调，借鉴历史上优秀廉政文化，不断提高拒腐防变能力，2014 年 3 月 17 日）

八项规定是一个切入口和动员令。八项规定既不是最高标准，更不是最终目的，只是我们改进作风的第一步，是我们作为共产党人应该做到的基本要求。"善禁者，先禁其身而后人。"（习近平在十八届中央纪委二次全会上发表重要讲话，2013 年 1 月 22 日）

解决作风问题是一项经常性工作,必须在抓常、抓细、抓长上下功夫。

要体现改革精神和法治思维,把中央要求、群众期盼、实际需要、新鲜经验结合起来,努力形成系统完备的制度体系,以刚性的制度规定和严格的制度执行,确保改进作风规范化、常态化、长效化,切实防止"四风"问题反弹。(习近平在中共中央政治局第十六次集体学习时强调,2014年6月30日)

把国家各项事业和各项工作纳入法制轨道,实行有法可依、有法必依、执法必严、违法必究,维护社会公平正义,实现国家和社会生活制度化、法制化。(习近平在首都各界纪念现行宪法公布施行30周年大会上的讲话,2012年12月4日)

作风问题都与公私问题有联系,都与公款、公权有关系。公款姓公,一分一厘都不能乱花;公权为民,一丝一毫都不能私用。(习近平在十八届中央纪委三次全会上发表重要讲话,2014年1月14日)

尤其要着力改进学风文风会风,着力控制"三公"经费支出,着力整治跑官要官等选人用人上的不正之风,着力解决吃拿卡要问题,着力解决接受会员卡、商业预付卡问题,着力解决"形象工程"、"政绩工程"和各种节庆、论坛、招商会、国际性会议泛滥等问题,着力制止滥建楼堂馆所问题。

要统筹制定领导干部办公用房、住房、配车、秘书配备、公务接待、警卫、福利、休假等工作生活待遇标准,落实不赠送、不接受礼品的规定,切实解决违反规定和超标准享受待遇的各种问题。要深化财政体制、审批体制、决策机制等方面的改革创新。要加强宣传引导,营造良好舆论氛围。

要树立正确用人导向,让作风好的干部受到重用,让作风不好的干部受到警醒和惩戒。要深化改革、转变职能,从体制机制上堵塞滋生不正之风的漏洞,以改革的办法固化作风建设成果。

要以法治思维和法治方法抓作风建设,实现作风建设制度化、规范化、常态化。要加强问责,健全监督体系,发挥舆论监督、群众监督作用,形成监督的强大合力。

中央政治局的同志要带头严格遵守,各地、各部门要自觉执行有关规定,不打折扣、不搞变通,严肃查处违规行为,用实际行动维护制度的权威性。(习近平主持召开中共中央政治局专门会议时讲话,2013年6月25日)

加强思想政治教育,严明党的纪律,坚持不懈纠正"四风",保持惩治腐败高压态势,努力取得人民群众比较满意的进展和成效。(习近平在十八届中央纪委三次全会上发表重要讲话,2014年1月14日)

一、众志成城横扫"四风"

我们党已经进入全面深化改革的攻坚战,要把改革各项举措落到实处,攻克体制、机制的痼疾,突破利益固化的藩篱,必须紧紧依靠人民,从群众中汲取无穷的智慧和力量。只有坚持推动教育实践活动,推动整治"四风"顽症和改革难题,才能树立党的形象,培育民族精神。广大党员干部在锤炼思想作风中增强宗旨意识、进取意识、机遇意识、责任意识,共同把改革的蓝图变成现实。习近平同志指出:"作风问题绝对不是小事,如果不坚决纠正不良风气,任其发展下去,就会像一座无形的墙把我们党和人民群众隔开,我们党就会失去根基、失去血脉、失去力量。"

习近平同志强调:"形式主义、官僚主义、享乐主义和奢靡之风是违背我们党的性质和宗旨的,是当前群众深恶痛绝、反映最强烈的问题,也是损害党群干群关系的重要根源。'四风'问题解决好了,党内其他一些问题解决起来也就有了更好的条件。"

因此,解决"四风"问题的主要任务就是以"照镜子、正衣冠、洗洗澡、治治病"为总要求,把整风精神开展批评和自我批评贯彻始终,以"踏石留印、抓铁有痕"的决心推进,真正使反对"四风"、维护党的生命线的事业取得进展,取得实效。

1. 从政治局做起——《八项规定》

党的作风就是党的形象,关系人心向背,关系党的生死存亡。我们党作为一个在中国长期执政的马克思主义政党,对作风问题任何时候都不能掉以轻心。

十八大以来,中央政治局首先从自身做起,把加强党风建设作为工作开局的切入点,制定实施八项规定,带头转变工作作风,部署党的群众路线教育实践活动,有力促进党风、政风的改进和转变。中央新的领导集体一再强调党要管党,从严治党,就要管好作风,从严治吏就要严在作风上,用制度横扫"四风",让党风政纪风清气正。

在一年前的中国政界,奢靡之风究竟有多严重,习近平同志在十八届中纪委第二次全体会议上曾有描述:"能不能坚守艰苦奋斗精神,是关系党和人民事业兴衰成败的大事。现在,一些地方,楼堂馆所何其豪华,迎来送往何其热闹,前呼后拥何其壮观,鸟语花香何其艳丽,觥筹交错何其铺张,而且都打着'接待上级领导需要'的旗号。不仅要吃饭喝酒,还要搞什么洗浴、桑拿、唱歌、打牌等一条龙活动。有的县委书记说,每天陪人吃饭要花三四个小时。有的地方有温泉,接待部门的干部一天要陪人洗澡七八次。有些越贫困的地方,还越要摆谱摆阔。有的人是什么钱都敢花、多少钱都敢用,财政经费敢拿来乱花,扶贫款项敢拿来挥霍!这样下去,群众怎么会没有意见呢?!我们党的执政基础还怎么来巩固呢?!如果成天忙于应酬,穿梭于发布会、表彰会等这样那样的会议,热衷于开幕式、开业式、竣工典礼等这样那样的活动,乃至白天黑夜都陪吃陪喝陪逛陪玩,常常是醉醺醺、昏沉沉、轻飘飘的,哪有时间深入基层、深入群众呢?哪有时间学习充电、领会政策呢?哪有时间思考问题、研究工作呢?对领导干部来说,除了工作需要以外,少出去应酬,多回家吃饭。省下点时间,多读点书,多思考点问题。"

面对严峻的形势,中共中央毅然决定先从政治局自身做起,制定了举世瞩目的八项规定。八项规定的主要内容是:

①要改进调查研究,到基层调研要深入了解真实情况,总结经验、研究问题、解决困难、指导工作,向群众学习、向实践学习,多同群众座谈,多同干部谈心,多商量讨论,多解剖典型,多到困难和矛盾集中、群众意见多的地方去,切忌走过场、搞形式主义;要轻车简从、减少陪同、简化接待,不张贴悬挂标语横幅,不安排群众迎送,不铺设迎宾地毯,不摆放花草,不安排宴请。

②要精简会议活动,切实改进会风,严格控制以中央名义召开的各类

全国性会议和举行的重大活动,不开泛泛部署工作和提要求的会,未经中央批准一律不出席各类剪彩、奠基活动和庆祝会、纪念会、表彰会、博览会、研讨会及各类论坛;提高会议实效,开短会、讲短话,力戒空话、套话。

③要精简文件简报,切实改进文风,没有实质内容、可发可不发的文件、简报一律不发。

④要规范出访活动,从外交工作大局需要出发合理安排出访活动,严格控制出访随行人员,严格按照规定乘坐交通工具,一般不安排中资机构、华侨华人、留学生代表等到机场迎送。

⑤要改进警卫工作,坚持有利于联系群众的原则,减少交通管制,一般情况下不得封路、不清场闭馆。

⑥要改进新闻报道,中央政治局同志出席会议和活动应根据工作需要、新闻价值、社会效果决定是否报道,进一步压缩报道的数量、字数、时长。

⑦要严格文稿发表,除中央统一安排外,个人不公开出版著作、讲话单行本,不发贺信、贺电,不题词、题字。

⑧要厉行勤俭节约,严格遵守廉洁从政有关规定,严格执行住房、车辆配备等有关工作和生活待遇的规定。

八项规定是一个切入口和动员令。既不是最高标准,更不是最终目的,只是我们改进作风的第一步,是我们作为共产党人应该做到的基本要求。"善禁者,先禁其身而后人"。从这里,一场波澜壮阔的全党反"四风"行动拉开帷幕。

2. 对准焦距反"四风"

"四风"是腐蚀党的肌体的顽症。习近平指出,解决"四风"问题,要对准焦距、找准穴位、抓准要害。除"四风"是恢复党的生命线。群众路线是我们党的生命线和根本工作路线,作风建设的核心是要密切同人民群众的血肉关系,解决好为了谁、依靠谁、我是谁的关系。

"四风"的表现形式多种多样。中央群众路线教育实践活动领导小组的通知中列为9个专项,80多种表现。

反对形式主义,就要着重解决工作不实问题,改进学风文风会风和工作作风,真正把功夫下到察实情、出实招、办实事、求实效上。

反对官僚主义,就要着重解决在人民群众利益上不维护、不作为问题,坚决整治消极应付、推诿扯皮、侵害群众利益问题。

反对享乐主义,就要着重克服及时行乐思想和特权现象,牢记两个务必,保持昂扬向上、奋发有为的精神状态。

反对奢靡之风,着重狠刹挥霍享乐和骄奢淫逸的不良风气,做到艰苦朴素、精打细算、勤俭办一切事业。

(1)专项整治一:整治文山会海

国家颁布了《中央和国家机关会议费管理办法》,以制度的形式明确给予规定,要加强和规范中央和国家机关会议费管理,精简会议,改进会风,提高会议的效率和质量。

①基本原则。凡召开会议应当坚持厉行节约、反对浪费、规范简朴、务实高效的原则,严格控制会议数量,规范会议费管理。

②确定了会议的分类和审批管理,定为四种类型:

一类会议:是以党中央和国务院名义召开的;

二类会议:是党中央和国务院各部门、各直属机关召开的会议;

三类会议:是党中央和国务院各部门、各直属机构、最高人民法院、最高人民检察院、各人民团体和内设机构召开的会议;

四类会议:以上三类会议以外的业务性会议,包括小型研讨会、座谈会、评审会等。

对四类会议的审批程序和规模等内容作了具体规定,一类会议报党中央和国务院批准,严格限定会议代表和工作人员数量;二类会议各单位于每年11月底前将下一年度会议计划报送财政部审核,按程序经中央办公厅、国务院办公厅审核报批,规模不得超过300人;三类会议各单位建立会议计划编报和审批制度,年度会议计划经单位领导办公会或党组会审批通过,人数不得超过150人;四类会议由单位分管领导审核,并报主要领导批准执行,并列入年度会议计划,参会人数不得超过50人。并且进一步规定,二三四类会议要在四星级以下定点饭店召开,50位以内且无外地代表的会议,原则上在单位召开,不安排住宿。

明确了会议费开支范围和报销支付的问题。一般规定,一类会议住宿、伙食及其他费用等会议费综合定额每人不得超过660元;二类会议会议费综合定额不得超过550元;三、四类会议会议费综合定额不得超过450元。并要进行会议费公示和年度报告制度向社会完全公开。

规定了监督和责任追究制度,明确了三个严禁,四个不准。三个严禁是:严禁各单位借会议名义组织会餐、安排宴请;严禁套取会议费设立小金库;严禁在会议费中列支国务接待费。四个不准是:不准安排高档套房;不安排宴请;不上烟酒;会场一律不摆花草,不制作背景板,不提供水果。对违反规定的责任追究,即依法依规追究会议单位、相关人责任,凡在计划外召开会议的,以虚报、冒领手段骗取会议费的,虚报会议人数、天数进行报销的,违规扩大会议费开支范围,擅自提高会议费开支标准的,违规报销会议无关费用的,其他无关本规定行为的,凡违反的单位和人员由财政部会同有关部门责令改正、追回资金,并予以公开通报,对直接负责的主管人员和相关人员,报其所属的单位按规定处罚,如涉嫌违法,移交司法单位处罚。

(2)专项整治二:整治门难进、脸难看、事难办

党内制定了直接联系群众系列制度,包括党员、领导干部直接联系群众制度,领导干部基层联系点制度,调查研究制度,定期接待群众来访和下访制度,基层办公制度等,为拓展和畅通群众诉求反映渠道,完善党和政府主导的维护群众权益机制,形成了一套群众路线的制度体系。

地方党组织确定的"三视三问"工作制定,牢固树立了正确的历史观、价值观和执政观,坚持视群众为亲人,问需于民;视群众为老师,问计于民;视群众为裁判,问效于民。三视三问工作制度,都是关系民生,坚持以群众工作需求为工作方向的群众欢迎的实用制度。

三视三问的群众工作方法,明确规定为充分尊重群众的主体地位和首创精神,通过民主恳谈、基层调研、政民互动、网络问政等载体,问计于民,尽可能获取解决疑难杂症的群众妙方,汲取人民群众群体中的无穷智

慧和力量。并且规定党和群众的关系是鱼水关系、血肉关系、种子和土地的关系,把群众满意作为工作的第一使命。凡涉及群众利益的事,就请群众参与,受群众评判,让群众监督;坚持运用信息公开、第三方测评、群众评议、社会监督等多种手段问效于民,对重大的民生项目、党风廉风及政务环境建设进行评估,以群众的满意为政绩考核的标尺。

部委领导机关规定了"三看三抓"的政风政绩治理措施,三看就是"看进展、看创新、看成效";三抓就是"抓落实、抓评估、抓考核",下决心解决服务意识淡薄的"门难进、脸难看、事难办"的顽症。对在管理职能上,进一步加快由微观向宏观、由审批向监管、由项目安排向制度供给的方向转变,在整治三难的作风问题上,运用制度规定取得群众满意的效果。

(3)专项整治三:整治公款送礼、公款吃喝、奢侈浪费

中共中央办公厅、国务院办公厅于 2013 年 11 月颁发了《党政机关厉行节约反对浪费条例》,2014 年 1 月又发布了严禁干部用公款互相宴请、赠送节礼、违规消费的规定。

反对浪费条例是一个严格的制度规范,条例包括 12 章,主要规定内容如下:

为了进一步弘扬艰苦奋斗、勤俭节约的优良作风,推进党政机关厉行节约反对浪费,建设节约型机关,本条例所指的浪费是指党政机关及其工作人员,违反规定进行不必要的公务活动,或者是在履行公务中超出规定范围、标准和要求,不当使用公共资金、资产和资源,给国家和社会造成损失的行为。

在经费管理方面,党政机关要依法取得罚没收入、行政事业性收费、政府性基金、国有资产收益和处置等非税收入,必须按规定及时足额上缴国库,严禁以任何形式隐瞒、截留、挤占、挪用、坐支或者私分,严禁转移到机关所属的工会、培训中心、服务中心等单位账户使用。同时规定,全面施行公务卡制度。健全公务卡强制结算目录,党政机关国内发生的公务差旅费、公务接待费、公务用车购置及运行费、会议费、培训费等经费支

出,除按规定施行财政直接支付或者银行转账外,应当使用公务卡结算,党政机关采购货物、工程和服务应当遵循公开透明、公平竞争、诚实信用原则,加快政府采购管理交易平台建设,推进电子化政府采购。关于国内差旅和员工出国方面,明确规定,应当建立健全并严格执行国内差旅内部审批制度,从严控制国内差旅人数和天数,严禁无明确公务目的的差旅活动,严禁以公务差旅为名变相旅游,严禁异地部门间无实质内容的学习交流和考察调研。

凡国内差旅人员应当严格按照规定乘坐交通工具、住宿、就餐,费用由所在单位承担。

统筹安排年度因公临时出国计划,严格控制团组数量和规模,不得安排照顾性、无实质内容的一般性出访,不得安排考察性出访,严禁集中安排赴热门国家和地区出访,严禁以各种名义变相公款出国旅游。

关于资源的节约明确规定,党政机关应当节约集约利用资源,加强全过程节约管理,提高能源、水、粮食、办公家具、办公设备、办公用品等的利用效率和效益,统筹利用土地,杜绝浪费行为。

同时规定,优化办公家具、办公设备等资产的配置和使用,通过调剂方式盘活不良资产,节约购置资金。并且详细规定,对产生的非涉密废纸、废弃电器电子产品等废旧物品,进行集中回收处理,促进循环利用;涉及国家机密的,按照有关保密规定进行销毁。

对于违反制度规定,要进行监督、检查和追究相关人员的责任,追究责任的依据是党政机关建立健全厉行节约、反对浪费信息公开制度,按照制度中的规定,详细公布预算和决算信息、政府采购预算合同,以及支出费用等内容,包括庆典、论坛、博览会、展会、运动会等活动的举办也要按公务支出和公款消费的审计结果逐一公布。

对于违禁审批列支财政性资金的和以弄虚作假等手段违规取得审批的,对违反审批要求、擅自变通执行的,对违反管理规定超标准或者以虚假事项开支的,利用职务便利假公济私的都要追究相关人员的责任,同时追究主要负责人的责任,并按照《中国共产党纪律处分条例》、《行政机关公务员处分条例》等有关规定,给予相应的党纪、政纪处分。涉嫌违法犯罪的,依法追究法律责任。

在惩治的同时又遵循了厉行节约、反对浪费的奖励原则,这就是:坚持从严从简,勤俭办一切事业,降低公务活动成本;依据国家法律法规和党内法规制度的相关规定,严格按程序办事,坚持总量控制,科学设定总量标准,严格控制支出总额,加强厉行节约、绩效考评,坚持实事求是,从实际出发,安排公务活动,取消不必要的公务活动,保证正常公务活动公开、透明,除涉及国家秘密事项外,公务活动中的资金、资产、资源使用等情况应予公开,接受各方面监督,坚持深化改革,通过改革创新破解体制机制障碍,建立健全厉行节约反对浪费工作长效机制。

(4)专项整治四:整治超标配备公车、多占办公用房、新建滥建楼堂馆所

关于公车的改革颁布了两项制度,即《关于全面推进公务用车制度改革的指导意见》和《国家机关公务用车制度改革方案》,历经二十年的公车改革终于揭幕,以顶层设计的制度强势推动破局,要求各地区、各部门严格贯彻执行,如有违背将给予严肃纪律处理和组织处理,这是运用顶层设计战略全面深入改革开放、攻坚破冰的一个重要战略性成果。

中央于2013年7月出台了《关于党政机关停止新建楼堂馆所和清理办公用房的通知》,严格规定,全面停止新建党政机关楼堂馆所,在5年内各级党政机关一律不得以任何形式和理由新建楼堂馆所,停止新建、扩建楼堂馆所,到此已经批准但尚未开工建立的楼堂馆所一律停建。

对党政机关领导干部的配备用房问题,明确规定应当严格按照党政机关办公用房建设标准的规定配置。

办公用房面积超标准配置的应逐一清退并腾退,领导干部在不同部门同时任职的,应在主要工作部门安排一处办公用房,其他任职部门不得安排办公用房;领导部门工作调动的,由调入部门安排用房,原单位的住房不予保留。

领导干部在人大或政协任职,人大或政协已安排办公用房的,原单位的办公用房不再保留,人大或政协没有安排办公用房的,由原单位根据本

人承担工作的实际情况安排适当的办公用房。

并严格按照有关规定建立健全办公用房集中统一管理制度,实行统一调配,同一权属登记。

各部门、各单位要严格按照党政机关办公用房建设标准和各部门各单位规定,从严核定办公用房面积,新建、调整办公用房的部门和单位,要按照"建新交旧"、"调新交旧"的原则,在搬入新建或新调整办公用房的同时,及时将原办公用房腾退移交机关事务主管部门,因机构增设、职能调整、缺席增加办公用房的,应在本部门、本单位现有用房中解决,本部门、本单位现有办公用房不能满足需要的,由机关事务主管部门综合办公用房资源调剂解决;无法调剂、确需租用办公用房的,要严格履行所需手续。各级党政机关要制定办公用房使用管理制度,严格办公用房使用管理。

(5)专项整治五:三公经费开支过大

公务接待和反对浪费条例中,明确规定要建立健全国内公务接待集中管理制度,党政机关应当建立公务接待审批、控制制度,对无公函的公务活动不予接待,严禁将非公务活动纳入接待范围。

三公经费开支过大主要体现在公务接待和公务用车方面。

党政机关应当严格执行国内公务接待标准,实行接待费支出、总额控制制度,建立国内公务清单制度,如实反映接待对象、公务活动、接待费用等情况。接待清单作为财务报销的凭证之一并接受审计。

外宾接待工作应当遵循服务外交、友好对等、务实节俭的原则,严格按照有关规定安排接待活动,从严从紧控制外宾团组和接待费用。

有关部门和地方应当参照国内公务接待标准,制定招商引资的接待办法,严格审批,强化管理,严禁超规格、超标准接待,严禁扩大接待范围、增加接待项目,严禁以招商引资等名义变相安排公务接待。并规定,积极推进国内公务接待服务社会化,有效利用社会资源为国内公务接待提供住宿、餐饮、用车等服务,公务用车要坚持社会化、市场化的方向,改革公务用车制度,合理有效配置公务用车资源,创新公务交通分类提供方式。

党政机关应当从严配备,实行定向化保障的公务用车,不得以特殊用途等理由变相超编制、超标准配备公务用车,不得以任何方式换用、借用、占用下属单位或者其他单位或个人的车辆,不得接手企事业单位和个人赠送的车辆。同时规定,公务用车实行政府集中采购,应当选用国产汽车,优先选用新能源汽车。

(6)专项整治六:整治"形象工程"和"政绩工程"

形象工程、政绩工程都是好高骛远、不切实际的官员工程,一些官员手中资源集中,审批权大,成为借两大工程慕名获利、资源寻租的工具,多数牵连不少企业、集团,在已经处理的一些案例中,往往是一个官员落马,牵出一批企业,而一个企业主身陷囹圄,也会绊倒一群官员,这些状况多是沆瀣一气搞所谓政绩工程、形象工程而进行的幕后交易、寻租贿赂。给地方经济发展带来巨大危害,给人民群众心灵造成巨大创伤。这种政绩工程和形象工程,所进行的杠杆运作从根本上扭曲了公平竞争,破坏了市场资源的合理配置,使优质企业沦为受害者,使名牌优质产品成为两大工程的点缀,而幕后所隐藏的不法行为往往都构成群案窝案的基地。

一些戴着贫困帽住进豪华楼的形象工程给当地的经济发展带来了严重的阻碍。这类工程还有一个突出的特点就是审批手续不完备,为了抢抓发展机遇,先上车后买票,严重违背了相关规定,有不少最后沦为烂尾楼、烂尾工程。

(7)专项整治七:深入整治会所中的歪风

2013年12月,在党的群众路线教育活动中,中纪委、中央党的教育实践活动小组发出了严肃整治会所的通知,以刚性的制度安排对会所中的歪风进行了严肃惩治。通知中指出:近年来,一些地方将历史建筑、公园等公共资源变为私人会所的现象屡见不鲜,其中存在违法设立经营、侵占群众利益、助长奢靡之风、滋生腐败行为等问题,群众反映强烈。特别是一些党员领导干部出入私人会所,吃喝玩乐甚至搞权钱交易、权色交易,严重影响党风、政风,败坏了社会风气,按照中央八项规定精神,坚决

反对"四风",严肃整治会所中的歪风,明确了三项制度原则:

党员领导干部不得出入实行会员制、只有会员才能出入的会所或不向公众开放、只对少数人开放的餐饮服务、休闲娱乐、美容健身等场所。要组织党员领导干部作出不出入私人会所、不接受和持有私人会所会员卡的公开承诺,并纳入对照检查的内容,在专题民主生活会上进行明示,自觉接受监督。

公安、民政、住建、商务、文化、税务、工商、旅游、宗教工作等部门要上下联动,认真抓好本系统专项整治,进一步健全完善监管制度,推动专项整治工作深入开展。

对党员领导干部违规出入私人会所的行为,一经发现,严肃查处;对典型问题通报曝光,以形成威慑,警示教育党员干部。

(8)专项整治八:大力整治奢靡铺张的"文艺晚会"

近年来,文艺晚会不断创新发展,在文明群众生活、宣传社会主义现代化建设成就等方面发挥了重要作用,但同时举办晚会包括节庆演出过多过滥,存在一味追求大场面、大舞美、大制作的三大奢靡之风,争相攀比,造成了巨大的浪费,引起社会强烈不满,特别是财政出资,或者摊派资金举办的晚会,都是助长不良之风,损害党政形象的温床,更是扩张不正之风,滋生腐败土壤的温床。随着社会转型加快,一些人在价值观上产生迷茫,物质主义、拜金主义、享乐主义滋长。中国已成为全球第二大奢侈品消费市场,令人瞠目的天价烟酒、豪华名表,根本上忘记了我国总体上还不富裕,有一些群众生活还比较困难,长期处于贫困线以下的现实。各种奢靡之风愈演愈烈,必然造成群体之间产生消费鸿沟,危害社会公平正义,对国家民族和社会的危害、影响极大。狠杀奢靡之风,已构成关乎国家长治久安的必要决策,已构成制度反腐的重要节点。

对于整治奢靡晚会明确规定了六个不准:不得使用财政资金举办营业性晚会,不得使用财政资金高价请演艺人员,不得使用国企资金捧"明星"、"大腕",不得由企业联合举办文艺晚会和节庆演出,不能向下级单位、企业、个人摊派经费,不得借晚会之机发放礼品贵重纪念品。并且提出了坚持少而精的原则,切实丰富思想内涵,引领价值追求,在增强文艺底蕴上下功夫,提倡勤俭节约、节俭大方、因地制宜办活动,坚决杜绝比大腕、比阔气、比排场的歪风。

规定要营造节俭办晚会的良好氛围,要大力宣传勤俭节约的精神,举办人民群众喜闻乐见的文艺晚会和节庆演出,鼓励内容与形式的完美统一。

要求对文艺晚会实行严格的监督、监察,揭露明星罢演、漫天要价、欺骗群众的歪风邪气,及时曝光大操大办、奢华浪费的文艺晚会和节庆演出。同时要加强资金管理,制定规范的文艺晚会和节庆演出支出标准,严格晚会经费预算、压缩不必要的开支,更不得借举办晚会之机发放礼品、贵重纪念品,切实防止以晚会之名为单位或个人谋取私利。

(9)党内"十弊"

把整治发生在群众身边的不正之风,作为反对"四风"和专项整治的重要内容,出重拳、出实招,不达目的决不罢休。"十弊"的表现形式就是:

①要严肃整治群众办事难的问题,着力解决庸、难、散、拖,推诿扯皮、吃拿卡要,不作为、慢作为、乱作为。

②坚决纠正对待群众态度生硬、口大气粗,对应给群众办的事情推三阻四,拖着不办,相互"踢球";坚决纠正组织纪律、工作纪律涣散、迟到早退、随意离岗,甚至工作时间打牌娱乐,群众办事找不着人;坚决纠正办事程序烦琐、审批手续繁杂,政策规定不透明,宣传解释不到位,告知事项说半句留半句,让群众来回跑。

③严肃查处暗箱操作、权力寻租、收回扣、拿红包,不给红包不办事,给了红包乱办事;要严肃整治乱收费、乱罚款、乱摊牌问题,着力解决巧立名目,超标准、超范围、超期限收费、罚款,违反规定强行向服务对象搞集资捐助、摊派费用等。

④集中治理执法不公,搞选择性执法、随意性执法,办"关系案"、"人情案"、"金钱案"等问题;集中治理教育、医疗卫生、计划生育和公共服务行

业、违规收费和变相收费；集中治理政府有关部门制定各类服务性机构垄断经营、高额收取咨询费、认证费、检验费、鉴定费、评估费、代办费，搞借权营生、利益输送等；集中治理拖欠群众餐饮费、租赁费、供货款和农民工工资。

⑤严肃整治落实惠民政策缩水、走样问题，着力解决惠民政策不公开、不公正、不及时、不到位，群众应得的实惠没有得到、得全。

⑥严肃查处在农村危房改造对象确定，城镇保障性住房分配中，把关不严、违规操作、牟取私利；严肃查处发放农机具购置补贴、种粮补贴等强农惠农政策操作中，弄虚作假、以权谋私。

⑦坚决纠正执法监管部门以罚代管，滥用自由裁量权，随意罚款，不给或少给票据，利用工作之便搞搭车行为和捆绑服务；坚决纠正在城乡低保工作中错保、漏保，徇私舞弊，搞人情保、关系保、重复保。

⑧要严肃整治拖欠群众欠款，克扣群众财务问题，着力解决党政机关干部对群众欠账不付、欠款不还，"打白条"等。

⑨坚决纠正在救灾物资发放、特困群体求助等工作中，处事不公等；坚决纠正不按标准及时足额发放征地拆迁补偿款。

⑩严肃查处滞留截留、抵扣挪用、虚报冒领、套取各种补助资金。

中央指出，要以"准、狠、韧"劲头打好专项整治攻坚战，坚持高标准、严要求，发扬钉钉子精神，采取务实具体的有力措施，动真碰硬、集中攻坚，确保专项整治一抓到底，见到实效。

二、制度横扫官员"四风""败德"之垢

"四风"和"败德"主要发生在具有责任权力的官员身上。从政者是为公的事业，权力是民赋的责任，一旦戴上乌纱帽，就要把人民利益看得高高在上，先天下之忧而忧，后天下之乐而乐，为官一任立志于留下造福百姓的基业，风清气正的传统。

但现实状况是，一些官员留下的却是群众的愤慨，事业的败绩，官德的丢失。这些表现似乎已经司空见惯：有的官员高居庙堂饱食终日无所

作为,为官一任留下的是一片苍凉;有的官员弄虚作假、沽名钓誉,留下的
是为官作秀的形象;有的官员乐于显摆,上大项目,竭泽而渔,为官一任,
留下的是片片烂尾楼,累累烂尾债;有的官员把持权柄,一手遮天,留下的
是袍哥义气,江湖恶习;有的官员是以权谋私,假公济私,疯狂敛财,留下
的是贪官骂名,群众所不齿的劣迹。这些作风都是官场的败德,是"四
风"之垢、行为之弊。习近平同志在兰考考察时指出:焦裕禄在兰考工作
时间只有 465 天,但给我们留下这么多,留下的是清正廉明,一身业绩的
官员形象。我们应该给后人留下些什么?

1. 整治八类组织涣散纪律松弛现象

中纪委网站还推出了网友评出的八类组织涣散、纪律松弛现象。这
八种现象是:

①天马行空,我行我素,不请示不报告;

②先斩后奏,边斩边奏,甚至斩而不奏,变着法子绕开组织;

③挑肥拣瘦,个人主义至上,跟组织讨价还价;

④各自为政,搞小圈子,把分管领域当成"私人领地";

⑤只对领导个人负责,不对组织负责;

⑥独断专行"家长制",个人凌驾于组织之上;

⑦爱好"一言堂",让民主生活会变了味;

⑧表扬和自我表扬多,批评与自我批评难。

还有,以会议落实会议,以文件落实文件的"虚假执行",有令不行、
有禁不止的"对抗执行",推诿扯皮、推卸责任的"逃避执行",照抄照搬唯
上唯书的"机械执行",越俎代庖、与民争利的"越位执行",借位搭车、讨
价还价的"附加执行"。这些在组织观念、组织程序、党的纪律方面的涣
散松弛作风,严重败坏了党的集体。

针对官德作风所面临的建设难题,党和国家采取了一系列的治理措
施、制度安排,这就是:秉持三大法宝,扫除"四风"之垢。强调理论联系
实际,密切联系群众,批评与自我批评。党的优良作风品格,从根本上保证
为民、务实、清廉。重申保持党的先进性和纯洁性,进一步完善集体领导制

度、议事决策制度、重大问题咨询论证制度。以民主集中制为核心的党的集体领导制度,以推进治理现代化为总的目标,以实现好、维护好、发展好最广大人民的根本利益为出发点,健全和完善群众诉求表达、利益协调、权益保障机制,真正以优良的国家治理维护广大人民群众的根本利益。

为防止陋习恶风反弹,又推出防"四风"反弹的三策,即对有令不行、有禁不止、顶风违纪造成恶劣影响的要当众曝光、严肃处理;对群众反映强烈的意见和有关官员的问题,严明责任,建立台账,限时限期处理;对解决"四风"问题态度不坚决、措施不得力,工作中敷衍塞责、弄虚作假、欺上瞒下、走形式变通的要严厉处置,追责问责,绝不姑息。

党中央在坚定横扫"四风"的整治过程中,特别强调订立制度,用制度横扫"四风"。

2. 坚持八项规定,踏石留印,抓铁有痕

积极监督,直击问责,专项治理,横扫"四风",坚持做到八个方面:
①以制度之刚性,管作风强党性;
②以制度化实现作风建设的规范化、常态化;
③以制度之剑,扫除"会议腐败";
④以制度之规,清除潜规则;
⑤用制度权威,根除浪费顽疾;
⑥用制度铲除"四风"滋生的土壤;
⑦用制度打造惩治歪风的"锦囊";
⑧用制度狠杀"十弊""隐身衣"。

要认清"四风"的严重性、危害性和顽固性、反复性,坚持不懈抓下去、抓到底,真正抓到风清气正,群众满意。

三、整治"四风"就得一锤接着一锤敲

党中央新一届领导集体充分认识到,要抓改进作风必须从中央政治

局抓起,要求别人做到的自己首先做到,打铁还得自身硬。因此党中央专门召开了对照检查中央八项规定落实情况、深化改进作风专门会议,认真研究和讨论了党的工作作风,进一步明确落实八项规定要同反对"四风"密切结合。

中央政治局首先将自身言行纳入了制度范畴,习近平同志指出:"完善制度,发扬'钉钉子'精神,进一步把八项规定精神落到实处。特别要把制度约束作为刚性约束,令行禁止、不搞例外。"同时强调,要坚持党要管党,全面加强党的作风建设,是进一步落实中央八项规定精神的有力保障,要以法治思维和法治方法抓作风建设,实行作风建设制度化、规范化。要加强问责,健全监督体系,发挥舆论监督、群众监督作用,形成多层协力的强大监督合力。

习近平同志就中央政治局的自身建设,又从制度层面作了明确指示:"中央政治局强不强,各位政治局委员强不强,首先要看政治上强不强。……不断提高思想政治水平。坚持正确的政治路线、政治立场、政治方向、政治道路,是坚持党的领导、坚持社会主义制度的头等大事,也是政治局的头等大事。"把思想政治建设放在第一位,坚持以马克思主义的政治观对照自己、改造自己、提高自己。

习近平同志就中央政治局的自身建设从制度安排上提出了三点明确的要求,这就是:

坚持正确的政治路线、政治立场、政治方向、政治道路,是坚持党的领导,坚持社会主义制度的头等大事,也是政治局的头等大事。

做到全党一盘棋,全国一盘棋。全面贯彻八项规定,中央开展工作要严格按照规则和程序办事。

发挥模范带头作用,中央政治局的同事必须有天下为公的宽阔胸襟,摒弃任何私心杂念,把为全中国人民谋利益作为自己唯一的追求,为党的事业和人民的利益鞠躬尽瘁,要带头树立正确的权力观、地位观、利益观,坚持自重、自省、自矜、自立,严格遵守党纪国法,严格按制度和程序办事。

中央政治局的同志要带头严格遵守,各地、各部门要自觉执行有关规定，不打折扣、不搞变通，严肃查处违规行为，用实际行动维护制度的权威性。要求中央政治局领导同志成为全党爱党爱民、勤政敬业、廉洁奉公的榜样，为深入开展反"四风"斗争奠定政治思想的基石。

自中央八项规定出台以来，中央政治局的同志自觉、认真、坚持贯彻执行，在改进调查研究、精简会议活动、精简文件、简报、规范出访活动、改进新闻报道、严格文稿发表、厉行勤俭节约等方面取得积极成效。各地区、各部门、各单位也高度重视，迅速作出部署，在建章立制解决突出问题，加强监督、检查等方面都做了大量工作。为了党风、政风转变，带动社会风气好转，树立党在人民群众中的威信。

党中央清楚地认识到党面临的形势十分复杂，还需要应对各种风险和挑战，如何巩固党的执政基础和执政地位，实现中华民族伟大复兴的中国梦，对中央政治局的政治智慧、领导能力、工作作风都是直接的、经常的、重大的考验。

中央政治局要担负这份沉甸甸的责任，把全党、全国各族人民凝聚起来共同奋斗，首先自身严格要求，切实从自身做起。落实中央八项规定的实践说明，只要中央政治局的同志时时、处处以身作则，就能上行下效，产生强大的示范效应，全党就会很有力量，就会转变党风、政风，脚踏实地地落实八项规定。

党中央在落实八项规定中，采取了一系列的措施和有力的行动，明确指出了七个着力点：尤其要着力改进学风文风会风，着力控制"三公"经费支出，着力整治跑官要官等选人用人上的不正之风，着力解决吃拿卡要问题，着力解决接受会员卡、商业预付卡问题，着力解决"形象工程"、"政绩工程"和各种节庆、论坛、招商会、国际性会议泛滥等问题，着力制止滥建楼堂馆所问题。

政治局在带头改进作风的行动下，又提出了九项具体制度规范内容：

①要统筹制定领导干部办公用房、住房、配车、秘书配备、公务接待、警卫、福利、休假等工作生活待遇标准；落实不赠送、不接受礼品的规定，切实解决违反规定和超标准享受待遇的各种问题；

②要深化财政体制、审批体制、决策机制等方面的改革创新；

③要加强宣传引导,营造良好舆论氛围;

④要坚持党要管党,全面加强党的作风建设,是进一步落实中央八项规定精神的有力保障;

⑤要加强理想信念和宗旨意识教育,打牢转变作风的思想基础;

⑥要强化领导机关和领导干部带头作用,为弘扬优良作风作出榜样;要完善干部政绩考核评价体系,用科学的政绩考核"指挥棒"推动作风转变;

⑦要树立正确用人导向,让作风好的干部受到重用,让作风不好的干部受到警醒和惩戒;要深化改革、转变职能,从体制机制上堵塞滋生不正之风的漏洞,以改革的办法固化作风建设成果;

⑧要以法治思维和法治方法抓作风建设,实现作风建设制度化、规范化、常态化;

⑨要加强问责,健全监督体系,发挥舆论监督、群众监督作用,形成监督的强大合力。

把落实中央八项规定同反对形式主义、官僚主义和享乐主义和奢靡之风"四风"紧密结合起来,找准"四风"的焦点,紧锣密鼓地部署了三大行动,拉开了群众路线教育实践活动的序幕,在国内外引起了巨大反响。

四、顶层设计——党的作风制度建设

在中国共产党成立 93 周年之际,中共中央政治局就加强改进作风制度建设进行了第十六次集体学习,政治局决定:抓作风是推进党的建设的新的伟大工程的重要切入点和着力点,必须坚持从严治党,落实管党、治党责任,把作风建设要求融入党的思想建设、组织建设、反腐倡廉建设、制度建设之中,全面提高党的建设工作水平。并强调抓作风既要着力解决当前突出问题又要注重建立长效机制,下功夫、有狠劲、持续努力、久久为功,尽快建立一整套落实管党、治党的作风制度。

在党的作风制度建设上,确立了一个基本原则、三个忧患意识、四大考验、四大危险,并提出切实做到"五个要",实现运用三项制度解决好作风问题。

1. 党的作风形象关系党的生死存亡

全党加强作风建设的重要性和必要性就是:党的作风建设就是党的形象建设,关系人心向背,关系党的生死存亡。习近平同志指出:"我们党作为一个在中国长期执政的马克思主义政党,对作风问题任何时候都不能掉以轻心。作风问题抓和不抓大不一样,小抓大抓也大不一样,只有动真格打硬仗,才能扫除顽瘴痼疾,取得人们满意的实效。"

作风问题的核心是党同人民群众的关系问题。加强作风建设,坚持马克思主义群众观点,贯彻党的群众路线,维护好、发展好广大人民群众的根本利益,归根结底是为民务实清廉的本质问题,改进作风也就成为贯彻执行党的理论和路线方针政策的基本点。成为推动改革开放和社会主义现代化建设顺利进行的基本点。

习近平同志指出:"实践证明,我们党是一个坚持科学理论武装、先进性特征鲜明的党,是一个一切为了人民、全心全意为人民服务的党,是一个经受得住各种风险考验、不断成熟自信的党,始终是领导全国各族人民坚持和发展中国特色社会主义的核心力量。"九十多年的实践证明,正是我们党团结带领全国各族人民经过艰苦卓绝的斗争,才从根本上改变了中国的命运,使中华民族的伟大复兴展现出前所未有的光明前景。

2. 作风制度建设的基本原则

作风建设的基本构思就是党的作风制度建设,习近平总书记做了系统思想理论上的阐述,他指出:"我们越要清醒认识党的历史和现状、优势和缺点、成绩和不足、矛盾和问题,坚持从严治党,切实把党管理好、建设好。"

（1）三个忧患意识

习近平同志从一种责任三个认识上点明了作风制度建设的基本要求，这就是："我们共产党人的忧患意识，就是忧党、忧国、忧民意识，这是一种责任，更是一种担当。"

（2）三个深刻认识

要加强改进作风制度建设就要有明确的需求和深刻的理论认识，这就如习近平同志所指出的："要深刻认识党面临的执政考验、改革开放考验、市场经济考验、外部环境考验的长期性和复杂性。"

深刻认识党面临的精神懈怠危险、能力不足危险、脱离群众危险、消极腐败危险的尖锐性和严峻性；深刻认识自我净化、自我完善、自我革新、自我提高能力的重要性和紧迫性；坚持底线思维、做到居安思危。

习近平同志从共产党人的忧患意识到所面临的执政考验、执政风险以及四个自我净化的紧迫性方面，充分阐明了进行作风制度建设是党所面临的最紧迫的时代任务，其基本点就是不能掩盖矛盾、回避问题，不能贪图享受、攀比阔气，不能安于现状，不能囿于眼前、轻视长远，要从管党治党的作风制度建设着眼切实把党管理好、建设好。

就作风制度建设的必要性，习近平同志明确指出，"加强党的建设，必须营造一个良好从政环境，也就是要有一个好的政治生态。营造良好从政环境，要从各级领导干部首先是高级干部做起。领导干部要坚守正道、弘扬正气，坚持以信念、人格、实干立身；要襟怀坦白、光明磊落，对上对下讲真话、实话；要坚持原则、恪守规矩，严格按党纪国法办事；要严肃纲纪、疾恶如仇，对一切不正之风敢于亮剑；要艰苦奋斗、清正廉洁，正确行使权力，在各种诱惑面前禁得起考验。"

要运用制度加强党的作风建设，解决作风问题，就是一项长期的任务，必须在抓常、抓细、抓长上下功夫。要形成系统完备的制度体系，以刚性的制度规定和严格的制度执行，确保改进作风规范化、常态化、长效化，切实防止"四风"问题反弹。这从建设制度体系、制度规定、制度执行三个方面确立了作风制度建设的原则。

3. 建章立制——确保党员经受严格党内生活锻炼

中央规定要求基层党组织以严肃认真态度开好专题组织生活会，并做好民主评议，确保广大党员经受严格的党内生活锻炼。

要认真组织学习有关习近平总书记关于教育实践活动中的一系列活动精神，要广大党员搞清楚党员的条件和标准，要认真学习党章，学习开展路线教育活动的规定和要求，以增强思想自觉和行动自觉，深入细致地做好思想政治工作，从理论上武装广大党员。

开展谈心、谈话，书记委员与党员都要相互谈心，掏心窝子说心里话，既主动说自己身上的矛盾，又直接点出对方的不足，特别对群众反映的问题和意见，要坦诚接受并相互提醒。

要撰写简要对照检查材料，列出问题清单，认真梳理征求到的群众意见，召开会议集体把脉会诊，要形成简要对照检查材料，条目式地列出问题清单和整改措施并公示群众。

班子内每名成员都要认真开展批评和自我批评，针对群众反映强烈的不正之风、上级点名的问题逐一做出回答，相互批评要直截了当，支部书记要树标杆、做示范，开展批评和自我批评，坚持用事实说话，点到具体人、具体事，真正达到红脸出汗触动思想，又增进团结促进工作的效果。

召开党员大会，开展民主评议党员工作。按照个人自评、党员互评、民主测评的程序开展民主评议党员大会；按照自评、群众测评结果确定好、一般、差三种情况，对党员进行投票测评，对优秀党员加以表扬和表彰；对长期不发挥作用甚至起负面作用的党员要逐一研究落实帮助措施、促其改进；经教育仍无转变，要按照党章和党内有关制度规定作出严肃处理。

要加强组织领导和督查指导，要制定具体的实施方案，精心组织推动，防止走形式、搞变通，真正使党员受到深刻组织生活的锻炼，从思想上、行动上有一个巨大的进步。

整治 7 个专项、80 种歪风

七专项整治	严惩 80 种歪风	攻坚战 15 策
一、坚持镜头不换、力度不减,坚决整治文山会海、检查评比泛滥。	一、要严肃整治群众办事难问题—— 1. 着力解决庸、懒、散、拖 2. 推诿扯皮 3. 吃拿卡要 4. 不作为 5. 慢作为 6. 乱作为等	一、以"准狠韧"劲头打好专项整治攻坚战。出重拳、用实招,不达目的决不罢休。
二、整治门难进、脸难看、事难办。	二、坚决纠正对待群众—— 7. 态度生硬 8. 口大气粗 9. 应办的事情推三阻四 10. 拖着不办 11. 相互"踢球"	二、坚持高标准、严要求,发扬钉钉子精神,采取务实具体的有力措施,动真碰硬、集中攻坚,确保专项整治工作一抓到底、见到实效。
三、整治公款送礼、公款吃喝、奢侈浪费。	三、坚决纠正组织纪律,工作纪律涣散—— 12. 迟到早退 13. 随意离岗 14. 工作时间打牌娱乐 15. 群众办事找不着人	三、要项目化推进,对照专项整治各项任务,特别是发生在群众身边的不正之风问题,结合实际确定重点整治项目,制定具体方案。每个项目都要明确目标要求、牵头单位、责任主体和进度安排,细化推进措施,做到定一项改一项、改一项成一项。
四、整治超标配备公车、多占办公用房、新建滥建楼堂馆所。	四、坚决纠正办事程序烦琐,审批手续繁杂—— 16. 政策规定不透明 17. 宣传解释不到位 18. 告知事项说半句留半句 19. 让群众来回跑	四、建立整治项目责任制,将地区、部门、单位存在的突出问题与领导干部个人责任联系起来,与人对应、与事对应,与具体部门和单位对应,使整治项目具体落地,防止"空对空"。

续表

七专项整治	严惩80种歪风	攻坚战15策
五、整治"三公"经费开支过大。	五、严肃查处暗箱操作,权力寻租——	五、要认真自查自纠,每个单位、每个领导班子和每名领导干部,都要对确定的整治项目进行自查,查清楚问题的具体表现、严重程度,区分轻重缓急,列出整治清单、建立整治台账。本着"说清楚"、"交明白账"的原则,明确哪些是班子要改的问题、哪些是个人要改的问题,领导班子要主动认领,领导干部要敢于负责、对号入座,一项一项查,一人一人清,一个一个纠。
	20. 暗箱操作	
	21. 权力寻租	
	22. 收回扣	
	23. 拿红包	
	24. 不给好处不办事	
	25. 给了好处乱办事	
六、整治"形象工程"和"政绩工程"。	六、集中治理执法不公——	六、实行销号式管理,对正在整治的要严格标准,一改到位。
	26. 搞选择性执法	
	27. 随意性执法	
	28. 办"关系案"	
	29. 办"人情案"	
	30. 办"金钱案"等	
七、整治侵害群众利益行为,深入整治"会所中的歪风"。	七、严肃整治乱收费——	七、对整治迟缓的要查明原因,督促加大力度、加快进度;对尚未整治的要传导压力,明确时限,抓紧改起来。
	31. 乱罚款	
	32. 乱摊派	
	33. 巧立名目	
	34. 超标准	
	35. 超范围	
	36. 超期限收费	
	37. 强行向服务对象搞集资捐助	
	38. 摊派费用等	

七专项整治	严惩80种歪风	攻坚战15策
	八、坚决纠正以罚代管——	八、要上下联动整治,省、市、县党委要抓住群众反映强烈的整治问题,逐级梳理分析,对发生在基层、根子在上面的问题,要自上而下分解任务、明确责任,建立系统联动整改机制,确保快速回应、及时解决群众诉求。
	39. 滥用自由裁量权随意罚款	
	40. 不给或少给票据	
	41. 利用工作之便搞搭车行为和捆绑服务	
	九、集中治理教育、医疗卫生、计生等服务业中——	九、政法、教育、民政、国土资源、环境保护、住房城乡建设、交通运输、水利、农业、卫生和计划生育、海关、税务、工商、质量监督检验检疫、安全生产监督管理、食品药品监督管理、林业等行业系统,要结合部门职能职责,进一步明确整治具体任务,以上率下、带头整治,指导推动本行业本系统整治工作逐级向下延伸,真正落实到基层。
	42. 违规收费	
	43. 变相收费	
	十、集中治理政府部门指定服务性机构垄断经营——	十、要善于从基层单位反映的情况中发现问题,认真研究具体办法和措施,努力从源头上加以破解。
	44. 高额收取咨询费	
	45. 认证费	
	46. 检验费	
	47. 鉴定费	
	48. 评估费	
	49. 代办费	
	50. 搞借权营生	
	51. 利益输送等	
	十一、严肃整治惠民政策缩水走样问题——	十一、要加强第一批和第二批教育实践活动的相互衔接,把推动第一批单位整改落实与解决第二批单位突出问题结合起来,第一批单位要主动"认账"并着力解决第二批单位反映的突出问题。
	52. 惠民政策不公开	
	53. 惠民政策不公正	
	54. 惠民政策不及时	
	55. 惠民政策不到位	
	56. 群众应得的实惠没有得到得全等	

七专项整治	严惩80种歪风	攻坚战15策
	十二、坚决纠正在城乡低保工作中错保漏保——	十二、要坚持群众参与,通过情况通报、新闻发布、公示等形式,公开整治项目、过程和结果,把政策规定交给群众,让群众充分知情,全程接受群众监督。市、县党委领导班子和领导干部开展专项整治的情况,要带头向群众公开并作出承诺。
	57. 徇私舞弊	
	58. 搞人情保	
	59. 关系保	
	60. 重复保	
	十三、严肃查处在危房改造中和城镇保障性住房分配中——	十三、专项整治的效果,可通过政务热线、行风监督、民主评议、民意调查等方式请群众评判。对涉及群众切身利益的整治项目,要及时向群众通报有关单位整治的情况。
	61. 把关不严	
	62. 违规操作	
	63. 谋取私利	
	十四、严肃查处发放农机具购置补贴、种粮补贴政策操作中——	十四、要强化正风肃纪,通过巡查抽查、专项检查、明察暗访等多种方式,及时查处各种违规违纪行为,特别是对侵害群众利益行为等典型案例,要"零容忍",发现一起、查处一起、曝光一起。
	64. 弄虚作假	
	65. 以权谋私	
	十五、坚决纠正在救灾救济物资发放、特困群体救助等工作中——	十五、对整治中搞形式主义、弄虚作假的单位以及顶着不办、拖着不改的人和事,要严肃追究主要领导和当事人的责任。
	66. 处事不公	
	67. 优亲厚友	
	十六、严肃整治拖欠群众钱款、克扣群众财物——	
	68. 对群众欠账不付	
	69. 欠款不还	
	70. "打白条"	
	71. 要赖账	
	72. 不按标准及时足额发放征地拆迁补偿款	
	73. 严肃查处滞留截留	
	74. 抵扣挪用	
	75. 虚报冒领	
	76. 套取侵吞各种补助资金	
	77. 集中治理拖欠群众餐饮费	
	78. 租赁费	
	79. 供货款	
	80. 农民工工资等	

第五章　制度惩腐利剑高悬

习总书记说反腐败

1. 腐败问题越演越烈,最终必然会亡党亡国

反对腐败、建设廉洁政治,保持党的肌体健康,始终是我们党一贯坚持的鲜明政治立场。党风廉政建设,是广大干部群众始终关注的重大政治问题。"物必先腐,而后虫生。"近年来,一些国家因长期积累的矛盾导致民怨载道、社会动荡、政权垮台,其中贪污腐败就是一个很重要的原因。

大量事实告诉我们,腐败问题越演越烈,最终必然会亡党亡国!我们要警醒啊!近年来我们党内发生的严重违纪违法案件,性质非常恶劣,政治影响极坏,令人触目惊心。各级党委要旗帜鲜明地反对腐败,更加科学有效地防治腐败,做到干部清正、政府清廉、政治清明,永葆共产党人清正廉洁的政治本色。各级领导干部特别是高级干部要自觉遵守廉政准则,既严于律己,又加强对亲属和身边工作人员的教育和约束,决不允许以权谋私,决不允许搞特权。对一切违反党纪国法的行为,都必须严惩不贷,决不能手软。(习近平在十八届中共中央政治局第一次集体学习时的讲话,2012年11月18日)

2. "老虎"、"苍蝇"一起打

要坚持"老虎"、"苍蝇"一起打,既坚决查处领导干部违纪违

法案件,又切实解决发生在群众身边的不正之风和腐败问题。要坚持党纪国法面前没有例外,不管涉及到谁,都要一查到底,决不姑息。(习近平在十八届中央纪委二次全会上发表重要讲话,2013年1月22日)

坚持"老虎"、"苍蝇"一起打,切实维护人民合法权益,努力做到干部清正、政府清廉、政治清明。(习近平在中共中央政治局第五次集体学习时强调,2013年4月20日)

3. 坚决清除害群之马

保证宪法实施的监督机制和具体制度还不健全,有法不依、执法不严、违法不究现象在一些地方和部门依然存在;关系人民群众切身利益的执法司法问题还比较突出;一些公职人员滥用职权、失职渎职、执法犯法甚至徇私枉法严重损害国家法制权威;公民包括一些领导干部的宪法意识还有待进一步提高。对这些问题,我们必须高度重视,切实加以解决。(习近平在首都各界纪念现行宪法公布施行30周年大会上的讲话,2012年12月4日)

要以最坚决的意志、最坚决的行动扫除政法领域的腐败现象,坚决清除害群之马。(习近平在中央政法工作会议上的讲话,2014年1月7日)

我们所说的不论什么人,不论其职务多高,只要触犯了党纪国法,都要受到严肃追究和严厉惩处,决不是一句空话。(习近平在十八届中央纪委二次全会上发表重要讲话,2013年1月22日)

4. 主体责任

关于健全反腐败领导体制和工作机制。反腐败问题一直是党内外议论较多的问题。目前的问题主要是,反腐败机构职能分散、形不成合力,有些案件难以坚决查办,腐败案件频发却责任追究不够。

主要是加强党对党风廉政建设和反腐败工作统一领导,明确党委负主体责任、纪委负监督责任,制定实施切实可行的责任追究制度;健全反腐败领导体制和工作机制,改革和完善各级反腐败协调小组职能,规定查办腐败案件以上级纪委领导为主。(习近平关于《中共中央关于全面深化改革若干重大问题的决定》的说明,2013 年11 月15 日)

中央纪委、监察部和各级纪检监察机关要加大检查监督力度,执好纪、问好责、把好关。(习近平在十八届中央纪委二次全会上发表重要讲话,2013 年1 月22 日)

5. 让法律制度刚性运行反腐

要更加科学有效地防治腐败,全面推进惩治和预防腐败体系建设,提高反腐败法律制度执行力,让法律制度刚性运行。

要牢记"蠹众而木折,隙大而墙坏"的道理,保持惩治腐败的高压态势,做到有案必查、有腐必惩,坚持"老虎"、"苍蝇"一起打,切实维护人民合法权益,努力做到干部清正、政府清廉、政治清明。

要加强对典型案例的剖析,深化腐败问题多发领域和环节的改革,最大限度减少体制缺陷和制度漏洞,通过深化改革不断铲除腐败现象滋生蔓延的土壤。(习近平在中共中央政治局第五次集体学习时的讲话,2013 年4 月19 日)

以猛药去疴、重典治乱的决心,以刮骨疗毒、壮士断腕的勇气,坚决把党风廉政建设和反腐败斗争进行到底。

反腐败高压态势必须继续保持,坚持以零容忍态度惩治腐败。(习近平在十八届中央纪委三次全会上的讲话,2014 年1 月14 日)

加强惩治和预防腐败体系建设,加强反腐倡廉教育和廉政文化建设,健全权力运行制约和监督体系,加强反腐败国家立法,加强反腐倡廉党内法规制度建设。(习近平在十八届中央纪委二次全会上的讲话,2013 年 1 月 22 日)

6. 廉政制度

研究我国反腐倡廉历史,了解我国古代廉政文化,考察我国历史上反腐倡廉的成败得失,可以给人以深刻启迪,有利于我们运用历史智慧推进反腐倡廉建设。

我们党把党风廉政建设和反腐败斗争提到关系党和国家生死存亡的高度来认识,是深刻总结了古今中外的历史教训的。(习近平在中共中央政治局第五次集体学习时强调,2013 年 4 月 20 日)

7. 巡视制度

体现强化上级纪委对下级纪委的领导,规定线索处置和案件查办在向同级党委报告的同时必须向上级纪委报告;全面落实中央纪委向中央一级党和国家机关派驻纪检机构,改进中央和省区市巡视制度,做到对地方、部门、企事业单位全覆盖。(习近平关于《中共中央关于全面深化改革若干重大问题的决定》的说明,2013 年 11 月 16 日)

8. 追究制度

制定实施切实可行的责任追究制度;健全反腐败领导体制和工作机制,改革和完善各级反腐败协调小组职能,规定查办腐败案件以上级纪委领导为主;体现强化上级纪委对下级纪委的领导,规定线索处置和案件查办在向同级党委报告的同时必须向上级纪委报告;全面落实中央纪委向中央一级党和国家机关派驻纪检机构,改进中央和省区市巡视制度,做到对地方、部门、企事业

单位全覆盖。(习近平关于《中共中央关于全面深化改革若干重大问题的决定》的说明,2013 年 11 月 16 日)

9. 拒腐防变必须警钟长鸣

党风廉政建设和反腐败斗争是一项长期的、复杂的、艰巨的任务。反腐倡廉必须常抓不懈,拒腐防变必须警钟长鸣,关键就在"常"、"长"二字,一个是要经常抓,一个是要长期抓。我们要坚定决心,有腐必反、有贪必肃,不断铲除腐败现象滋生蔓延的土壤,以实际成效取信于民。

反腐倡廉建设,必须反对特权思想、特权现象。共产党员永远是劳动人民的普通一员,除了法律和政策规定范围内的个人利益和工作职权以外,所有共产党员都不得谋求任何私利和特权。这个问题不仅是党风廉政建设的重要内容,而且是涉及党和国家能不能永葆生机活力的大问题。采取得力措施,坚决反对和克服特权思想、特权现象。(习近平在十八届中央纪委二次全会上的讲话,2013 年 1 月 22 日)

要以深化改革推进党风廉政建设和反腐败斗争,改革党的纪律检查体制,完善反腐败体制机制,增强权力制约和监督效果。

反腐败高压态势必须继续保持,坚持以零容忍态度惩治腐败。

在强化党的纪律特别是政治纪律约束、强化执纪监督、强化查办腐败案件等方面攥紧拳头打出去,形成了鲜明的工作特点。

滋生腐败的土壤依然存在,反腐败形势依然严峻复杂,一些不正之风和腐败问题影响恶劣、亟待解决。(习近平在十八届中央纪委三次全会上的讲话,2014 年 1 月 14 日)

一、顶层设计——制度反腐

2012 年 11 月 17 日,中共中央政治局紧紧围绕坚持和发展中国特色社会主义学习宣传贯彻党的十八大精神,举行了第一次集体学习,在会上习近平同志发表了重要讲话。他指出:"反对腐败、建设廉洁政治,保持党的肌体健康,始终是我们党一贯坚持的鲜明政治立场。党风廉政建设,是广大干部群众始终关注的重大政治问题。""物必先腐,而后虫生。"近年来,一些国家因长期积累的矛盾导致民怨载道、社会动荡、政权垮台,其中贪污腐败就是一个很重要的原因。

习近平说:"大量事实告诉我们,腐败问题越演越烈,最终必然会亡党亡国! 我们要警醒啊! 近年来我们党内发生的严重违纪违法案件,性质非常恶劣,政治影响极坏,令人触目惊心。各级党委要旗帜鲜明地反对腐败,更加科学有效地防治腐败,做到干部清正、政府清廉、政治清明,永葆共产党人清正廉洁的政治本色。各级领导干部特别是高级干部要自觉遵守廉政准则,既严于律己,又加强对亲属和身边工作人员的教育和约束,决不允许以权谋私,决不允许搞特权。对一切违反党纪国法的行为,都必须严惩不贷,决不能手软。"

习近平同志的指示基本上确定了今后一段时期,我党进行制度反腐的基本原则、基本规律,对党的制度创新反对腐败,具有纲领性的指导意义。

紧接着于 12 月 30 日,中共中央政治局又召开会议,决定成立中央全面深化改革领导小组,听取了中央纪律检查委员会 2013 年工作汇报,研究部署了 2014 年党风廉政建设和反腐败工作,就推进制度反腐作出了重要决定。中央指出:坚持党要管党、从严治党,对党风廉政建设和反腐败工作进行整体设计、系统规划、跟进监督,中央政治局以身作则,党风廉政建设取得了一定成效,中央纪委和各级纪检监察机关坚决贯彻中央决策部署,聚焦党风廉政建设和反腐败斗争,严明党的纪律,特别是政治纪律,坚决维护党的集中统一,抓住落实中央八条规定精神、纠正四风不放,一个节点一个节点抓,坚持老虎苍蝇一起打,毫不手软惩治腐败,为取得反腐败斗争的新胜利做好政治上、思想上、组织上的准备工作。并明确指出,腐败现象多发,滋生腐败的土壤存在,反腐败斗争形势严峻复杂,全党必须清楚地认识反腐败斗争的长期性、复杂性、艰巨性,把行动统一到党中央对反腐败斗争的形势判断上、对任务的部署上来,坚定不移把党风廉政建设和反腐败斗争引向深入。

要全党动手,全面落实各级党组织的主体责任。人大、政府、政协、法院、检察院要齐抓共管形成合力,实行严格的责任追究,对落实党风廉政建设责任制不出力的要抓住典型严肃处理,以警示全体党员和干部。要持之以恒落实中央八项精神,坚决纠正四风,一年接着一年干,坚定信心一抓到底防止反弹。并明确要求,全党严格执行党的政治纪律,坚决维护中央权威,保证中央政令畅通,严格执行组织纪律、财经纪律、工作纪律、生活纪律,确保纪律刚性约束。

要坚决遏制腐败蔓延势头,保持高压态势,形成高压震慑力。尤其对领导干部暴露的问题要抓早、抓小,早发现早提醒,加强警示教育,增强宗旨意识,使领导干部不想腐;加强体制机制创新和制度建设,强化监督管理,严肃纪律,使领导干部不能腐;坚持有腐必惩、有贪必肃,使领导干部不敢腐。

明确要求各级纪检机关要狠抓队伍建设,转职能、转方式、转作风,严格强化党内监督,严格执纪问责,忠实履行党章赋予的职责,把推进党风廉政建设和反腐败斗争作为中心任务抓紧抓好,并且要按照十八届三中全会的要求改革纪检监察体制,加强反腐败体制机制创新和制度保障,健全反腐败领导体制和工作机制,推动党的纪律监察工作双重领导体制具体化、程序化、制度化。

中央政治局的全面设计和部署,为今后五到十年反腐斗争的理论和实践都作出了严密规划,最突出的成果就是运用制度反腐,建立顶层设计制度反腐体系,成为全党的共识和反腐败斗争的规律。这为后来建立惩治腐败的多元体制,采取一系列组织技术手段反腐败,都奠定了坚实基础。

二、顶层规划——反腐纲要

党的十八大以后,新一届中央领导集体做出了重要决策,就是将反腐败纳入制度顶层设计,制定反腐五年规划拓展制度反腐,进行科学反腐体系建设。特此出台了《建立健全惩治和预防腐败体系2013—2017年工作规划》。习近平同志强调,要加强对权力运行的制约和监督,把权力关进制度的笼子里,形成不敢腐的惩戒机制、不能腐的防范机制、不易腐的保障机制。这为当前和今后我国反腐倡廉制度建设指明了方向、提供了遵循。

1. 反腐形势

（1）新形势下面临的四考验、四危险

反腐败斗争形势严峻复杂,形式主义、官僚主义、享乐主义和奢靡之风严重损害党的形象。作风问题和腐败问题解决不好,就会对党造成致命伤害,甚至亡党亡国。新形势下,党面临着执政考验、改革开放考验、市场经济考验、外部环境考验,面临着精神懈怠危险、能力不足危险、脱离群众危险、消极腐败危险。

推进国家治理体系和治理能力现代化,实现"两个一百年"奋斗目标和中华民族伟大复兴的中国梦,确保党始终成为中国特色社会主义事业的坚强领导核心,必须坚持党要管党、从严治党,深入开展党风廉政建设和反腐败斗争,彰显了我们党坚定不移反对腐败、着力建设廉洁政治的决心和信心。这个规划立足堵住反腐败斗争中的制度漏洞,构筑更为严密的惩治和预防腐败体系。着眼刹住不正之风这个源头,着眼坚决遏制腐败蔓延势头,着眼健全不想腐、不能腐、不敢腐的预防机制。

（2）形成立体严密的法律保障体系

通过制定专门的反腐败法律,提高反腐败工作的制度化和法治化水平,进而增强反腐败的有效性。反腐败法律体系应涵盖反腐败的基本制度和基本原则、反腐败的操作程序、对腐败的查处和预防等具体内容。同时,完善反腐败配套法律,形成立体严密的惩腐、防腐、促廉法律体系,为形成不敢腐的惩戒机制提供强大法律保障。

紧紧围绕全面深化改革的总体部署,坚持标本兼治、综合治理、惩防并举、注重预防,以改革精神加强反腐败体制机制创新和制度保障,坚定不移转变作风,坚定不移反对腐败,建设廉洁政治,努力实现干部清正、政府清廉、政治清明,为完成党的十八大确定的目标任务提供有力保障。

发挥好纪检、监察、司法、审计等机关和部门的职能作用,共同推进党风廉政建设和反腐败斗争。

①优化整合各部门资源和力量,实现优势互补,形成反腐败的合力。

②政务公开是政府施政的基本准则。建立健全推行政务公开的长效机制,严格落实政府信息公开的相关法律法规,使政务公开在法治轨道上不断得到规范和深化。

③"不易腐的保障机制"的要义,是通过构建多重保障,打牢社会廉政基础,使腐败不易发生。

2. 反腐目标

健全领导干部带头改进作风、深入基层调查研究机制,完善党员干部直接联系和服务群众制度及畅通群众诉求反映渠道制度,改革政绩考核机制。

（1）两个不允许,查处六重点

决不允许有令不行、有禁不止,决不允许各自为政、阳奉阴违。坚持党纪国法面前没有例外,不论什么人,不论其职务多高,只要触犯了党纪国法,都要一查到底,决不姑息。严格审查和处置党员干部违反党纪政纪、涉嫌违法的行为;严肃查办领导干部贪污贿赂、权钱交易、腐化堕落、失职渎职的案件;严肃查办执法、司法人员徇私舞弊、枉法裁判、以案谋私的案件;严肃查办严重违反政治纪律的案件;严肃查办群体性事件、重大责任事故背后的腐败案件;严肃查办商业贿赂案件,加大对行贿行为的惩处力度。

(2)重点查处买官卖官

对违反组织人事制度的行为决不放过。坚决纠正跑官要官不正之风;对拉票贿选、买官卖官的腐败行为决不姑息,发现一起查处一起;对违规用人问题及时发现、迅速处理、严格问责;不仅查处当事人,而且追究责任人。坚持和完善立项督查制度。

(3)查处群众身边的腐败

坚决纠正损害群众利益的不正之风,整治社会保障、教育医疗、保障性住房、征地拆迁、环境保护等涉及民生的突出问题;坚决查处发生在群众身边的以权谋私问题,治理乱收费、乱罚款、乱摊派和吃拿卡要等问题;认真贯彻落实领导干部廉洁自律的规定,坚决纠正违规收送礼金、有价证券、会员卡、商业预付卡等问题。

3. 全方位制度建设

党的十八大以来,国家颁行了多部反腐制度,并要求严格执行。如,《党政机关厉行节约反对浪费条例》、《关于加强因公临时出国(境)团组和人员管理的暂行办法》、《关于党政机关停止新建楼堂馆所和清理办公用房的通知》、完善《党政机关公务用车制度改革方案》以及领导干部工作生活保障制度等。

针对领导干部,要求坚定落实《中国共产党党内监督条例(试行)》、《关于领导干部报告个人有关事项的规定》,推行新提任领导干部有关事项公开制度试点、对裸官的《配偶已移居国(境)外的国家工作人员任职岗位管理办法》等。

要求党员干部自觉按照党的组织原则和党内政治生活准则办事,牢固树立党的意识和组织纪律观念。严格执行党的政治纪律、组织纪律、财经纪律、工作纪律和生活纪律等各项纪律。

4. 多元强化制度监督

（1）八项监督制度

①落实集体领导和分工负责；

②重要情况通报和报告；

③述职述廉；

④民主生活会；

⑤信访处理；

⑥谈话和诫勉；

⑦询问和质询；

⑧特定问题调查。

（2）人大系列监督

①法律监督，支持人大及其常委会依法加强对"一府两院"的监督和对法律实施情况的监督，保证审判机关依法独立公正开展行政审判活动，强化检察机关对立案侦查活动、审判和执行活动的监督；

②行政监督，强化对政府职能部门履行监管职责情况的监督，加强行政监察；

③审计监督，加大行政问责力度；

④民主监督，听取人民政协和民主党派、工商联、无党派人士的意见、建议和批评；

⑤发挥工会、共青团、妇联等人民团体的监督作用，支持和保证群众监督；

⑥舆论监督，运用和规范互联网监督；

⑦权力清单制度，依法公开权力运行流程；

⑧国有企业和金融机构落实"三重一大"制度情况的监督；

⑨健全执行、问责和经济责任审计等制度。

（3）深化政府职能监督

①深化行政审批制度改革；

②深化干部人事制度改革；

③深化司法体制改革；

④深化行政执法体制改革；

⑤深化公共资源交易市场化改革；

⑥推进财税、金融、投资体制和国有企业改革。

5. 落实责任制度

①健全反腐败领导体制和工作机制，严格落实党风廉政建设责任制，党委负主体责任，纪委负监督责任；

②中央纪委向中央一级党和国家机关派驻纪检机构；

③改进中央和省区市巡视制度；

④中央与地方责任，推动党的纪律检查工作双重领导体制具体化、程序化、制度化，强化上级纪委对下级纪委的领导。查办腐败案件以上级纪委领导为主，线索处置和案件查办在向同级党委报告的同时必须向上级纪委报告；

⑤各级纪委书记、副书记的提名和考察以上级纪委会同组织部门为主；

⑥进一步明确纪检监察工作职责定位，强化对监管者的监督；

⑦落实制度，建立工作台账制度；完善督查考核机制；责任追究制度。

三、顶层决策——十八届三中全会"反腐新规"

1. 加强反腐败体制机制创新和制度保障

加强党对党风廉政建设和反腐败工作统一领导。改革党的纪律检查体制，健全反腐败领导体制和工作机制，改革和完善各级反腐败协调小组职能。

落实党风廉政建设责任制,党委负主体责任,纪委负监督责任,制定实施切实可行的责任追究制度。各级纪委要履行协助党委加强党风建设和组织协调反腐败工作的职责,加强对同级党委特别是常委会成员的监督,更好发挥党内监督专门机关作用。

推动党的纪律检查工作双重领导体制具体化、程序化、制度化,强化上级纪委对下级纪委的领导。

全面落实中央纪委向中央一级党和国家机关派驻纪检机构,实行统一名称、统一管理。派驻机构对派出机关负责,履行监督职责。改进中央和省区市巡视制度,做到对地方、部门、企事业单位全覆盖。

健全反腐倡廉法规制度体系,完善惩治和预防腐败、防控廉政风险、防止利益冲突、领导干部报告个人有关事项、任职回避等方面法律法规,推行新提任领导干部有关事项公开制度试点。健全民主监督、法律监督、舆论监督机制,运用和规范互联网监督。

2. 健全改进作风常态化制度

围绕反对形式主义、官僚主义、享乐主义和奢靡之风,加快体制机制改革和建设。健全领导干部带头改进作风、深入基层调查研究机制,完善直接联系和服务群众制度。改革会议公文制度,从中央做起带头减少会议、文件,着力改进会风文风。健全严格的财务预算、核准和审计制度,着力控制"三公"经费支出和楼堂馆所建设。完善选人用人专项检查和责任追究制度,着力纠正跑官要官等不正之风。改革政绩考核机制,着力解决"形象工程"、"政绩工程"以及不作为、乱作为等问题。

规范并严格执行领导干部工作生活保障制度,严格执行"六不准"规定:不准多处占用住房和办公用房,不准超标准配备办公用房和生活用房,不准违规配备公车,不准违规配备秘书,不准超规格警卫,不准超标准进行公务接待,严肃查处违反规定超标准享受待遇等问题。探索实行官邸制。

完善并严格执行领导干部亲属经商、担任公职和社会组织职务、出国定居等相关制度规定,防止领导干部利用公共权力或自身影响为亲属和其他特定关系人谋取私利,坚决反对特权思想和作风。

四、顶层战略——反腐零容忍

1. "老虎"、"苍蝇"一起打

"老虎"、"苍蝇"一起打,这是一个总体战略部署。从"老虎"到"苍蝇"是一批高官和基层官员腐败整体的总和。自十八大以来的一年多时间内,一批高官纷纷落马,截至 2014 年 8 月底省部级官员有 52 个。

"苍蝇"是人民群众的切肤之痛。群众身边的"苍蝇",其贪腐行为往往影响更直接,损害更大。在大环境下,抓紧打苍蝇,既是从源头上遏制更大腐败的产生,也是从政治生态环境上斩断腐败的生物链,使那些闻之生厌、望之生畏的"苍蝇"不再破坏政治生态。

要全面铲除群众身边的腐败,首先要从完善制度入手。要以制度之刚性管作风强党性,实现政纪的规范化、制度化,真正以制度之剑扫除会议腐败,以制度之规清除潜规则,用制度权威根除浪费顽疾,用制度之力铲除错案滋生的土壤,用制度打造另类防贪的锦囊,用制度狠杀"隐身衣"、"会所符",这些都将使制度成为高压电,对惩治腐败、对打"虎"灭"蝇"都是刚性的铁腕、高悬的利剑。

腐败最怕阳光,最好的监督就是权力阳光化,制度公开化。清除"苍蝇"存在的土壤,就是要加强制度化道德规范的建设。一旦失去了制度约束,道德自律就会唤醒每个人心底深处沉睡的那只"苍蝇";如果强化制度约束,高悬惩腐之剑、法律之锤,把制度笼子打造得更加严密,有利于铲除心底"苍蝇"、"老虎"的寄生物,得到人民群众的拍手称快,让反腐工作更加全面有效的直逼虎穴,真正收获取信于民的战果。

要从制度层面确保组织监督,反复落实制度创新,从根本上形成不敢腐的惩戒机制,不能腐的防范机制,不易腐的保障机制,为反腐倡廉制度建设提供科学遵循。通过制定专门的反腐制度体系,提高反腐的制度化和法制化水准,进而增强反腐败的有效性。反腐败的制度体系应当涵盖基本预防与惩治制度,反腐败操作程序、对腐败的查处力度以及反腐败的配套惩治法律,以形成立体严密的惩腐防腐制度体系,坚决打击腐败分子的法律机制。

惩治和预防腐败就是一场正义与邪恶的政治搏击,要形成使腐败分子不易腐的保障机制,必须要运用科学的方法、科学的制度、科学的机制,善于从"一千个角度"观察问题,用"一千只手"解决问题,这就是灵活运用唯物辩证法。在预防腐败方面,教育、制度、监督三管齐下;在惩治腐败方面,法律、党纪、政令并施;在整体合力层面,努力形成惩治和预防同步的工作机制,并运用现代科学技术,建立包括廉政档案、个人财产申报、道德诚信、信息系统以及操作程序、监督程序的快捷通道,推行电子政务、开展网上跟踪和监督检查,畅通群众的诉求表达渠道,在新时代的科技方法指引下,真正建设一套防止腐败最有效的科学制度和技术体系。

在制度反腐的具体执行中,将行贿列为反腐的重大战略转移,重拳出击反特权,"老虎""苍蝇"一起打。顶层设计的智慧战略,为当代的反腐领域取得了时间和空间优势,在国际社会产生了积极的反响,一个共同的感觉是:以习近平总书记为首的新一届中央领导集体动了真格,铁马战骑涌进反腐败的战役,将为建设一个清正廉明的政治体制和现代化的反腐制度体系,横马立刀、阔步前行。

2. 书记种好"责任田"

在确定反腐制度的责任担当上,同时确立了主体责任制度,运用各级党委承担反腐的主体责任,采取巡视派驻的制度实践,大胆运用互联网高科技技术,调动全党、全国民众共同参与反腐败,建树清廉的制度,这些高难度的运筹帷幄之举都体现了新一代领导人高瞻远瞩的胸怀。

当好落实主体责任的排头兵,种好责任田,这是一把手的法定反腐职责。作为反腐的领导者,既是参与者也是组织者,在身先士卒的同时,还要带好队伍,当好第一责任人,把党所给予的"责任田"的使命切实、仔细做好,成为"责任田"的优秀员工,这就要上级一把手,紧紧盯住下级一把手,一级抓一级,建立健全一把手的"责任田"制度、责任追究制度和层层落实制度。有了制度责任的依托，就能发挥牵头抓总的领导作用，聚焦四风动真格硬碰硬的实干作用，人们常说"单位好不好，关键在领导，班子行不行，就看前两名"。在繁重的行政职责和反腐败的重大使命中，一把手行动在先，责任在肩，确保工作扎实，有效开展，让人民群众看到决心，增强信心。

中央机关承担主体责任确定了两个表率：第一个表率是党风廉政建设主体责任和监督责任，这是党章赋予的重要职责，必须抓住反腐败斗争的牛鼻子，在改进作风、严明纪律、惩治腐败中不断凝聚党心、民心。第二个表率是严明政治纪律、组织纪律、财经纪律、工作纪律和生活纪律这五大纪律。强化五大意识和纪律观念，对反腐败工作的领导人，真正形成震慑力，在遏制腐败蔓延上起到排头兵的作用。各级党委只有负起自己的严肃责任，种好责任田，以担当无愧于己、以行动取信于民，才能真正让党风好起来、政风清起来、民风正起来。

党中央明确提出的党委负党风廉政建设的主体责任，在我们党的历史上是第一次，这既是党章规定的职责，也是落实党要管党的根本宗旨。强调依纲防责两手抓，从四项认识上、工作部署上，或多或少还是把党风廉政建设的具体任务主要落到纪检组织身上，这就混淆了责任，使各级检察院的党组依靠纪检监察机构，忽略了本身是领导者、执行者和推动者的责任。

党的十八大在制度反腐方面做出一系列重要规定，明确了双重领导责任制，反腐工作的具体化、程序化、制度化，注重制度设计的细节等。全面深化改革领导小组下设的六个机制中，包括纪检改革小组，从组织上将制度反腐纳入了改革的顶层设计。

十八届三中全会明确指出，加强反腐败体制、机制创新和制度保障，加强党对党风廉政建设和反腐败工作统一领导。党的纪律检查体制，健全反腐败机制和工作机制，改革和完善各级反腐败协调小组职能，落实党风廉政建设责任制，党委负主体责任，纪委负监督责任，制定切实可行的责任追究制度。从党的纪律、监察工作双重领导，具体化、程序化、制度化，强化上级纪委对下级纪委的领导。2014年6月30日，中共中央政治局召开会议，审议通过了《党的纪律检查体制改革方案》。会议指出，党的纪律检查体制改革,是全面深化改革的重要组成部分,关键是落实党风廉政建设主体责任和监督责任。各级党委的主体责任是前提、是基础,各级领导干部既要洁身自好、管住自己,更要敢于担当,切实抓好党风廉政建设和反腐败工作。

全面健全反腐倡廉法规制度体系,完善惩治和预防腐败、防控廉政风险、防止利益冲突、领导干部报告个人有关事项、任职回避等方面法律法规,遵循新提任领导干部有关事项公开制度试点。健全民主监督、法律监督、舆论监督机制,运用和规范互联网监督。从五个制度层面确立了改革的顶层设计,这是在我党坚定不移反腐败这一历史使命面前,采取的最坚定、最有利的制度创新战略。

3.晒巡视制度"账单"

2013 年中央政治局通过的《建立健全惩治和预防腐败体系》,明确指出,2013 至 2017 年工作规划中要改革党的纪检体制,要改进中央和省、区、市巡视制度。十八大以来,中央派出了多轮巡视组。

第一轮巡视组对 10 个被巡视的地区和单位晒出 10 张问题清单,每张清单都注明了一些领导干部的问题线索,转中纪委、中组部处理。

发现和揭露出的重大问题有以下几个方面:

江西萍乡官场发生了一次巨大震动。第一轮巡视组对湘赣两省边界的小城萍乡进行的巡视中,就发生了一系列官场地震。目前为止,包括萍乡原市委书记在内,4 名厅级以上官员陆续被查,这就是萍乡市副市长孙家群、江西省人大副主任、省总工会主席陈安众、萍乡市政协副主席贺维林、萍乡市委秘书长张学民。萍乡官场地震至少牵扯多名要职现任官员、10 多名房地产富商和煤老板,他们也多系市人大代表,均涉嫌巨额行贿。萍乡反腐巡视清楚表明中央惩治腐败的决心就是踏石留印,抓铁留痕,无半点虚假短视行为。

第二轮巡视的答卷已经晒出,到 2014 年 6 月,10 个巡视点的整改报告中,至少 68 名厅局级官员被查,128 人被移送司法机关,全部被查人员 12759 人,其中包括国土资源部 5 名正局级干部、1 名副局级干部、2 名处级干部,共 8 名。吉林省巡视组立案 1986 件,结案 2296 件,处分 2347 人。安徽省处分县级以上干部 76 人。广东省立案 4000 多件,查处厅级干部违纪者 38 人。

二轮巡视后,中央巡视组指出领导干部有关的一系列问题,如插手工程项目、为亲友牟利、住房和办公用房超标等。

第三轮中央巡视工作已于 3 月末全部展开,巡视重点为着力发现是否存在权钱交易、以权谋私、贪污贿赂、腐化堕落等违法违纪问题。

2014 年 3 月至 5 月的首轮巡视已经结束,根据中央巡视工作领导小组的部署,反馈情况分别向各省区、单位晒出了共 14 个"问题账单",这类"账单"的主要问题包括权钱交易、工程建设、跑官要官、基层腐败的问题,可概括为以下六个方面。

(1)党风廉政建设

党风廉政建设和反腐败工作情况、落实中央八项规定精神情况,执行政治纪律的情况和选人用人的情况,其中,问题较多的是聚焦在党风廉政建设方面。

(2)"小官巨腐"问题严重

腐败问题主要集中在国有企业、工程建设、土地、教育、卫生医疗等部门和领域。值得注意的是几乎所有地方都在工程建设、工程招投标、土地转让等方面存在权钱交易,甚至复旦大学"江湾校区基建工程"都存在严重腐败隐患问题。

北京丰台花乡高李庄的一个乡企老板,涉嫌受贿 1000 多万元,北京朝阳区孙河乡原党委书记纪海义受贿 9000 多万,海淀区一村会计挪用资金 1.19 亿元,现有乡村干部 56 名被查处。是一起典型的"小官巨腐"案件。巡视组向北京市反馈的问题账单中指出,北京市在党风廉政建设和反腐败工作方面形势依然严峻,在各级干部中存在腐败现象,国有企业、工程建设、教育、文化、医疗卫生等部门和领域的腐败案件相对集中,"小官巨腐"问题严重。

北京前 8 月党纪政纪处分 608 人,其中局级 5 人、县处级 101 人、乡科级 178 人,移送司法机关 94 人。

(3)建筑系统腐败严重

中央巡视组的问题账单中,10 个省份存在城建腐败,5 个省份存在土地腐败。如新疆一些领导以权谋地,辽宁领导干部插手工程招投标、土地和矿产资源交易等,海南少数领导干部在土地出让、房地产开发、工程建设和选人用人等方面以权谋私,山东有的领导干部及亲属插手工程招标、土地转让等问题突出,福建土地开发领域腐败问题突出。

(4)一把手的违纪

今年的"问题账单"中也出现了一系列新问题。如一把手违纪违法问题,今年首轮巡视中,山东被指出,一把手违纪违法案件呈上升趋势;天津被指出,一把手违法违纪案件多危害大。山东还被指出,对审计领导干部中发现的问题责任追究不利,这表明,一把手反腐已是反腐领域的重点环节。

除了上述问题,账单中还指出,一把手违法违纪问题还有如中粮集团公款支付打高尔夫球费用,奢侈浪费问题突出。宁夏有的利用宗教习俗敛财,辽宁经济数据存在弄虚作假的现象等。这些涉及一把手问题的账单,充分表明中央在惩治一把手的违法违纪及腐败方面,已经下定了决心,鼓足了勇气。

(5)买官卖官问题突出

问题账单点了河南和山东的名,指出,河南买官卖官问题突出,跑官要官、拉票贿选问题一度也比较严重,干部带病提拔问题时有发生;山东有的地方买官卖官问题比较严重,带病提拔、跑官要官问题依然存在,一些干部为了升迁热衷于找关系、拉票现象很严重。

同时,中央巡视组又将广东"茂名窝案"重新巡视调查,在沉寂两年后,对系列官员进行了处理,案件中涉嫌行贿买官的 159 人中,降职 8 人,免职 63 人,调整岗位 71 人,提前退休 1 人,诫勉谈话 16 人。目的是以

"茂名窝案"树立惩治买官要官的"样板"。

(6)16 名省部级高官被查

打"老虎"拍"苍蝇"是中央巡视组的主要职责之一。三轮中央巡视组进驻了 21 个省区市,包括湖北、贵州、内蒙古、重庆、江西、云南、山西、安徽、广东、湖南、海南 11 个省区市。在中央巡视组进驻后,有 16 名省部级高官被调查,山西多达 3 人,包括山西省人大常委会原副主任金道铭、山西省政协原副主席令政策、山西省原副省长杜善学。此外,中国科协原党组书记申维辰涉嫌违纪违法问题,被曝主要与在山西的任职经历有关。

湖北(原副省长郭有明、省政协原副主席陈柏槐)、湖南(省政协原副主席童名谦、省政协原副主席阳宝华)均有两名省部级官员被调查。江西(省人大常委会原副主任陈安众、原副省长姚木根)被调查的省部级官员虽也是两人,但全国政协原副主席苏荣被曝被查因多是主政江西时的一些行为;江西还有一位中纪委未通报调查但中组部宣布免职的官员:原省委常委赵智勇。

重庆(原市人大常委会副主任谭栖伟)、海南(原副省长谭力)、内蒙古(原统战部部长王素毅)、广东(原广州市委书记万庆良)、贵州(原遵义市委书记廖少华)、安徽(原省政协副主席韩先聪)、云南(原副省长沈培平)被调查的省部级官员均为 1 人,但云南也有一位中纪委未通报调查但中组部宣布免职的官员:省委原常委张田欣。

上述省部级高官被调查前后,山西、江西、广州等多地发生官场"地震"。

如山西,2014 年 2 月 24 日,中央第六巡视组向山西省反馈巡视情况当晚,中纪委通报,山西省地质勘查局原局长安俊生等 3 名当地官员涉嫌违纪被调查。三天后,金道铭被调查。8 月,被查官员又有副省长任润厚、省委常委秘书长聂春玉、太原市委书记陈川平、统战部长白云。9 月自此至令政策、杜善学被免,山西被调查的官员已达 30 多人,其中厅局级达 18 人。

安徽多名官员被查。自 2013 年 9 月,中央巡视组进驻安徽,安徽多名官员被调查,包括安徽省滁州市原市委书记江山、安徽铜陵市原政协副主席吕爱民、安徽省六安市原副市长权俊良、安徽省旅游局原局长胡学凡等。其中,江山、吕爱民与韩先聪发生官场交集。

这次中央的问题账单中指出,安徽少数领导干部在房地产开发、矿产资源、工程建设领域和选人用人方面以权谋私,腐败现象在一些地区和部门易发多发。这次安徽官场的重型"地震"即是重要例证之一。

附件1:审计腐败案例

群体性腐败案
1. 住建部所属信息中心:13名党员领导干部2000年以来在企业投资入股、兼职或兼职取酬,领取股东分红和劳务费共计73.28万元。
2. 交通运输部所属公路所下属公司:购买78.5万元的购物卡,发放给公路所部分职工。
3. 人民银行兰州中心支行和武汉分行:无依据发放奖金补贴或违规购买商业医疗保险等共计129.31万元。
4. 新闻出版广电总局所属广电设计院及下属监理公司:使用虚假发票报销发放职工奖金、支付职工赴国内外休息疗养费用等共计3034.04万元。
5. 社保基金会:以职工福利费的名义违规发放实物津贴152.07万元。
6. 民航局所属空管局:以职工疗养名义安排178名在职职工旅游,支出142.4万元。
实权部门"重灾区"案
7. 公安部部本级:2013年支付承办单位的培训费,超出实际支出334.68万元;部本级所属物证中心:使用不合规票据报销费用350.91万元。
8. 教育部部本级和所属国家汉语国际推广领导小组办公室等4家单位:扩大范围列支与项目无关支出,涉及金额共计23817.02万元。
9. 科技部部本级:2013年未经财政部批准自行将3个项目预算共计2.2亿元,细化并下达给所属单位。
10. 国资委:2013年19个出国团组由中央企业等其他单位承担费用434.02万元,其中17个培训团组超标准支出国费152.37万元;30个所属单位无预算或超预算列支出766.30万元。
依托行政资源非法牟利案
11. 审计显示,一些中央部门主管的社会组织和所属单位依托行政资源不当牟利。13个部门主管的35个社会组织和61个所属事业单位,违规获利共计29.75亿元。部分单位违规发放津贴1.49亿元。
12. 发改委所属价格认证中心:以办培训班的形式,违规开展价格评估专业人员资格认证,收取培训费183.52万元。
13. 工信部所属应急中心:未经批准举办评比活动,收取评审费49.51万元。
14. 卫计委主管的中华医学会等33个社会组织和医管所等9个所属事业单位:利用所在部门影响力,采取违规收费、未经批准开展评比表彰、有偿提供信息等方式取得收入共计177893.54万元。
"三公"经费违规案
15. 14个部门本级和54个所属单位:超标准、超预算和超范围列支出国(境)费用3229.53万元。
16. 23个部门:超标准、超范围或虚列会议费支出1355.85万元。

附件2：巡视开出腐败问题清单

巡视凸显的腐败

| 权钱交易 | 一些领导干部插手工程建设，重大工程项目违规操作损失巨大（甘肃）
　一些领导干部与商人交往过密　　　　　　　（福建）
招商引资中有的领导干部与投资人串通攫取国家利益
　　　　　　　　　　　　　　（新疆生产建设兵团） |

| "一把手"违法 | "一把手"违纪违法案件呈上升趋势　　　（山东）
"一把手"违纪违法案件多危害大　　　　（天津） |

| "四风"问题 | 执行中央八项规定精神不够严格，公款支付打高尔夫费用等奢侈浪费问题突出
　　　　　　　　　　　　　　（中粮集团）
因公出国（境）、公车配备、召开会议等方面存在违反中央八项规定的现象　　　　　　　　　　　（科技部） |

| 买官卖官 | 买官卖官问题突出，跑官要官、拉票贿选问题一度也比较严重
　　　　　　　　　　　　　　　　　（河南）
在干部选拔任用方面，有拉关系、打招呼、"隐性"拉票现象
　　　　　　　　　　　　　　　　　（宁夏） |

| 小官巨腐 | 乡村干部腐败问题凸显，"小官巨腐"问题严重，征地拆迁问题较多，执行党风廉政建设责任制不够到位　　　　　（北京）
腐败现象在一些领域和部门易发多发，基层反腐败斗争形势较严峻
　　　　　　　　　　　　　　　　　（海南） |

附件3：巡视账单晒出的十大腐败源

1
吃空饷
新疆

2
收礼金
河南、宁夏

3
跑官贿选
河南、山东

4
科研腐败
复旦大学
科技部

5
小官巨腐
天津、北京、
海南

6
官商勾结
甘肃、河南、
山东、海南

7
身边人腐败
宁夏、山东、
新疆生产建设兵
团

8
国企腐败
甘肃、北京、天津、
新疆生产建设兵团

9
超职配干多占住房
辽宁、海南、山东、
宁夏、新疆生产建设兵团、
甘肃

10
城建腐败
辽宁、新疆生产建设兵团、
海南、山东、福建、
河南、甘肃、北京、
天津、宁夏

五、创新反腐制度

1. 建立互联网反腐平台

运用高科技手段,构建互联网反腐平台,13 亿人民成监督主体,这是我党反腐制度上的一项重大创新,透视出互联网时代的反腐新思维、新手段。

2013 年 9 月,中央纪委监察部网站正式开通,王岐山到网站调研,要求"了解、收集社情民意,畅通监督渠道,重要舆论要早发现、早报告、早处置"。紧跟着最高法、最高检公布利用信息网络举报诽谤等案件,一大批造谣传谣的"大 V"落入法网。这表明,在反腐的制度设计上,利用互联网的最大变量,借助互联网回应社会的关切,积极主动应对和引导舆论,建立了反腐制度的创新高度。

在中国历史上,尧设谏言之鼓,舜立诽谤之木,为百姓参与监督提供平台。今天的互联网反腐是运用高科技手段,第一时间内发布案件信息,让鼠标直通中央,点名道姓通报曝光,从一个侧面折射出中央反腐领域思路的广阔。

对网络反腐,社会反映极佳,评价很高。群众认为开通网站接受网上举报,政府与社会互动,是真正迈出了反腐倡廉的坚实步子;在纪检最敏感的领域,公开透明聆听民意,用制度提升全民反腐实践,这无疑是敲响了一场反腐人民战争的雷鼓。

2. 建立 12380 举报平台

12380 举报平台是中组部开创的举报平台,是接收线索举报,联系群众的窗口,要在阳光下选人、用人。并且专门作出了"全国组织系统 12380 举报电话受理工作的暂行规定",规范了举报工作的程序和方法。2013 年编印的《12380 举报工作操作手册》对举报受理、办理、督办、办结、统计分析、工作职责、纪律要求逐一进行说明和规定,总结出举报案件的具体方式,受到了国内外热烈欢迎。

这一制度平台的建立,本着努力取信于民的工作宗旨,不断拓宽监督渠道、提高监督效能,在从严治党,从严治政、预防和纠正不正之风方面取得了积极的成果。到 2014 年 3 月的统计数字,反腐平台的总访问量近 3 亿次,日访问量超过 120 万次,其中最高一天超过 600 万次,已经曝光的典型问题案件 700 多起,发布了 200 多起案件查处消息,其中包括省部级干部 30 余人,地厅级干部 100 多人。根据 6 月份的中纪委网站统计情况通报,从 2012 年 12 月至 2014 年 4 月,490 天内有 285 名官员被调查通报,平均每周 4 名。过去一个月公布案件多达 67 起,涉案官员 70 多人。最有影响的是一周内打下"三只虎",即山西原省委常委、副省长杜善学和山西省政协副主席令政策以及政协副主席苏荣,涉及官员、级别、人数可谓惊心动魄,表明反腐的速度、手段,都迈上了一个前所未有的高台阶。

3. 重磅打击行贿罪

最高检在 2014 年 5 月通报,今后反贪重点将查办行贿犯罪,无疑这是反腐败制度建设上的又一创新成果。据统计,2014 年 1 至 3 月,全国检察机关共立案侦查贪污、贿赂犯罪案件 8000 余件,涉及万余人,其中大案 6000 多件,占总立案的 80% 以上,涉及要案人数 600 多人,包括厅局级 57 人。如湖北省政协原副主席陈柏槐,四川人大常委会原副主任郭永祥,四川省委原副书记李春城,湖北省原副省长郭有明,贵州省遵义市委原书记廖少华等。从重大案件的承办实体分析,一大批腐败分子犯法本源之一,就是企业和个人的行贿犯罪。

随着反腐进程的深入,行贿犯罪成为反腐的重头戏是必然的结果,因为行贿与受贿存在明显的因果关系。但我国司法机关长期以来都重受贿而轻行贿,这无意中助长了行贿案件的滋生蔓延。如广州市监察机关 2014 年一季度查办行贿犯罪人员 89 人,同比上升 100%,立案查办的行贿和单位行贿犯罪案件首次超过了受贿案件的总数。进一步采取有力措施,加大惩治行贿犯罪力度,这是推动党风廉政建设和反腐败斗争深入发展的关键。

4.审计制度的强大反腐动能

2014年6月,国家审计长刘家义向全国人大常委会做的工作报告中提到,通过审计共发现并移送涉嫌重大贪污腐败违法案件314起,涉及1100多名官员,这些案件主要发生在行政管理权和审批权集中、掌握重要国有资产资源的单位。314起案件中,呈群体性的腐败案件特征凸显,35%的案件是串案和窝案,其中31起案件的主犯亲属参与,作案手段隐蔽。在权钱交易等多发案件中,甚至利用公益事业树立道德形象谋求政治地位,严重败坏了国家形象、官员道德。国家审计对制度的建设在反腐倡廉制度中具有重要意义。

以审计报告的中央财政管理问题为例:

①资金收费和预算批复不规范,未收入国库资金达91.4亿元;

②财权与实权未理顺,转移支付清理整合不到位;

③部分财政资金分配不规范,造成虚报、销售骗取资金多种违法、违规问题发生;

④各级财政均有一些资金沉淀,资金使用效益未能充分发挥,重点审计的32个中央部门的结存资金半数时限超过一年,造成资金使用极大浪费;

⑤地方财政管理不到位,有的存在严重违规,如辽宁省的岫岩县将财政借款以税费的名义交入国库,虚增财政收入8亿多元,占公共财政收入的20%还多。

仅以2013年审计报告为例,国务院召开专门会议部署整改,整改后促进增收节支和挽回损失达3900多亿元,纠正违规征地用地50多万亩,制定完善制度1900多项。

由此看出,审计中发现当前的腐败案件具有三个特点:

①群体性腐败问题严重,家族化犯罪问题突出;

②违法性犯罪方式更加隐蔽,有意培植利益关联方"代理"作案,并最终从中介方取得利益回流;

③权钱交易收益远期化,权钱交易趋向索取投资入股、业务垄断、矿

产开发等隐性利益。

运用审计制度反腐也是我党在反腐领域创造的最新成果。习近平同志指出,要坚持和完善反腐败领导体制和工作机制,发挥好纪检、监察、司法、审计各机关和部门的职能作用,共同推进党风廉政建设和反腐败斗争。三中全会的《决定》很明确,要充分发挥审计领域的自身优势,加强对反腐败斗争形势和任务的研判,更好发挥审计监督在反腐倡廉建设和惩治腐败中的尖刀作用。

六、重点治理隐秘的奢侈

1. 清退会员卡风暴

为贯彻八项规定,中央纪委决定在纪检系统全面开展会员卡专项清退活动,以加强自身建设实现自我净化。

会员卡虽小,折射出的却是作风建设的大问题,反映的是享乐主义和奢靡之风。中央纪委明确规定,加强组织领导制度保障,按时清退做到"零持有"、"零报告",并且强调,这次会员卡专项清退活动,是纪检监察系统开展以为民务实清廉为主要内容的党的群众路线教育实践活动的前奏曲,纪检干部要以高标准要求自身,牢固确立凡要求别人做到的,自己首先必须做到,正人必先正己,以实际行动贯彻落实中央八项规定,自觉抵制不正之风。并且明确规定,要在 6 月 20 日前,自行清退所收受的各种名义的会员卡,做到"零持有"、"零报告"。

治理会员卡的重拳出击,解开了打击隐秘奢侈消费的序幕,在很短时间内,扩及党、政府各个部门,涉及上百种数目巨大的利益链条。清退规定的出台和实践,同样拉开了重拳出击、清理纪检队伍自身害群之马的反腐序幕,受到了民众的广泛赞誉。

会员卡腐败是政治腐败的一种表现形式。有这样一个案例:中国出口信用保险公司原总经理因索贿受贿 300 余万元,被判处 14 年有期徒刑,其妻也被判刑 11 年。其中重要的一项受贿纪录就是高尔夫球会员卡、打折放款卡等,高尔夫球会员卡一项价值就高达100多万元。

职务消费成为腐败的重点领域,在处理的众多腐败分子案件中,消费腐败成为一项重要罪行。如地市级干部年职务消费百万元,主要是住五星级酒店,坐飞机头等舱,吃万元以上宴席,挥金如土。职务消费变成了不落腰包的腐败,像一个巨大的黑洞,吞食着国家财富,引起社会极大的愤慨。

2. 零容忍节日腐败

围绕落实中央八项规定、除"四风"的运动展开以来,节日腐败也成为一项重要的政治内容,主要包括节日礼品和送红包等形式,在一段时间内公款吃喝、公款旅游,大办婚丧宴请,已成为一些机关、单位领导干部的隐性公务活动,或称"感情公务"。所送礼品从中秋月饼到贺年卡、烟花爆竹,五花八门无所不包。一块月饼1万多元,一个爆竹500元,一瓶酒高达10万元、数十万元,一桌宴席也在数万元以上,这都是节日病的常态。如一位被判刑15年的县委书记,算了一下他的节日收费账,仅春节一次近百个县直属单位都会有"孝敬",富单位1万元、2万元,穷单位3000元、5000元,加上金融、电信等富企总数不会低于一两百万元;再加上婚丧嫁娶活动、干部的奢侈消费和红包收入多在几百万元以上,这就构成了灰色收入的腐败大摊。因此,纠"四风"必须纠节日病,中央采取直通车排查方式对顶风违纪一律零容忍,发现一起查一起,狠抓通报曝光,形成了强有力的威慑网络,创新了惩治节日腐败的制度建设。

3. 严查"贿选"

2014年的湖南衡阳,出现了两起重大腐败案件。一起是市委书记童名谦被移交司法机关,另一起是衡阳破坏选举案,衡阳原市委常委、组织部长、统战部长曾伟忠等人的贿赂选举犯罪案件。

这两起案件涉嫌违反党纪、政纪,立案调查的有400多人,512名收受钱物的人大代表辞职,400多人受到纪律处分,其中39人移送检察机关立案侦查。在人大制度创立六十年之即,严肃处理贿选,凸显了党中央维护宪法和法律权威,捍卫民主法治的决心和行动。

4. 严惩不良企业与寻租窝官

在惩治企业官员腐败犯罪的案例中,最典型的是官权与管权的钱化。往往一批官员落马,会牵出一大批企业,而一个企业主身陷囹圄,也会绊倒一群官员。在这些现象背后,不良企业与许多失德官员变成了官权异化的载体:一些官员手中资源集中,审批权大,企业图谋的是官员手中的审批大权,在项目审批中官权钱化,成为商业贿赂的一个普遍现象。权钱交易在市场运作和企业追求利益的现状下,官员拥有受贿动机,企业有行贿企图,于是官员把手中权力视为利益的寻租工具,而一些企业主则妄图在权力庇护下获得项目和打通关系,于是钱权相亲,沆瀣一气。

在市场经济运行中,政府是监管主体,企业是市场主体,二者本是监管与被监管的关系,如果介入官商关系,就构成商业贿赂、制度扭曲,破坏市场资源配置,以致出现名牌品质产品抵不过假冒伪劣商品,劣币驱逐良币,为市场的公平竞争埋下了"腐笔",为滋生腐败提供土壤。著名的案例有:

在国企反腐风暴中,一个月内有 13 个高管被查。2013 年有 31 个国企高管落马,2014 年有 27 个落马。

成都的企业反腐,仅 2014 年落马的高管就达 10 余人。

在行业反腐中,中移动 4 年 14 人落马,从中国广东公司董事长、总经理涉嫌严重违纪到 14 名高管被调查,凸显了行业反腐的紧迫感。

5. 震动寰宇的 1.15 吨人民币案

能源系统掀起反腐风暴,三月内 5 位官员被查,即国家能源局原副局长许永盛、新能源和可再生能源司原司长王骏、国家能源局核电司原司长郝卫平、国家能源局电力局原副司长梁波、国家能源局煤炭司原副司长魏鹏远。能源系统的反腐信号是从立案调查发改委原副主任、国家能源局原局长刘铁男开始的。刘铁男利用职位上的便利谋取利益,为其亲属收受巨额钱物,政治腐败道德败坏,成为能源系统的大贪。继他之后系列官员相继被查,成为中央对能源系统发出的重要信号和强大震慑。

到 2014 年 5 月中纪委监察部网站通报,能源领域已有 11 名高管因反腐落马,涉及石油、煤炭、电力行业,原因很明确,能源行业寻租空间大,贪腐诱惑力强,尤其是大型能源企业,大都是垄断企业,本身拥有巨大的自由裁量权,对政府拥有巨大的影响力,他们利用把高成本、高利益输送的暗箱费用,转嫁消费者承担的手段,贪腐了大量的国家金钱,给能源行业造成巨大的经济损失,影响极其恶劣。

国家能源局煤炭司原副司长魏鹏远的案件可谓惊心动魄。他被纪检部门带走时家中发现上亿现金,重达 1.15 吨。执法人员从银行调集 16 台点钞机清点,当日烧坏 4 台。在他任职 6 年中,相当于每日的贪污进账为 47000 元。这个"小官巨贪"的落马,为能源系统的反腐打开了一个窗口。

6. 再看石油系窝案

在石油央企任职最久的国资委主任蒋洁敏被调查后,相继涉及中石油天然气股份公司原副总经理李华林、大庆油田原总经理、中央候补委员王永春、四川省前副省长郭永祥、中石油昆仑天然气利用有限公司原总经理陶玉春(失踪),以及中石油天然气股份有限公司原副总裁冉新权、华油集团原总经理王文沧等。以蒋洁敏为首构成的石油系窝案,牵涉政企最大的要案,直达了中央政治局原常委周永康这只"巨虎"。此案明确显示出惩治和预防腐败体系工作规划所强调的,要把坚决遏制腐败蔓延势头作为重要任务和工作指标,严肃查处党员干部违法、违纪案件,已成为行动。

7. 梳理"前腐后继"的交通厅长们

在交通厅长纷纷落马时,人们见识了倒在钱色之下的交通厅长名录,惊奇地看到 15 名交通厅长均是倒在钱色之下。河南省先后四任交通厅长落马,贵州省和云南省先后落马的交通厅长和副厅长各有 3 名,形成了"前腐后继"的景况,而他们落马的两个关键词即钱与色。

2014年上半年,山西省交通厅原厅长王晓林、原副厅长王志明以严重违纪,分别受到党政纪处分,涉嫌犯罪被移送司法机关处理。还有云南省交通厅原党组书记杨光成、贵州省交通厅原厅长程孟仁相继落马。究竟什么原因导致这个领域的腐败丛生?从制度反腐的角度看,建立更加严厉的行业系统反腐规则,是惩治行业犯罪的必由之路,是制度建设的重任之一。

8.110硕鼠案

打击硕鼠贪赃,在中储粮总公司河南分公司系统挖出了110名硕鼠,查出利用国家"托市粮"收购政策,以空买空卖"转圈粮"达28亿斤,骗取国家粮食资金7亿多元,收受贿赂、贪污挪用粮食资金等构成巨大的硕鼠案。已经立案侦办的110人中,分公司原总经理李长轩收受贿赂1400余万元,巨额财产来源不明近900万元,甚至河南分公司每年的储粮至少有六分之一"转圈粮"都成为这群硕鼠的贪腐资源,给国家粮食安全带来巨大隐患。针对硕鼠案所确立的制度新规,将有力打击硕鼠所属群,确保国家粮食安全。

9.高校蛀虫案

高等院校反腐败斗争也进入了新的时期,先后查处浙江大学副校长,成都中医药大学校长、党委书记,四川大学副校长,南昌航空大学党委书记,南昌大学校长,四川理工学院院长,中国人民大学招生处处长、就业处处长等人,其犯罪特点是涉嫌严重违纪、权钱交易,在学校项目开发和建设中,编造虚假账目、虚假合同、行贿受贿,为正在新一轮建设的高校环境带进了腐败,影响极为恶劣,尤其对青少年的思想教育产生了严重的负面因素。

我国新一届中央领导集体在惩治腐败战略上创造了不少最多和最高:一年多来,对涉嫌违纪违法的中高级干部已结案处理和正在立案侦查的达53人,是30年来惩处力度最大的一年;全国给予党纪政绩处分的达18万人,是近几年来处分党员干部人数最多的一年;中央巡视反腐分两类对 20 个地方部门展开的巡视,是近年巡视反腐工作效果和质量最好的一年。这些都体现了猛药去疴、重典治乱的决心和刮骨疗毒、壮士断腕的勇气,对建设清明政治、法治社会具有开创性的效果。

在反腐征途上,依然任重而道远。正如习近平同志在十八届中央纪委二次全会上指出的:党风廉政建设和反腐败斗争是一项长期的、复杂的、艰巨的任务。反腐倡廉必须常抓不懈,拒腐防变必须警钟长鸣,关键就在"常"、"长"二字,一个是要经常抓,一个是要长期抓。我们要坚定决心,有腐必反、有贪必肃,不断铲除腐败现象滋生蔓延的土壤,以实际成效取信于民。

七、制度反腐新视野

从制度层面确保组织监督、群众监督和舆论监督真正落到实处,才能孕育权责一致、相互制约的权力结构,从根本上形成不敢腐、不能腐、不易腐的权力运行机制。

1. 三个制度视野,三个制度新亮点

刚刚闭幕的十八届中央纪委第三次全会,有三点新提法尤为值得关注。一是"要以深化改革推进党风廉政建设和反腐败斗争";二是"保证各级纪委监督权的相对独立性和权威性";三是"强化制约、科学配置权力,形成科学的权力结构和运行机制"。

这三项内容分别从反腐着力点、多元监督、制度保障方面为反腐败从治标转向治本指明了方向,显示出中央依靠制度反腐的坚定思路。

腐败是政治之癌,为任何现代国家和现代政党所摒弃,我们党一直不遗余力地同腐败行为和不良作风作斗争。出现三个新亮点:一是党中央把落实八项规定作为改进作风的突破口,自上而下以身则,率先垂范真抓实干;二是中央纪委强化惩治腐败,不仅强化巡视,还借力于网络举报监督的新形式;三是从最高层的集体认识,到普通百姓的高度关切,官方

和民间的同频共振,将反腐败推升到一个新的高度。反腐败呈现出的高压态势,震慑了腐败分子,极大地提振了党心民心。

2. 解析腐败公式

认真研究人类社会发展规律就会明白,腐败是权力的伴生物,又与个人的贪欲和腐败机会有直接关系。贪欲+权力+机会=腐败。只有破解和约束三要素,才能从源头上消除腐败。

把建立健全惩治和预防腐败体系置于国家战略和顶层设计的高度,保证权力为公,从制度层面确保组织监督、群众监督和舆论监督真正落到实处,才能孕育权责一致、相互制约的权力结构,从根本上形成不敢腐、不能腐、不易腐的权力运行机制。

3. 强化组织制度

从权力反腐向制度反腐转变,强化组织制度是杠杆。一要构建权力运行体系和惩防腐败体系,确保决策科学、执行坚决、监督有力。二要改革纪检体制,加强对同级党委特别是常委会成员的监督。三要查办腐败案件以上级纪委领导为主。

各级纪委书记、副书记的提名和考察以上级纪委会同组织部门为主。推动党的纪律检查工作双重领导体制具体化、程序化、制度化。要依靠改革和制度的力量,真正把权力关进制度的笼子里。

党中央一年多来的反腐雷厉风行,为治本赢得了时间,也用"徙木立信"的形式彰明了反对腐败的决绝态度。过去一个阶段的反腐败工作打开了制度腐败的新视野,需要继续用实实在在的行动推动廉洁政治建设,则干部清正、政府清廉、政治清明的春天必然可期。

4. 凝神聚力,开启反腐新格局

(1)同比增加34.7%

各级纪检监察机关,把纠正四风、遏制腐败蔓延势头作为主要职责,一个节点接着一个节点抓,锲而不舍正风肃纪,凝神聚力开启了反腐的崭新局面。

中央纪委开通纠正四风监督举报直通车和曝光台,点名道姓曝光四风方面的典型案例,截至 2014 年 5 月底,各级纪检监察机关共查处违反八项规定的案件近 4 万起,处理 5 万多人,给予党纪政纪处分 1 万多人,对反映中管干部问题的线索全面清理、分类处置,加大纪检审查力度。

2014 年 1 至 5 月份,给予党纪政纪处分的 62900 多人,比上年同期增加 34.7%,在加强和改进巡视工作方面,今年上半年对 10 个单位进行常规巡视,还创新了专题巡视的制度。

这个同比增长 34.7% 的数字,是一个全面深化改革进行时的巨大推进力,是提振民族精神的振奋剂,是将反腐斗争推向战役决胜期的新布局,这个反腐系数的增长对建设清明清廉政府、法治中国具有重大实践意义。

(2)中国的第一个政府"禁酒令"

广西壮族自治区党委首推"六严禁",下达"禁酒令",使作风建设取得明显成效。不要小看小小禁酒令,它毕竟是中国政府的第一个"禁酒令"。"革命小酒天天醉,喝坏党风喝坏胃","天天举杯就犯愁,莫把举杯变胃悲",这些都是在中国近些年来摆在每一个干部面前的严峻事实。这六个禁止就是:一是严禁在工作期间饮酒;二是严禁在公共场所猜拳行令、掷骰子或发纸牌等赌酒、强行劝酒和逼酒;三是严禁在任何时间、任何场所酗酒;四是严禁着工作标志服在公共场所饮酒;五是严禁在携带密级文件或其他涉密材料时饮酒;六是严禁饮酒后值班上岗、执行公务、驾驶车辆。

"禁酒令"还严令指出,各级党组织要不折不扣地抓好贯彻落实,要着力纠正和解决一些党员干部强行劝酒、斗酒、酗酒,以及酒后滋事、闹事、扰乱社会秩序等群众反映强烈的突出问题,要广大党员干部带头革除饮酒中的陋习,带头培育健康的生活情趣,少端酒杯多办事,少说酒话讲实话,少沾酒气接地气,少耍酒疯护党风,把时间和精力集中到工作和学习上。这四多四少就构成了禁酒令的主题,将作为扬新风树正气的一道扎实铁令、百年铁规载入党的第一个光辉百年的史册。

附件1：十八大后12名政协系统高官落马

序号	姓名	出生年份	违纪被查时间	原职务
1	陈铁新	1955 年	2014 年 7 月	辽宁省政协原副主席
2	武长顺	1954 年	2014 年 7 月	天津政协原副主席
3	韩先聪	1955 年	2014 年 7 月	安徽省政协原副主席
4	苏 荣	1948 年	2014 年 6 月	全国政协原副主席
5	令政策	1952 年	2014 年 6 月	山西省政协原副主席
6	阳宝华	1947 年	2014 年 5 月	湖南省政协原党组副书记、原副主席
7	祝作利	1955 年	2014 年 2 月	陕西省政协原副主席
8	李崇禧	1951 年	2013 年 12 月	四川省政协原主席
9	杨 刚	1953 年	2013 年 12 月	全国政协经济委员会原副主任
10	童名谦	1958 年	2013 年 12 月	湖南省政协原副主席
11	陈柏槐	1950 年	2013 年 11 月	湖北省政协原副主席
12	李达球	1953 年	2013 年 7 月	广西壮族自治区政协原副主席

附件2：十八大后被打"老虎"

序号	姓名	出生年份	被查时间	原职务
1	潘逸阳	1961 年	2014 年 9 月	内蒙古自治区原副主席
2	白 云	1962 年	2014 年 9 月	山西省原省委常委、统战部原部长
3	任润厚	1957 年	2014 年 9 月	山西省原副省长
4	陈川平	1962 年	2014 年 8 月	山西省原省委常委、太原市原市委书记
5	聂春玉	1955 年	2014 年 8 月	山西省原省委常委、原秘书长
6	白恩培	1946 年	2014 年 8 月	全国人民代表大会环境与资源保护委员会原副主任委员
7	陈铁新	1955 年	2014 年 7 月	辽宁省政协原副主席
8	武长顺	1954 年	2014 年 7 月	天津市政协原副主席
9	张田欣	1955 年	2014 年 7 月	云南省原省委常委、昆明市委原书记

序号	姓名	出生年份	被查时间	原职务
10	韩先聪	1955 年	2014 年 7 月	安徽省政协原副主席、省政府原秘书长
11	谭　力	1955 年	2014 年 7 月	海南省原省委常委、原副省长
12	周永康	1942 年	2014 年 7 月	中央政治局原常委、中央政法委员会原书记
13	赵智勇	1955 年	2014 年 6 月	江西省原省委常委、省委原秘书长
14	苏　荣	1948 年	2014 年 6 月	全国政协原副主席
15	令政策	1952 年	2014 年 6 月	山西省政协原副主席
16	杜善学	1956 年	2014 年 6 月	山西省原省委常委、省委原秘书长
17	万庆良	1964 年	2014 年 6 月	广东省原省委常委、广州市委原书记
18	徐才厚	1943 年	2014 年 6 月	中央军事委员会原副主席
19	阳宝华	1947 年	2014 年 5 月	湖南省政协原党组副书记、原副主席
20	谭栖伟	1954 年	2014 年 5 月	重庆市人大常委会原副主任、党组原副书记
21	周镇宏	1957 年	2014 年 5 月	广东省原省委常委、统战部原部长
22	宋　林	1963 年	2014 年 4 月	华润集团原董事长、原全国政协委员
23	申维辰	1956 年	2014 年 4 月	中国科协原党组书记、原常务副主席
24	毛小兵	1965 年	2014 年 4 月	青海省原省委常委、西宁市原市委书记
25	沈培平	1962 年	2014 年 3 月	云南省原副省长、原党组成员、普洱市原市委书记
26	姚木根	1957 年	2014 年 3 月	江西省原副省长
27	金道铭	1953 年	2014 年 2 月	山西省原省委副书记、省人大常委会原副主任
28	祝作利	1955 年	2014 年 2 月	陕西省政协原副主席
29	冀文林	1966 年	2014 年 2 月	海南省原副省长、海口市原市委副书记
30	李崇禧	1951 年	2013 年 12 月	四川省政协原主席
31	杨　刚	1953 年	2013 年 12 月	全国政协经济委员会原副主任
32	李东生	1955 年	2013 年 12 月	公安部原副部长、原党委副书记
33	童名谦	1958 年	2013 年 12 月	湖南省政协原副主席
34	陈安众	1954 年	2013 年 12 月	江西省人大常委会原副主任、原党组成员

序号	姓名	出生年份	被查时间	原职务
35	付晓光	1952 年	2013 年 12 月	黑龙江亚布力旅游区开发指挥部原副总指挥
36	郭有明	1956 年	2013 年 11 月	湖北省原副省长
37	陈柏槐	1950 年	2013 年 11 月	湖北省政协原副主席
38	许 杰	1955 年	2013 年 11 月	国家信访局原党组成员、原副局长
39	廖少华	1960 年	2013 年 10 月	贵州省原省委常委、遵义市原市委书记
40	季建业	1957 年	2013 年 10 月	南京市原市委副书记、原市长
41	蒋洁敏	1955 年	2013 年 9 月	国资委原主任、原党委副书记
42	王永春	1960 年	2013 年 8 月	中国石油天然气集团公司原副总经理
43	李华林	1962 年	2013 年 8 月	中国石油天然气集团公司原副总经理
44	李达球	1953 年	2013 年 7 月	广西壮族自治区政协原副主席、区总工会原主席
45	王素毅	1961 年	2013 年 6 月	内蒙古自治区原党委常委、统战部原部长
46	郭永祥	1949 年	2013 年 6 月	四川省原省委常委、原副省长
47	倪发科	1954 年	2013 年 6 月	安徽省原副省长
48	刘铁男	1954 年	2013 年 5 月	国家发展和改革委员会原副主任
49	吴永文	1952 年	2013 年 1 月	湖北省人大常委会原副主任
50	衣俊卿	1958 年	2013 年 1 月	中央编译局原局长
51	李春城	1956 年	2012 年 12 月	四川省委原副书记

附件 3：367 名厅局级以上腐败官员数据分析

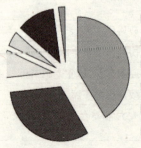

■ 担任"一把手"职务的有219人，约占总数的60%

■ 曾包养"二奶"的有172人，占总数的47%

□ 曾在政法系统任职的有44人，占总数的12%

□ 曾在中央任职的有24人，占总数的7%

■ 曾在国企任职的有63人，占总数的17%

■ 贪官中的女性有11人，占总数的3%

附件 4：周永康关系网

秘　书

郭永祥	四川省原文联主席，曾任四川省委常委，副省长
冀文林	海南省原副省长
李华林	中石油原副总经理
沈定成	中石油国际事业有限公司原党委书记
余　刚	中央政法委办公室原副主任
谈　红	公安部警卫原正师职参谋

下　属

李春城	四川省委原副书记
蒋洁敏	国资委原主任
李东生	公安部原副部长
李崇禧	四川省政协原主席
王永春	中石油原副总经理
吴永文	湖北政法委原书记、公安厅原厅长
冉新权	中石油长庆油田原总经理
梁　克	北京国安局原局长
王道富	中石油原总地质师
陶玉春	昆仑天然气利用有限公司原总经理

亲　　属

周　滨	儿子	2013年12月被带走
黄　婉	儿媳	黄婉父亲黄渝生亦失联
周元青	三弟	2013年12月被带走
周玲英	三弟媳	2013年12月被带走
周　峰	侄子	2013年12月被带走

第六章　制度守望精神家园

习总书记说官德制度生命线

1.法治与德治

制度一经形成,就要严格遵守,坚持制度面前人人平等、执行制度没有例外,坚决维护制度的严肃性和权威性,坚决纠正有令不行、有禁不止的各种行为,使制度真正成为党员、干部联系和服务群众的硬约束,使贯彻党的群众路线真正成为党员、干部的自觉行动。(习近平在党的群众路线教育实践活动工作会议上的讲话,2013年6月18日)

广大党员、干部坚定理想信念、坚守共产党人精神家园,不断夯实党员干部廉洁从政的思想道德基础,筑牢拒腐防变的思想道德防线。(习近平在中共中央政治局就我国历史上的反腐倡廉进行第五次集体学习时强调,2013年4月19日)

任何组织或者个人都必须在宪法和法律范围内活动,任何公民、社会组织和国家机关都要以宪法和法律为行为准则,依照宪法和法律行使权利或权力、履行义务或职责。要深入开展法制宣传教育,在全社会弘扬社会主义法治精神,引导全体人民遵守法律、有问题依靠法律来解决,形成守法光荣的良好氛围。

要坚持依法治国和以德治国相结合,把法治建设和道德建设紧密结合起来,把他律和自律紧密结合起来,做到法治和德治相辅相成、相互促进。(习近平在中共中央政治局第四次集体学习时讲话

强调,2013 年 2 月 25 日)

要靠制度来保障,在执法办案各个环节都设置隔离墙、通上高压线,谁违反制度就要给予最严厉的处罚,构成犯罪的要依法追究刑事责任。(习近平在中央政法工作会议上讲话强调,2014 年 1 月 7 日)

发扬钉钉子的精神,切实把工作落到实处;要坚持正确用人导向,切实引导广大干部真抓实干。(习近平在指导河北省委常委班子专题民主生活会时讲话强调,2013 年 9 月 26 日)

2. 官德与铁纪

党性是党员干部立身、立业、立言、立德的基石,必须在严格的党内生活锻炼中不断增强。要增强党内生活的政治性、原则性、战斗性,使各种方式的党内生活都有实质性内容,都能有针对性地解决问题。

强调要坚定理想信念,切实解决好世界观、人生观、价值观这个"总开关"问题;要树立正确政绩观,切实抓好打基础利长远的工作。(习近平在指导河北省委常委班子专题民主生活会时讲话强调,2013 年 9 月 26 日)

牢固树立正确的世界观、权力观、事业观,模范践行社会主义荣辱观,以理论上的坚定保证行动上的坚定,以思想上的清醒保证用权上的清醒,不断增强宗旨意识,始终保持共产党人的高尚品格和廉洁操守。(习近平在中共中央政治局就我国历史上的反腐倡廉进行第五次集体学习时强调,2013 年 4 月 19 日)

引导我国人民树立和坚持正确的历史观、民族观、国家观、文化观,增强做中国人的骨气和底气。(习近平在中共中央政治局就提高国家文化软实力研究进行第十二次集体学习时的讲话,2013 年 12 月 30 日)

保持同人民群众的血肉联系。中央政治局处在党和国家政治生活最高层,必须识民情、接地气。要把立党为公、执政为民落实到全部工作中,认真贯彻党的群众路线,坚持人民主体地位,发挥人民首创精神,着力解决好人民群众最关心最直接最现实的利益问题,不断让人民群众得到实实在在的利益,充分调动人民群众的积极性、主动性、创造性。

发挥模范带头作用。中央政治局的同志必须有天下为公的宽阔胸襟,摒弃任何私心杂念,把为全中国人民谋利益作为自己唯一的追求,为党的事业和人民利益鞠躬尽瘁。(习近平主持召开中共中央政治局专门会议并讲话,2013年6月25日)

3. 少应酬,多充电

要组织党员、干部把焦裕禄精神作为一面镜子,从里到外、从上到下反复照一照自己,深入查摆自己在思想境界、素质能力、作风形象等方面存在的问题和不足,努力向焦裕禄同志看齐。

下决心减少应酬,保持健康的工作方式和生活方式,多学习充电、消化政策,多下基层调查研究、掌握第一手情况,多系统思考和解决存在的突出问题,自觉远离那些庸俗的东西。

实实在在做人做事,做到严以修身、严以用权、严以律己,谋事要实、创业要实、做人要实,堂堂正正、光明磊落,敢于担当责任,勇于直面矛盾,善于解决问题,不搞"假大空"。(习近平在河南省兰考县调研指导党的群众路线教育实践活动时强调,要求党员干部把焦裕禄精神作为一面镜子,2014年3月19日)

4. 核心价值观

要切实把社会主义核心价值观贯穿于社会生活方方面面。要通过教育引导、舆论宣传、文化熏陶、实践养成、制度保障等,使社会主义核心价值观内化为人们的精神追求,外化为人们的自觉行动。

使核心价值观的影响像空气一样无所不在、无时不有。

要按照社会主义核心价值观的基本要求,健全各行各业规章制度,完善市民公约、乡规民约、学生守则等行为准则,使社会主义核心价值观成为人们日常工作生活的基本遵循。

要发挥政策导向作用,使经济、政治、文化、社会等方方面面政策都有利于社会主义核心价值观的培育。要用法律来推动核心价值观建设。(习近平在中共中央政治局就培育和弘扬社会主义核心价值观、弘扬中华传统美德进行第十三次集体学习时强调,2014 年 2 月 24 日)

5. 树公平正义

党的十八大明确提出,公平正义是中国特色社会主义的内在要求;要在全体人民共同奋斗、经济社会发展的基础上,加紧建设对保障社会公平正义具有重大作用的制度,逐步建立以权利公平、机会公平、规则公平为主要内容的社会公平保障体系。

我国现阶段存在的有违公平正义的现象,许多是发展中的问题,是能够通过不断发展,通过制度安排、法律规范、政策支持加以解决的。我们必须紧紧抓住经济建设这个中心,推动经济持续健康发展,进一步把"蛋糕"做大,为保障社会公平正义奠定更加坚实的物质基础。

不论处在什么发展水平上,制度都是社会公平正义的重要保证。我们要通过创新制度安排,努力克服人为因素造成的有违公平正义的现象,保证人民平等参与、平等发展权利。

对由于制度安排不健全造成的有违公平正义的问题要抓紧解决,使我们的制度安排更好体现社会主义公平正义原则,更加有利于实现好、维护好、发展好最广大人民根本利益。(习近平:切实把思想统一到党的十八届三中全会精神上来,2013 年 12 月 31 日)

一、用制度扶起跌倒的官德

党的十八届三中全会决定："全面深化改革的总目标是完善和发展中国特色社会主义制度,推进国家治理体系和治理能力现代化。"全面推进国家治理体系和治理能力现代化的实践点就是实现制度现代化,在各方面形成一整套更加成熟、更加定型的制度,这是实现社会主义现代化的必然要求、应有之义。

共产党人在建党过程中,从制定三大纪律八项注意开始就十分注重要建立制度化的品格,尤其对共产党员干部,制度品格的行为修养,是共产党的一贯要求和制度建设的重心所在。毛泽东说,党的建设是一项伟大工程。如何完成这项伟大的工程? 除了通过教育、宣传等方法,还需要运用制度建设。

何谓"官风"? 一人之德行,为"德";一众之德行,则蔚然成"风"。良好的官风,有赖官德的大环境。如果官风不正,浊浪阵阵,官德的堤防就可能被摧垮。

现实的政界腐败歪风表现不下 25 种,如下例:

①有的人高居"庙堂",饱食终日,无所作为,留下的是一片苍白;

②有的人急功近利,弄虚作假,沽名钓誉,留下的是作秀形象;

③有的人乐于显摆,大上项目,竭泽而渔,留下的是累累烂债;

④有的人把持权柄,一手遮天,编织圈子,留下的是江湖习气;

⑤有的人以权谋私,假公济私,疯狂敛财,留下的是百姓不齿。

相伴的是八类组织涣散纪律松弛现象:

①天马行空、我行我素、不请示不报告;

②先斩后奏、边斩边奏,甚至斩而不奏,变着法子绕开组织;

③挑肥拣瘦、个人主义至上,跟组织讨价还价;

④各自为政搞"小圈子",把公管领域当成"私人领地";

⑤只对领导"老大"个人负责,不对组织负责;

⑥独断专行"家长制",个人凌驾组织之上;

⑦"一言堂"让民主生活会变了味;

⑧表扬和自我表扬多,批评与自我批评少。

这些无疑都是道德的"摔跤",折射出官德的"制度保障"成为了稻草人。尤其是在某些地方,一直呈上升态势的虚假浮夸和形式主义,更是一种完全倒地的"官德"。

官风不正,官员也难逃其"染",个人的道德信念硬要抗住雷霆万钧的重压,做到坚不可摧,纵然合乎法理,却难能自立。而一旦被不正的官风"破了堤",整个灵魂就被牢牢套住。于是,弄虚作假开了头,阳奉阴违跟着发病;取媚于上司有了一次"尝试",溜须拍马便入轨道,再也不会拿制度当回事,官德滑坡已无法自制。

个人的道德修炼,无疑极为重要,每个官员都官德高尚,坚定信仰,清正廉洁,官风就气正神爽。不正的官风借助于体制中的弊端,就使道德无法与之抗衡。因此,必须要看到它的严重性、危害性。修炼道德,整治官风,完善制度,即成为树德之举。

习近平同志多次指出:"要推进法治政府建设,坚持用制度管权管事管人,完善政务公开制度,做到有权必有责、用权受监督、违法要追究。"针对党内出现的各种作风和腐败问题,习近平又明确指出:"下一步,关键是要抓住制度建设这个重点,以完善公务接待、财务预算和审计、考核问责、监督保障等制度为抓手,努力建立健全立体式、全方位的制度体系,以刚性的制度约束、严格的制度执行、强有力的监督检查、严厉的惩戒机制,切实遏制公款消费中的各种违规违纪违法现象。"习近平的论述突出了以制度实现党的作风建设常态化的伟大意义,通过制度建设确立制度的刚性约束力,培养执政者的制度品格,这是党在制度建设上的一个重要目标和使命。习近平同志还强调:"制度一经形成,就要严格遵守,坚持制度面前人人平等、执行制度没有例外,坚决维护制度的严肃性和权威性,坚决纠正有令不行、有禁不止的各种行为,使制度真正成为党员、干部联系和服务群众的硬约束。"

用制度守望共产党人的精神家园,用制度确立共产党人的政治品格,已势在必行。这就是摆在今天共产党人面前的又一个伟岸使命。

1. 树焦裕禄制度品格

运用制度树立起党员、干部和全体人民的精神形象,这是在制度建设上一个重要内容和追求目标。学习好榜样县委书记焦裕禄,五十年来已形成了一整套的制度规定。正如习近平同志指出:"理想信念就是共产党人精神上的'钙',没有理想信念,理想信念不坚定,精神上就会'缺钙',就会得'软骨病'。"学习焦裕禄精神,树立焦裕禄为全党的形象楷模,就如同弘扬井冈山精神、延安精神、雷锋精神和革命传统的伟大精神一样,过去是、现在是、将来仍然是我们党的宝贵精神财富。

在开展一年多来的群众路线教育活动中,确立了弘扬焦裕禄精神的三个方面:

(1)学焦裕禄,树精神标杆

在任的官员应当确立一个为政的楷模标杆,把焦裕禄精神作为一面镜子,对照和监视自己的执政行为,指引自己的从政步履。习近平同志指出,焦裕禄"心中装着全体人民、唯独没有他自己"的公仆情怀,凡事探求就里、"吃别人嚼过的馍没味道"的求实作风,"敢教日月换新天"、"革命者要在困难面前逞英雄"的奋斗精神,艰苦朴素、廉洁奉公,"任何时候都不搞特殊化"的道德情操,这四者构成一个有机整体,贯穿一条制度红线,就是真心实意为人民服务,彻彻底底为党的事业奋斗。作为一种制度品格,他凝聚了一种巨大的力量,具有时代价值和影响力,他过去是、现在是、将来仍然是一种伟大的精神标杆。

(2)学焦裕禄,树理想信念

焦裕禄所坚守的共产党人的理想信念,焦裕禄忠实践行党的根本宗旨,焦裕禄终生秉持的思想路线,焦裕禄模范遵守党的群众路线和党的政治纪律、组织纪律、生活纪律,这些都构成共产党人的价值导向,共产党人为政的价值追求。

毛泽东同志曾多次号召全党向县委书记的好榜样焦裕禄同志学习。50多年过去焦裕禄的形象依然光彩夺目。焦裕禄全心全意为人民服务,不为名、不为利,不怕苦、不怕死,忠心耿耿、无怨无悔,彰显了他"心中装着全体人民、唯独没有自己"的公仆精神,体现了我们党全心全意为人民服务的根本宗旨,焦裕禄常说,"共产党员应该在群众最困难的时候,出现在群众的面前;在群众最需要帮助的时候,去关心群众、帮助群众。"焦裕禄的胸怀就是一心为人民、一心为革命,把自己的生命融入共产主义事业的理想信念之中,把自己的行为融入人民群众的需要之中,在他的骨子里牢固树立起为衣食父母、为人民而奋斗不息的世界观、价值观、人生观。他与他的整个生命是与党的事业、与老百姓情相依、心相惜、共命运,用焦裕禄精神树立共产党人的理想信念就是固本培元,用焦裕禄这把尺子衡量每个党员干部的理想信念,用焦裕禄这面镜子照照每个人的心灵世界,从外及里真正树立起心里装着群众、凡事想着群众、工作依靠群众、一切为了群众,真诚服务群众、真正成为群众的执行官、贴心官,这样的精神理想,就是真正交出了无愧于时代、无愧于历史、无愧于人民的理想答卷。

（3）学习焦裕禄,树制度品格

焦裕禄作为县委书记的榜样、全党的榜样,他所确立的制度品格也是共产党人应该树立和遵循的制度准则。以公仆情怀、求实作风、奋斗精神、道德情操,树立了焦裕禄的精神标杆,响应他所留给共产党人的不畏艰险、敢于攻坚的实干精神,心中装着全体人民没有自己的廉洁风格,以及对家庭子女的严格管理和给兰考干部订立的十不准,都已构成焦裕禄的制度风范,可以称作焦裕禄的制度品格。

大兴实干之风,是焦裕禄的为官标准。他用制度规定了以下原则:共产党干部在任一方,为人民作出杰出贡献,就是要敢于攻坚克难,废寝忘食。他在兰考的 475 天里,先后深入 120 个生产队走访调研,把 1800 平方公里土地上的自然生态摸透、摸熟,找出治沙、治害的良策,用生命凝聚了实事求是的制度品格,实干创业的人品典范。

他为全县规定的谋事实、创业实、做人实的"三实"规定,就是突破习惯思维,创新发展路径,用务实的举措促发展,用创新的方法干事业,这既遵循客观规律,坚持大干苦干,又坚持放下架子、扑下身子,深入困难最大、问题最多、发展最难的地区找症结、挖病根,终于找出了种植泡桐治理水、沙、碱三害,使兰考走上发展新路。这种实干精神,已成为共产党人的制度遵循。

焦裕禄艰苦朴素、廉洁奉公的精神已是全党的一面镜子。习近平同志指出,把焦裕禄精神作为一面镜子,从里到外、从上到下反复照一照自己,深入查摆自己在思想境界、素质能力、作风形象等方面存在的问题和不足,努力向焦裕禄同志看齐,从今天做起、从眼前做起、从小事做起,像焦裕禄同志那样对待群众、对待组织、对待事业、对待同志、对待亲属、对待自己,像焦裕禄同志那样生命不息、奋斗不止,努力做焦裕禄同志那样的好党员、好干部。因此,五十年来,兰考大地和许多县市都以焦裕禄艰苦朴素、廉洁奉公的品质为准绳,制定出若干可供执行的规则。

焦裕禄的实实在在做人做事,堂堂正正、光明磊落为官,敢于担当、勇往直前攻坚克难,拒绝腐蚀诱惑,做到慎独慎微、防微杜渐的品格,也孕育着一代代焦裕禄式的好官在中华大地涌现。焦裕禄的不准看白戏、"十不准"规定都作为制度之源传播到中国大地的每一个角落。

为此中央专门做出"弘扬焦裕禄精神,践行'三严三实'的规定",要求从长远着眼立说立行,建立健全相关制度,持之以恒抓好执行,推动学习焦裕禄精神,践行"三严三实"制度化、长效化。

树立焦裕禄的制度品格,是从政者的一个崭新课题。学焦裕禄,从进入焦裕禄的精神坐标,到运用制度升华人生的阶梯,这是一个巨大的价值观飞跃。学习焦裕禄五十年的实践,已经形成了一个崇高的制度坐标,矗立在为官者的执政之路上。

附件 1：品格之镜，制度标杆

24 年追忆	党中央学习焦裕禄 6 个规定	照镜子严六查
《念奴娇·追思焦裕禄》 魂飞万里， 盼归来， 此山此水此地。 百姓谁不爱好官？ 把泪蕉桐成雨。 生也沙丘， 死也沙丘， 父老生死系。 暮雪朝霜， 毋改英雄意气！ 依然月明如昔， 思君夜夜， 肝胆长如洗。 路漫漫其修远矣， 两袖清风来去。 为官一任， 造福一方， 遂了平生意。 绿我涓滴， 会它千顷澄碧。	1. 在深化认识中触动思想灵魂	1. 查修身严不严，看是否做到加强党性修养，坚定理想信念，提升道德境界，追求高尚情操，自觉远离低级趣味，自觉抵制歪风邪气
	2. 基层党组织要采取灵活多样的方式开展学习讨论	2. 查用权严不严，看是否做到坚持用权为民，按规则、按制度行使权力，把权力关进制度的笼子里，任何时候都不搞特权、不以权谋私
	3. 要以焦裕禄等先辈为镜，紧紧围绕"三严三实"的要求，对照检查思想、素质能力和作风形象等方面存在的不足，找准"四风"方面的突出问题，认真开展批评和自我批评	3. 查律己严不严，看是否做到心存敬畏、手握戒尺，慎独慎微、勤于自省，遵守党纪国法，为政清廉
	4. 要坚持思想上严起来、整改上严起来、从现在改起、从具体实践改起，立说立行、即知即改	4. 查谋事实不实，看是否做到从实际出发谋划事业和工作，使点子、政策、方案符合实际情况、符合客观规律、符合科学精神，不好高骛远，不脱离实际
	5. 建立健全相关制度，持之以恒抓好执行，推动学习弘扬焦裕禄精神、践行"三严三实"要求长效化	5. 查创业实不实，看是否做到脚踏实地、真抓实干，敢于担当责任，勇于直面矛盾，善于解决问题，努力创造经得起实践、人民、历史检验的实绩
	6. 要推动整改措施和规章制度在基层落地生根。第一批活动单位对第二批活动中发现的问题要主动认领，自己改、积极改、联动改	6. 查做人实不实，看是否做到对党、对组织、对人民、对同志忠诚老实，做老实人、说老实话、干老实事，襟怀坦白、公道正派，带头做焦裕禄式的好党员、好干部

附件2：习总书记论焦裕禄精神

焦裕禄精神	1."心中装着全体人民、唯独没有他自己"的公仆情怀
	2.凡事探求就里、"吃别人嚼过的馍没味道"的求实作风
	3."敢教日月换新天"、"革命者要在困难面前逞英雄"的奋斗精神
	4.艰苦朴素、廉洁奉公、"任何时候都不搞特殊化"的道德情操
习近平论焦裕禄精神	焦裕禄精神同井冈山精神、延安精神、雷锋精神等革命传统和伟大精神一样，过去是、现在是、将来仍然是我们党的宝贵精神财富，我们要永远向他学习
	理想信念就是共产党人精神上的"钙"，没有理想信念，理想信念不坚定，精神上就会"缺钙"，就会得"软骨病"

2. 立"三严三实"廉政之本

弘扬焦裕禄精神，践行"三严三实"，已成为群众路线教育活动的重要内容。为此，中央专门印发了《关于在教育实践活动中，学习弘扬焦裕禄精神，践行"三严三实"要求的通知》。《通知》中指出：学习弘扬焦裕禄精神，践行"三严三实"要求，与解决"四风"突出问题是有机统一的整体，是提高广大党员干部政治思想觉悟和作风品格的有力抓手和实践载体。明确规定，各级领导班子和领导干部要密切联系"三严三实"的要求，集中学习研讨，走进基层，面对面听取群众意见，在深化认识中，触动思想灵魂。在建章立制中坚持思想上严起来、整改上严起来、正风肃纪上严起来，既立足当前从自身改起、从现在改起、从具体事改起，立说立行、即知即改。同时又要放眼长远，建立健全相关制度，持之以恒抓好执行，把践行"三严三实"制度化、长效化。

（1）"三严三实"

①严以修身。就是要加强党性修养，坚定理想信念，提升道德境界，追求高尚情操，自觉远离低级趣味，自觉抵制歪风邪气。

②严以用权。就是要坚持用权为民，按规则、按制度行使权力，把权力关进制度的笼子里，任何时候都不搞特权、不以权谋私。

③严以律己。就是要心存敬畏、手握戒尺，慎独慎微、勤于自省，遵守党纪国法，做到为政清廉。

④谋事要实。就是要从实际出发，谋划事业和工作，政策、方案符合实际情况，符合客观规律，符合科学精神，不好高骛远，不脱离实际。

⑤创业要实。就是要脚踏实地、真抓实干，敢于担当责任，用于直面矛盾，努力创造经得起实践、人民、历史检验的事绩。

⑥做人要实。就是要对党、对组织、对人民、对同志忠诚老实，做老实人、说老实话、干老实事，襟怀坦白，公道正派。

"三严三实"是新时期加强党的思想作风建设的行动指南，是打造高素质执政队伍的内在要求，是推进改革发展稳定的重要保障。作为各地所形成的长效机制，设立的制度规范都是使"三严三实"成为从"严"字上要求、从"实"处着力的规范。最重要的是，用制度确立"三严三实"，规范的标准就具有了制度的刚性。只有"严"字当头，从严要求，立规矩定底线，才能使其成为正性修身的做官准则，干事创业的行动规范。

（2）让制度成为高压线

为确保"三严三实"成为重要的制度抓手，各地完善和创新了相配套的制度法规，以完善干部教育管理制度为前提，把"三严三实"纳入经常性的教育体系，筑牢"三严三实"的思想、制度基础。

各级领导班子和领导干部要把"三严三实"作为立身、立行、立言、立德坐标，带头学深悟透，对照差距，笃行实干。

要严查修身严不严，看是否做到加强党性修养，坚定理想信念，提升道德境界，追求高尚境界，自觉抵制低级趣味，自觉抵制歪风邪气。

查用权严不严，看是否做到坚持用权为民，按规则、按制度行使权力，把权力关进制度的笼子里，在任何时候都不搞特权、不以权谋私。

查律己严不严，看是否做到心存敬畏，手握戒尺，慎独慎微，勤于自省,遵守党纪国法,为政清廉。

查谋事实不实,看是否做到从实际出发谋划事业和工作,使点子、政策、方案符合实际,符合客观规律,符合科学精神,不好高骛远,不脱离实际。

查创业实不实,看是否做到脚踏实地、真抓实干,敢于担当责任,勇于直面矛盾,善于解决问题,努力创造禁得起实践、人民、历史检验的实绩。

查做人实不实,看是否做到对党、对组织、对人民、对同志忠诚老实,做老实人、说老实话、干老实事,襟怀坦白,公道正派,带头做焦裕禄式的好党员、好干部。

在实践活动中,坚持高标准、严要求、严规格,严格按照规则安排步步推进,严格按照规定督促、监察,将"三严三实"规定为立德之本、立政之魂,运用制度安排转化"三严三实"为治理体系的执政功能,这不能不说是制度创新上的一个范例。

以完善考核评价和选拔任用制度为重心,把"三严三实"定为考核评价的制度规定,使"三严三实"成为选人、用人的重要标准。

以完善权力运行监督制约机制为关键环节,大力推进政府权力清单制度建设,织牢制度的笼子,把权力关进制度的笼子里。

以完善改进作风常态化为抓手,健全领导干部的调研、联系群众制度,让贯彻"三严三实"有制度安排,以奋发有为的进取姿态、以深入改革发展的成果,创新制度建设成就。

运用制度保障组织纪律的执行,首先要从四个意识着手。

①运用制度强化恪守组织纪律的自觉意识。按照制度安排,每个党员干部都毫无例外地要把自己置于党的组织之下,正确处理个人和组织的关系,要相信组织、依靠组织、服从组织、自觉接受组织安排和纪律约束、自觉维护组织的统一。

②运用制度维护组织纪律的权威性意识。按照制度安排,强化党员干部的维护组织、纪律、权威性的思想意识。党的正确处理各类各项关系的基本准则就是个人服从组织、少数服从多数、下级组织服从上级组织、全党服从中央。只有严格执行"三个服从"的制度规定,才能自觉维护中

央权威,做到有令必行、有禁必止。

③运用制度强化遵守组织纪律的责任意识。保持遵守组织纪律的一贯性,能够增强遵守组织纪律的自觉性,严格遵守党纪国法,按照制度安排,对上负责、对下负责、对己负责,做到制度自律和纪律的统一,使党员干部清晰认识到遵守组织纪律就是自己的政治责任、终身责任,决不能越出制度范畴,自觉在制度保障下约束行为、约束权力。

④运用制度强化执行组织纪律的底线意识。增强执行组织纪律的严肃性,党的纪律是铁的纪律,是碰不得的带电的高压线,党员干部要自觉做遵守纪律的表率,八小时内外都一样严守纪律,心存敬畏,守住底线,不踩黄线、不越红线,真正成为遵守制度、遵守纪律的模范。

附件1:三严三实

三严	1. 严以修身:就是要加强党性修养,坚定理想信念,提升道德境界,追求高尚情操,自觉远离低级趣味,自觉抵制歪风邪气。	习近平:1. 理想信念是共产党人精神之"钙"。 2. 讲党性是党员干部立身、立业、立言、立德的基石。 3. 一个民族、一个人能不能把握自己,很大程度上取决于道德价值。
	2. 严以用权:就是要坚持用权为民,按规则、按制度行使权力,把权力关进制度的笼子里,任何时候都不搞特权、不以权谋私。	
	3. 严以律己:就是要心存敬畏、手握戒尺,慎独慎微、勤于自省,遵守党纪国法,做到为政清廉。	
三实	1. 谋事要实:就是要从实际出发谋划事业和工作,使点子、政策、方案符合实际情况、符合客观规律、符合科学精神,不好高骛远,不脱离实际。	习近平说:1. 对一切腐蚀诱惑保持高度警惕,慎独慎初慎微,防微杜渐。 2. 各级领导干部要提高运用法治思维和法治方式深化改革、推动发展、化解矛盾、维护稳定的能力。 3. 坚持原则、敢于担当是党的干部必须具备的基本素质。
	2. 创业要实:就是要脚踏实地、真抓实干,敢于担当责任,用于直面矛盾,善于解决问题,努力创造经得起实践、人民、历史检验的实绩。	
	3. 做人要实:就是要对党、对组织、对人民、对同志忠诚老实,做老实人、说老实话、干老实事,襟怀坦白,公道正派。	

（3）坚持"四个从严"

①从严执行有关中央决策的制度安排。习近平同志指出，在指导思想和路线方针政策以及关系全局的重大问题上，全党必须在思想上、政治上、行动上同党中央保持高度一致，制度明确规定，凡属中央决策部署，各级党组织尤其是领导干部要树立大局观念和全局意识，正确处理中央政令畅通和创造性开展工作的相互关系，使执行中央部署和决策方面有严格的制度保障。

②从严执行党的民主集中制。执行党的民主集中制，在多个层面都体现为制度安排、纪律服从。民主集中制是党内的组织生活制度，以及党的各项组织制度的总体布局。正确处理民主与集中的关系，对于集中众家智慧实行科学决策、民主决策，杜绝"家长制"和"一言堂"是重要的手段。只有严格遵守和执行党的民主集中制制度，才能保持严肃而和谐的党群关系，增强党员干部的工作活力。

③从严执行单位制度规定。要切实加强组织管理，引导党员、干部正确对待组织的问题，言行一致、表里如一，讲真话、讲实话、讲心里话，接受党组织的教育和监督。党的组织原则和党内政治生活准则，组织生活制度，个人报告制度，都是党内的制度规定，在执行中做到纪律面前人人平等，执行纪律没有例外。

④从严执行组织纪律。习近平同志指出："要切实执行组织纪律，不能搞特殊、有例外，各级党组织要敢抓敢管，使纪律真正成为带电的高压线。"党员干部严格遵守党章和党内法规制度，党组织对违反纪律行为要敢于批评、严肃处理，切实加强组织管理，抓好组织建设，维护组织纪律的严肃性，这是我党六十年来形成的一套完整的组织纪律体系，并有保障执行的切实的制度体系安排，从严对党员干部的状况进行监督、监察。对违反组织纪律的行为发现一起查处一起，绝不迁就姑息。

3. 系核心价值强国之魂

（1）以制度确定核心价值标尺

党的十八大提出的三个倡导，即：倡导富强、民主、文明、和谐，倡导自由、平等、公正、法治,倡导爱国、敬业、诚信、友善,培育和践行社会主义核心价值观。价值观的论述以及中共中央办公厅印发的"关于培育和践行社会主义核心价值观的意见",对总体意义、内容、方法、要求都做了具体的制度安排,反映现阶段全国人民价值认同的最大公约数,是社会主义核心价值观的基本内容,它体现了我们党的文化自觉与自信,适应了时代进步和社会发展的需要,与中国特色社会主义发展要求相结合,与中华民族的优秀传统和人类文明的优秀成果相契合,它是现阶段价值取向的最高体现,是从政者在制度品格建设上的一个重要目标和追求。

倡导富强、民主、文明、和谐,体现了中国走向现代化的价值目标,是实现两个一百年的奋斗目标,实现中华民族伟大复兴中国梦的体现,倡导自由、平等、公正、法治,体现了以人为本、执政为民,依法治国的先进导向是社会进步文明的价值取向。倡导爱国、敬业、诚信、友善,体现了中华民族传统美德的历史渊源以及与社会主义道德价值的契合统一,构成为人民群众的基本道德规范。价值观体现在领导干部的身体力行上,就构成鲜明的义利观和执法者的"六观"素质。

关于核心价值观的制度建设,习近平同志指出:"要切实把社会主义核心价值观贯穿于社会生活方方面面。要通过教育引导、舆论宣传、文化熏陶、实践养成、制度保障等,使社会主义核心价值观内化为人们的精神追求,外化为人们的自觉行动。"运用制度保障深化核心价值体系建设,使核心价值观的生命力、凝聚力、感召力大大提升。

在践行社会主义核心价值观活动中,习近平同志发表了两个重要的讲话:2014年5月4日在北京大学发表演讲:《青年要自觉践行社会主义核心价值观》;2014年5月30日在北京市海淀区民族小学发表演讲:《从小积极培育和践行社会主义核心价值观》。

习近平同志说:"富强、民主、文明、和谐是国家层面的价值要求,自由、平等、公正、法治是社会层面的价值要求,爱国、敬业、诚信、友善是公民层面的价值要求。"

每个时代都有每个时代的精神,每个时代都有每个时代的价值观念。一个民族、一个国家的核心价值观必须同这个民族、这个国家的历史文化相契合,同这个民族、这个国家的人民正在进行的奋斗相结合,同这个民族、这个国家需要解决的时代问题相适应。

全国各族人民共同认同的价值观,就关系到国家前途命运,关乎人民幸福安康。关系到要建设什么样的国家、建设什么样的社会、培育什么样的公民的重大问题。

中华文明绵延数千年,有其独特的价值体系,我们提倡和弘扬社会主义核心价值观,必须从中汲取丰富营养,否则就不会有生命力和影响力。要在全社会牢固树立社会主义核心价值观,全体人民一起努力,通过持之以恒的奋斗,把我们的国家建设得更加富强、更加民主、更加文明、更加和谐、更加美丽,让中华民族以更加自信、更加自强的姿态屹立于世界民族之林。

他语重心长地对大学生们说:"我们提出要倡导富强、民主、文明、和谐,倡导自由、平等、公正、法治,倡导爱国、敬业、诚信、友善,积极培育和践行社会主义核心价值观。""我们提出的社会主义核心价值观,把涉及国家、社会、公民的价值要求融为一体,既体现了社会主义本质要求,继承了中华优秀传统文化,也吸收了世界文明有益成果,体现了时代精神。"

社会主义核心价值观,传承着中国优秀传统文化的基因,寄托着中国人民上下求索、历经千辛万苦确立的思想和信念,也承载着我们每个人的美好愿景。

建设富强、民主、文明、和谐的社会主义现代化国家,实现中华民族伟大复兴是鸦片战争以来中国人民最伟大的梦想,是中华民族的最高利益和根本利益。今天我们13亿多人的一切奋斗归根到底都是为了实现这一伟大目标。人类社会发展的历史表明,对一个民族、一个国家来说,最持久、最深层的力量是全社会认同的核心价值观,核心价值观承载着一个民族、一个国家的精神追求,体现着一个社会评判是非曲直的价值标准。"建设富强民主文明和谐的社会主义现代化国家,是我们的目标,也是我们的责任,是我们对中华民族的责任,对前人的责任,对后人的责任。我们要保持战略定力和坚定信念,坚定不移走自己的路,朝着自己的目标前进。"

习近平同志对广大青年学生提出树立和培育核心价值观,要在勤学、修德、明辨、务实上下功夫。

勤学是前提。只有下得真功夫,求得真学问,才能真正将社会主义核心价值观内化于心、外化于行。

修德是基础。只有注重品德修养和道德实践,既立意高远,又立足平时,既修好公德,又修好私德,才能真正担当起历史赋予的重任。

明辨是保障。只有善于明辨是非,善于决断选择,才能正确把握青春奋斗与奉献的航向。

务实是关键。只有扎扎实实干事、踏踏实实做人,一步一个脚印往前走,才能在时代大潮中建功立业,成就宝贵人生。习近平强调,青年的价值取向决定了未来整个社会的价值取向,而青年又处在价值观形成和确立的时期,抓好这一时期的价值观养成十分重要。这就像穿衣服扣扣子一样,如果第一粒扣子扣错了,剩余的扣子都会扣错。人生的扣子从一开始就要扣好。核心价值观的养成绝非一日之功,要坚持由易到难、由近及远,努力把核心价值观的要求变成日常的行为准则,进而形成自觉奉行的信念理念。

广大青年下得苦功夫、求得真学问,加强道德修养、注重道德实践,善于明辨是非、善于决断选择,扎扎实实干事、踏踏实实做人,立志报效祖国、服务人民,于实处用力,从知行合一上下功夫。

这既是对培育和践行社会主义核心价值观的基本要求,又是实现核心价值观的重要途径和有效方法。在国家若干制度规范所确立的品格道德和价值取向中,都贯穿了立言、立德、立行、立身的从政规则和做人的道德规范。

用制度树立世界观、人生观、价值观这个总开关。教育引导广大党员干部把践行中国特色社会主义的共同理想和坚定共产主义远大理想统一起来,做到虔诚而执著,自信而深情,有了坚定的理想信念,视野就宽广,立意就高远,就能坚持正确的政治方向,在困难和逆境时不消沉、不动摇,经受住各种困难和考验,自觉抵御各种腐朽思想侵蚀,永葆共产党人的政治本色。

(2)制度立德树人,培育核心价值观

品格道德即立德、立行、立身。德可为师,行可为范。

①在社会主义各项建设中,已经开始将核心价值观融入经济、政治、文化、社会、生态文明建设和党的制度建设的各个方面,已形成有利于培养和践行社会主义核心价值观的体制机制。

②在法治中国建设进程中,以及司法制度改革中,全社会形成尊重宪法、法律权威,严格执法、公正执法、全民守法的良好氛围,并将之融入社会主义核心价值观的内容。

③在诚信制度建设上,用诚信制度强化诚信概念,惩治失信行为,让社会民众在制度阳光下感受社会主义核心价值观的温暖。

④在优化制度环境上,建立健全制度保障机制,利用制度的力量扬善惩恶,向社会传递清晰的价值导向,推进社会主义核心价值观的制度化、规范化,把社会主义核心价值观的思想实质和行为规范融入市民公约、乡规民约、学生守则和生活规范中去,成为整个社会行为准则的根本遵循标准。

⑤在国家文化教育系统中,为了引导青少年自觉培育和践行社会主义核心价值观,涉及教育工作的各个环节、各个方面都充分发挥制度安排的优势,改善教育治理环境,从教学体系、课堂课本到社会活动都将核心价值观细化为青少年的核心素养体系和学业质量标准。由书籍引入导学方向,循序渐进的课程体系和教育体系,把党的教育方针和社会主义核心价值观融汇于课堂教学、校园文化和社会实践的多位一体中去,真正从知行合一上下功夫,将核心价值体系内化为人的精神追求,外化为青少年的自觉行动。

同时,在办学章程建设、学校规章制度实施力度以及宣传的图书、文化等层面,都正在形成良好的制度环境。从少年、儿童起步,做好青少年人生观成长的培养,整个社会自觉践行的核心价值体系,将逐渐成为自觉奉行的日常准则和信念理念。

附件 1：核心价值观

三个倡导	习近平说核心价值观
1.倡导富强、民主、文明、和谐	1.核心价值观是文化软实力的灵魂、文化软实力建设的重点。这是决定文化性质和方向的最深层次要素。一个国家的文化软实力，从根本上说，取决于其核心价值观的生命力、凝聚力、感召力。
2.倡导自由、平等、公正、法治	2.要润物细无声，运用各类文化形式，生动具体地表现社会主义核心价值观，用高质量高水平的作品形象地告诉人们什么是真善美，什么是假恶丑，什么是值得肯定和赞扬的，什么是必须反对和否定的。
3.倡导爱国、敬业、诚信、友善	3.要切实把社会主义核心价值观贯穿于社会生活方方面面。要通过教育引导、舆论宣传、文化熏陶、实践养成、制度保障等，使社会主义核心价值观内化为人们的精神追求，外化为人们的自觉行动。

二、用制度建造道德诚信之笼

1.当前面临着义利观的制度取向

当代社会市场经济发展高歌猛进，社会财富不断积累，每个人都有对利益追求的正当权益，所谓君子爱财取之有道，这个道就是义的成分，就是应得份额的正当权益。但为了不正当的追求，把利益和金钱放到首要地位，为利益而牺牲原则，突破底线，不仅法不可容，而且从根本上突破了道德所允准的义利观底线。在革命征途上，有许多在义利观面前挺身而出的英豪留给了人们可歌可泣的事迹，如新四军军长叶挺，皖南事变发生后不幸被俘，国民党当局为了拉拢他，让他出任第三战区副司令长官，坐拥数十万大军，并有极大的利益可取。但面对诱惑，叶挺淡然拒绝，宁为阶下囚，表现了威武不屈、富贵不淫的豪迈气概。

不少共产党人以"苟利国家生死以"的豪气，一生奉行计利当计天下利，求名应求万世名的胸襟，为后人树立起永恒的丰碑。

制度运行需要新的基础，需要树立正确义利观的护卫，才能摈私利、为公利,去私权、谋公权,使权力回归本质。

道德价值对每一位公民的责任感和担当精神都做出了明确的要求和践行标准,从一点一滴开始,人人都能运用道德的光芒让社会充满向上力量,这是道德建设中的制度支撑和保障。对普通人讲守望相助、诚实可贵,在每个人的道德领域勾勒出一幅生动感人的道德地图,普通人的道德担当就是最大的社会资源。桥的价值在于承载,人的价值在于担当,担当就是指责任的担当,担当的背后往往要付出巨大的代价,甚至意味着生命的代价,对任何现代公民,恪守道德底线,抱有基本社会责任感,已是最起码的生命准则。

而在现实中暴露的精神贫瘠道德荒漠化的现象,令人十分震撼。

如严重的冷漠症,事不关己高高挂起;如围观心态的氛围,凡事看热闹,观望而不参与,明哲保身能不出头就不出,时刻权衡利弊得失,只求个人利益最大化,而忽略了社会责任的担当,这些道德领域底线的屡屡失守,为社会的道德危机提供了源头。

国无德不兴,人无德不立,国家缺乏道德力量的支撑,再快的发展也缺少灵魂。一个国家的前途不取决于国库的殷实,公共设施之华丽,而在于他的公民品格之高下,如习近平同志反复强调的那样:"从思想道德抓起,从社会风气抓起,从每一个人抓起。"这是进一步从治理规范道德的含义,为社会的道德价值观提供了基本遵循。从这个意义上讲,道德的星空应该放射的是道德光芒,播撒的是道德种子,给社会带来的是光明和向上的动力。康德有句名言:"位我上者,灿烂星空,道德律令,在我心中。"哲学家的思维定式在于灿烂星空的道德律令。用我们今天的话说,就是道德价值应建立在制度规范之上,心中有了道德的制度规范,必然会结出"道德律令"的硕果,肩负起应当承载的道德社会责任。

2. 公务诚信是政府的制度责任

人无诚信不立,国无诚信不强。公务诚信关系民心得失、政权存续。以公务诚信引领社会诚信,这是在国家治理体系和治理能力现代化中的重要制度建设目标。

　　公务诚信即政府诚信，这是第一诚信，是整个社会信用大厦的顶梁柱，是社会诚信的标杆。国家政府为社会提供公共服务，维护社会秩序，推动社会的诚信建设，本质上就是奠基社会体系的基石。

　　公务诚信也承载着维护社会诚信的职责。政府领导及公务人员率先将诚信作为制度品格，作为政府的第一制度责任，贯穿于社会管理、公共服务之中，这是建设诚信政府、法治政府的基本条件。在法治体系建设中，法治国家勾画了一个整体性、纲领性的目标，法治政府则是法治国家框架下的最重要的主体，而法治社会则是法治体系建设的核心，三位一体就构成法治体系的全貌。其核心目标则是公平正义的社会诚信。

　　建立与市场主体、社会主体协调一致的诚信体系，是形成国家与社会良性互动、制度与法治互为依存的基础工程。必须构筑制度保障体系，以实现社会诚信制度的确立。国务院印发的《社会信用体系建设规划纲要（2014—2020年）》就是部署和加快建设社会诚信体系、构筑诚实守信的社会经济环境而进行的专项制度设计。

　　纲要指出，加快社会信用体系建设，是全面落实科学发展观、构建社会主义和谐社会的重要基础，是完善社会主义市场经济体制、加强和创新社会治理手段，对增强社会成员诚信意识，营造优良信用环境，提升国家整体竞争力，促进社会发展和人民进步具有重大意义。社会诚信体系建设的原则就是：要按照"政府推动，社会共建；健全法制，规范发展；统筹规划，分步实施；重点突破，强化应用"的方针，施行依法推进、有序推进，到2020年，基本实现信用基础性制度体系建立，以信用信息资源共享为基础的覆盖全社会的诚信系统基本建成，信用监管体制基本健全，信用服务市场体系比较完善，守信几率和惩戒失信机制全面发挥作用。

　　在诚信体系建设中，纲要指出围绕"政务诚信、商务诚信、社会诚信和司法诚信"四大重点领域，以及与人民群众切身利益相连和社会发展密切相关的方面，加强三大基础性的制度建设：

　　①加强诚信教育与诚信文化建设，弘扬诚信文化，树立诚信典型，开展诚信主体活动，重点行业领域诚信问题专项治理，在全社会形成诚信光荣、失信可耻的良好风尚。

②加快推进信用、信息系统建设，建立自然人、法人和其他组织统一社会信用代码制度，推进行业间的信用信息、互联互通和地区内信用信息整合运用，形成全国范围内的信用信息交换共享机制。

③完善以奖惩制度为重点的社会信用体系运行机制，健全守信激励和失信惩戒机制，对守信主体实行优先办理、简化程序、绿色通道等激励制度，对失信主体采取行政监管性、市场性、行业性、社会性约束和惩戒制度，建立健全信用法律保障体系。

要建立社会信用体系，政府公信力是首要条件。政府公信力是政府通过自身行为获取社会公众信任、拥护和支持的一种能力，也是因公众产生的社会影响力和支配力。政府的政策、政令、制度的优劣直接影响到民众对政府的信任感或抵制情绪，在政策政令的颁布上，首先要运用制度优势，确保政策政令的科学性、公正性和稳定性。同时，要严格规定政府官员在公信施政中的作为和不作为，如果背离公正、公益、效率、人道、民主、法治原则，则会直接决定群众对政府的诚信与否，直接关联诚信力的执行刚性与软肋。

在当前，政府官员在施政中的目无法纪、目无群众、蛮横霸道、滥用权力、以权谋私、弄虚作假、欺上瞒下、暗箱操作、失职渎职等行为造成了政府公信力失灵，直接影响到政府的作为，以及在市场主体面前政府的形象和公信力。党的十八届三中全会《决定》指出：要加强和改进对主要领导干部行使权力的制约和监督，依法公开权力流程，完善党务、政务和各领域办事公开制度，"建设廉洁政治，努力实现干部清正、政府清廉、政治清明。"

《纲要》的颁布和实施，以及当前党和国家以壮士断腕，重典治乱的决心和勇气重创"四风"、铁拳反腐的政治环境，对重塑政府公信力、建立诚信政府，都是重要的、不可错过的有利时机。

3. 推动诚信建设制度化

中央文明委为推进诚信建设制度化专门召开工作会议，强调立足培育和践行社会主义核心价值观这个根本，以建立健全社会信用体系为重点，推动诚信建设制度化、规范化、长效化。

建立诚信中国是国家治理体系和治理现代化的重要基石,随着社会转型加速和深化,诚信缺失日益成为突出的社会问题,因此,加强诚信建设,建立社会诚信体系,把道德伦理的软性规则与制度规定的刚性约束结合起来,努力形成不能失信、不愿失信、不敢失信的制度体系,以形成联合惩戒机制,让守信者处处受益、失信者寸步难行,运用制度的威力促使人人都能守住诚信底线,敬畏法律高压线,以确保诚信中国建设真正能够落到实处。

从党的十八大提出加强政务诚信、商务诚信、社会诚信和司法公信建设以来,中央精神文明建设指导委员会专门出台了《关于推进诚信建设制度化的意见》,从制定全国统一的信用信息采集和分类管理标准,到推动建立自然人、法人统一代码,再到建立企业黑名单制度,诚信建设制度化已初现端倪。

制度的生命力在于执行,诚信建设制度机制的建设和执行要切实扭转重制定轻落实的倾向,坚持政府有力推动、企业主动作为、社会共同参与、公民普遍响应,把多方力量汇集一起,用制度固本培元,我们就能形成诚信中国的诚信风尚,建立一套系统完备的诚信制度。中共中央政治局委员、中宣部部长刘奇葆特别指出,国以诚立心,人以诚立身。加强诚信建设是培育和践行社会主义核心价值观的重要内容,是完善社会主义市场经济体制的重要基础,是加强和创新社会治理的重要举措。加强诚信建设,关键在于制度化。要大力加强制度建设,建立健全覆盖全社会的征信系统,不断完善政务诚信、商务诚信、社会诚信、司法公信管理制度,完善守信激励和施行惩戒机制,建立诚信"红黑榜"发布制度,推动形成有利于诚信建设的法治环境和政策导向,积极构建不愿失信、不能失信、不敢失信的体制机制,为建立诚信中国做出更大努力。

为全面建立诚信体系,文明委提出了十项制度建设:

①统一信用代码制度。通过统一信用代码为每一个法人和其他组织明确一个"身份证号",作为终身不变的主体标识。

②信用信息记录和征集制度。通过征信机构以多种方式征集、整合信用记录,使每一个法人乃至自然人的每一项信用行为都留下准确、可追

溯的记录。

③信用信息公开和共享制度。通过搭建信用信息共享平台和有序公开信用信息，实现地方、行业信用信息互联互通和交换共享。

④信用信息和信用报告应用制度。各级政府部门带头使用信用信息和第三方信用报告，并作为必备要件或重要参考依据，促进自然人和法人自觉守信，培育和发展信用服务市场。

⑤信用评价制度。通过对监管对象进行内部信用评价，实施信用分类监管。

⑥联合激励和惩戒制度。从法院执行、食品药品安全、环境保护、安全生产、税收征缴等社会关注的重点领域做起，建立严重失信黑名单和行业禁入制度，使守信者处处受益，失信者寸步难行。

⑦信用监管制度。引导企业建立内部信用管理制度。加强对信用服务机构和从业人员的监管，完善信用服务市场监管体制。

⑧信用建设试点示范制度。大力开展"信用城市"创建活动，以城市、村镇、社区、企业等试点示范为引领，为全国信用建设积累经验。

⑨诚信宣传教育制度。将信用建设作为精神文明建设的重要内容，营造浓厚社会氛围，提高全民诚信水平。

⑩信用建设考核制度。推动出台社会信用体系建设工作考核办法，将考核结果作为各地区、各部门政绩考核的重要内容，推动各项工作落实落地。

三、用制度维护党的生命线

党和国家的生命线，不外是制度生命线、群众路线生命线和纪律生命线。

1. "12字"制度之镜

在开展群众路线教育实践活动开始时，中央就确立了教育实践活动要着眼于自我净化、自我完善、自我革新、自我提高,以"照镜子、正衣冠、洗洗澡、治治病"为战略目标。

照镜子:以党章廉政制度之镜,聚焦作风之弊,行为之垢。

正衣冠:以明镜为鉴刮骨疗毒,改作风,除毛病,正品行。

洗洗澡:以整风精神涤荡心灵,正气清风。

治治病:以"见真章、动真格"的壮士断腕勇气,祛邪扶正。

这是用通俗的社会语言表达了制度的内涵,为从严治理确立了制度框架。以制度正党风政风社风,我党在三十多年的改革开放中,有三次实践:1983 年进行的整党,为改革开放事业顺利推进奠定了制度基础;1995 年开展的讲学习、讲政治、讲正气的"三讲"教育活动,对改革开放向新的高度推进起到了制度保障作用;2005 年开展的保持共产党员先进性教育活动,提升了党的执政能力,确立了党的先进性制度建设。在推动党的作风建设和制度建设方面,运用群众路线教育实践活动,完善和创新党的制度建设内涵,这是在党内制度建设史上一个颇有成效的创举。

2. 群众路线——党的血肉生命线

新中国成立六十多年后,习近平同志到西柏坡重温"两个务必":"务必使同志们继续地保持谦虚、谨慎、不骄、不躁的作风,务必使同志们继续地保持艰苦奋斗的作风。"重提群众路线,重续鱼水之情,并指出"其兴也勃焉,其之也忽焉"的历史周期律,是对党深入进行路线教育的一个清醒认识的标志,习近平同志指出:"当年党中央离开西柏坡时,毛泽东同志说是'进京赶考'。60 多年过去了,我们取得巨大进步,中国人民站起来了、富起来了,但我们面临的挑战和问题依然严峻复杂。"因此,西柏坡寻根就是寻制度之根,为吹响改革的集结号,"为取得全面深入改革的赶考胜利",再一次做出了制度性安排,这无疑是对我党制度建设上的理论贡献。

在十八届三中全会《决定》发布以后,按照路线教育活动的部署安排,出台了一些创新型制度,对维护党的群众路线生命线,维护党群关系都有重要的制度创新的效果。如"面对面、心贴心、实打实制度"建设方面,由党员干部直接联系群众,完善三项相关制度,确保了党员干部能够与群众面对面、心贴心地直接沟通。

①要求完善定期接待群众来访制度。规范党员干部接访任务,了解群众诉求,化解各类矛盾。

②完善与干部群众谈心制度。及时了解干部群众思想动态,增强理解促进团结。

③完善征集群众意见制度。听民意,集民智,改善自身工作,加强对群众的宣传、引导。

"三视三问"。基层政府创建的"三视三问",贯彻群众路线制度,就是牢固树立正确的历史观、价值观和执政观,坚持"视群众为亲人、问需于民;视群众为老师、问计于民;视群众为裁判、问效于民"。这就是正确认识党群关系,确立党群的鱼水关系、血肉关系、种子和土地的三大关系,把群众对党和政府的评判、监督,作为治国理政的政绩考核标尺,把达到群众满意作为第一追求的新的党群关系目标。

哪壶不开提哪壶。这是一个简单的俗语,但已经成为党的工作制度,那就是在发现问题并需要解决问题时,对待群众不能只是嘘寒问暖,更要驱寒送暖,把问题当成工作方向,哪壶不开提哪壶,善于提不开的壶,专破难解的疙瘩。往往"不开的壶""难解的疙瘩"都是群众最急迫的问题,有的甚至是一拖数年都积压未解。哪壶不开提哪壶就成为攻坚破难取得群众满意的直接载体。同时也反映了一种新的路线观,这就是面对不开的壶和难解的疙瘩迎难而上、抓紧解决,不绕道、不避矛盾,在群众满意的信任中,体现党的群众观、政绩观。

3. 纪律——带电的高压线

严明党的纪律,确保党的集中统一,这是十八届三中全会做出的制度建设的重要内容。习近平同志深刻阐述了严明党的组织纪律这一重大命题,强调指出:"我们党是靠革命理想和铁的纪律组织起来的马克思主义政党,纪律严明是党的光荣传统和独特优势。党面临的形势越复杂、肩负的任务越艰巨,就越要加强纪律建设,越要维护党的团结统一,确保全党统一意志,统一行动,步调一致前进。"

历史证明,组织纪律是人类生存的需要,是社会发展的需要,也是一个政党履行使命的需要,纪律的本质就是制度,运用制度严明党的纪律,维护党的纪律,确保党的团结统一。

组织纪律是我党的优良传统。我党在九十多年历史发展中,栉风沐雨历尽坎坷,在复杂的斗争环境中,经历了生死考验。在建设环境中,由弱而强,步步走向胜利,成为世界第一大执政党,第二大世界经济体,这些都是由严明的组织纪律的保证取得的重大成果。在革命时期,党所确定的三大纪律八项注意到革命胜利前夕确定的两个务必、六项纪律、六项规定,到全面深化改革的今天,党所确定的铁八条都是运用制度的安排来建设党的纪律,约束党员干部的行为准则。只是在不同的历史时期,有不同的规范方式而已。

目前不可忽视的是在组织纪律方面出现了极不正常的现象,如个人中心主义、自由主义风气泛滥,慵懒散风气横生,吃拿卡要的恶风屡禁不止,这些都是违反了党的纪律,损害了党的健康肌体,在一定意义上就是破坏了党的领导制度、组织制度和党的政治生活制度。

坚强的党性是成为高素质领导干部的首要条件。有了坚强的党性,我们才能面对形形色色的诱惑而不为所动,守住纪律的底线,在纪律面前人人平等,遵守纪律没有特权,执行纪律没有例外,这是共产党人的重要责任和义务。"要切实执行组织纪律,不能搞特殊、有例外,各级党组织要敢抓敢管,使纪律真正成为带电的高压线。"正如习近平同志强调的那样,始终以严的标准要求干部,以严的制度管理干部,以严的纪律约束干部,才能让党员干部心有所畏、言有所戒,行有所止。这样,每一名党员都要有履行的责任和义务,才能形成遵守和维护纪律的强大合力。

运用制度保障组织纪律的执行,首先要从四个方面着手:

(1)心存敬畏制度先

习近平同志在十八届三中全会上指出,领导干部要心存敬畏,不要心存侥幸。心存敬畏就是敬畏规律、敬畏制度、敬畏纪律,尤其是要敬畏纪律,按纪律行事,用制度行事,对制度和纪律心存敬畏,维护党的纪律权威,坚持按照制度办事,这是每个党员干部的行为底线。要牢记纪律是带电的高压线,是摸不得碰不得的,必须在良好的纪律环境中才能扎扎实实工作,做出一番业绩,走好官路,走好人生之路。

(2)六观素质终生伴

习近平同志指出,制度建设带有根本性、全局性、稳定性和长期性,在注重制度执行力建设,注重体制、机制建设的前提下,对所有执政者是一种自由裁量权的限制,是依法接受社会监督,使权力在阳光下公开透明运行的体现。执政和执法人员运用制度确立六观素质尤为必要,这就是:要求广大行政执法人员牢固树立科学的世界观、人生观、价值观和正确的权力观、地位观、利益观,牢固树立从政的制度品格,形成以制度规范约束和管理自身,以制度监督手中的权力,强化制度公正执行力,确保权力运行中的制度不错位。

(3)洁身自好守底线

我党所订立的组织纪律是一整套制度保证运行的体系,具有优良传统。

在革命战争时期,毛泽东同志曾表扬东部野战军在荆州不吃群众一个苹果,人民解放军进入上海睡在马路上,焦裕禄不准孩子看一场白票戏,订立十不准干部纪律,都表明我党在素质纪律的确立和执行上,都超越历史上任何一个时代,取得了铁军铁律的群众赞誉。

党的各项制度明确规定了严格遵守纪律的条款,习近平同志在十八届中央纪委三次会议上也明确指出,遵守党的纪律是无条件的,要守住底线,要说到做到,有纪必执、有违必查。

(4)清廉气正义利观

为政清廉才能取信于民,秉公用权才能赢得人生。

习近平同志在十八届中央纪委二次全会上的讲话,以过去的经验教训、反腐斗争的严峻形势深刻揭示了廉政与民心的关系,反腐与存亡的责任,以及建立勤政廉明制度品格的必然趋势。腐败愈演愈烈,最终必然是政息党亡,这是历史认定的铁律。廉洁则政兴。党面临的"赶考"远未结束,还要经受住执政考验、改革开放考验、市场经济考验和外部环境考验的四大考验,还要战胜精神懈怠危险、能力不足危险、脱离群众危险和消极腐败危险的四大危险,破解历史周期律,运用制度的刚性手段走出腐败高发区,夺取深化改革的全面胜利。坚定共产党人理想信念,坚守共产党人的精神追求,处逆境不消沉不动摇,处顺境不骄狂不浮躁,永葆鲜明的政治本色,拼搏奋斗,生命不息,战斗不止。

第七章　制度涵养时代文化

习总书记说文化与制度

1. 文化制度的"根"和"魂"

博大精深的中华优秀传统文化是我们在世界文化激荡中站稳脚跟的根基。中华文化源远流长,积淀着中华民族最深层的精神追求,代表着中华民族独特的精神标识,为中华民族生生不息、发展壮大提供了丰厚滋养。(习近平在中共中央政治局就培育和弘扬社会主义核心价值观、弘扬中华传统美德进行第十三次学习时讲话强调,2014年2月25日)

讲清楚中华文化积淀着中华民族最深沉的精神追求,是中华民族生生不息、发展壮大的丰厚滋养;讲清楚中华优秀传统文化是中华民族的突出优势,是我们最深厚的文化软实力;讲清楚中国特色社会主义植根于中华文化沃土、反映中国人民意愿、适应中国和时代发展进步要求,有着深厚历史渊源和广泛现实基础。(习近平在全国宣传思想工作会议上的讲话,2013年8月19日)

讲清楚中华文化的独特创造、价值理念、鲜明特色,增强文化自信和价值观自信。(习近平在中共中央政治局第十三次集体学习时的讲话,2014年2月24日)

2. 以民为本、以人为本

坚持人民性,就是要把实现好、维护好、发展好最广大人民根本利益作为出发点和落脚点,坚持以民为本、以人为本。

要树立以人民为中心的工作导向,把服务群众同教育引导群众结合起来,把满足需求同提高素养结合起来,多宣传报道人民群众的伟大奋斗和火热生活,多宣传报道人民群众中涌现出来的先进典型和感人事迹,丰富人民精神世界,增强人民精神力量,满足人民精神需求。(习近平在全国宣传思想工作会议上的讲话,2013 年 8 月 19 日)

中华民族创造了博大精深的灿烂文化,要使中华民族最基本的文化基因与当代文化相适应、与现代社会相协调,以人们喜闻乐见、具有广泛参与性的方式推广开来,把跨越时空、超越国度、富有永恒魅力、具有当代价值的文化精神弘扬起来。

要系统梳理传统文化资源,让收藏在禁宫里的文物、陈列在广阔大地上的遗产、书写在古籍里的文字都活起来。

引导人们向往和追求讲道德、尊道德、守道德的生活,让 13 亿人的每一分子都成为传播中华美德、中华文化的主体。(习近平在中共中央政治局就提高国家文化软实力研究进行第十二次集体学习时的讲话,2013 年 12 月 30 日)

3. 文化制度建设

要继续推进文化体制改革,推动文化事业全面繁荣和文化产业快速发展、建设社会主义文化强国。(习近平在全国宣传思想工作会议上的讲话,2013 年 8 月 19 日)

提高国家文化软实力,要努力夯实国家文化软实力的根基。

从社会风气抓起,从每一个人抓起。要继承和弘扬我国人民在长期实践中培育和形成的传统美德。

要坚持走中国特色社会主义文化发展道路,深化文化体制改革,深入开展社会主义核心价值体系学习教育,广泛开展理想信念教育,大力弘扬民族精神和时代精神,推动文化事业全面繁荣、文化产业快速发展。

要加强国际传播能力建设,精心构建对外话语体系,发挥好新兴媒体作用,增强对外话语的创造力、感召力、公信力,讲好中国故事,传播好中国声音,阐释好中国特色。(习近平在中共中央政治局就提高国家文化软实力研究进行第十二次集体学习时的讲话,2013 年12 月 30 日)

4. 坚持马克思主义文化观

坚持马克思主义道德观、坚持社会主义道德观,在去粗取精、去伪存真的基础上,坚持古为今用、推陈出新,努力实现中华传统美德的创造性转化、创新性发展。(习近平在中共中央政治局就国家文化软实力研究进行第十二次集体学习时的讲话,2013 年 12 月 30 日)

要认真汲取中华优秀传统文化的思想精华和道德精髓,大力弘扬以爱国主义为核心的民族精神和以改革创新为核心的时代精神,深入挖掘和阐发中华优秀传统文化讲仁爱、重民本、守诚信、崇正义、尚和合、求大同的时代价值,使中华优秀传统文化成为涵养社会主义核心价值观的重要源泉。(习近平在中共中央政治局第十三次学习时的讲话,2014 年 2 月 24 日)

当代中国价值观念,就是中国特色社会主义价值观念,代表了中国先进文化的前进方向。(习近平在中共中央政治局第十二次集体学习时的讲话,2013 年 12 月 30 日)

5. 以文化人、以文育人

中华传统美德是中华文化精髓,蕴含着丰富的思想道德资源。(习近平在中共中央政治局第十三次学习时的讲话,2014 年 2 月 24 日)

要大力加强反腐倡廉教育和廉政文化建设,坚持依法治国和以德治国相结合。从思想道德抓起具有基础性作用,思想纯洁是马克思主义政党保持纯洁性的根本,道德高尚是领导干部做到清正廉洁的基础。

对历史文化特别是先人传承下来的价值理念和道德规范,要坚持古为今用、推陈出新,有鉴别地加以对待,有扬弃地予以继承,努力用中华民族创造的一切精神财富来以文化人、以文育人。(习近平在中共中央政治局就培育和弘扬社会主义核心价值观、弘扬中华传统美德进行第十三次学习时的讲话,2014 年 2 月 24 日)

独特的文化传统,独特的历史命运,独特的基本国情,注定了我们必然要走适合自己特点的发展道路。

中华民族创造了源远流长的中华文化,中华民族也一定能够创造出中华文化新的辉煌。(习近平在出席全国宣传思想工作会议上讲话强调,2013 年 8 月 19 日)

一、用制度弘扬传统文化

1. 中华文化是制度的"根"和"魂"

中华民族在五千多年连绵不断的文明发展进程中,创造了博大精深的优秀文化。

优秀文化是中华民族的独特精神表现和宝贵的精神财富,是在当今世界文化激荡中站稳脚跟的根基。继承和弘扬中华优秀传统文化,推进社会主义当代优秀文化的发扬光大,建设社会主义文化强国,这是摆在中华民族面前责无旁贷的历史重任。

如何用制度创新加强文化事业大发展,实现当代文化对中华民族优秀文化的传承,以达到运用制度涵养时代文化的目的,在文化制度体系建设上,是一项需要认真研究和探索的时代工程。

党的十八届三中全会明确了今后一段时间在文化制度体系建设上的结构框架:建设社会主义文化强国,增强国家文化软实力,必须坚持社会主义先进文化前进方向,坚持中国特色社会主义文化发展道路,培育和践行社会主义核心价值观,巩固马克思主义在意识形态领域的指导地位,巩固全党全国各族人民团结奋斗的共同思想基础。坚持以人民为中心的工作导向,坚持把社会效益放在首位、社会效益和经济效益相统一,以激发全民族文化创造活力为中心环节,进一步深化文化体制改革。

建设社会主义文化强国的当前使命,必须坚持社会主义先进文化前进方向,坚持中国特色社会主义文化发展道路,培育和践行社会主义核心价值观,巩固马克思主义在意识形态领域的指导地位,巩固全党全国各族人民团结奋斗的共同思想基础。坚持以人民为中心的共同导向,坚持把社会效益放在首位,实现社会效益和经济效益相统一,就是要增强国家文化软实力,以激发全民族文化创造活力为中心,进一步深化文化体制改革。

中华文化是文化制度体系建设的根和魂,习近平同志在参观考察孔府、同孔子文化研究院专家学者座谈时指出:"中华优秀传统文化是中华民族的突出优势,中华民族伟大复兴需要以中华文化发展繁荣为条件,必须大力弘扬中华优秀传统文化。"同时强调:中华文化沉淀着中华民族最深层的追求,包含着中华民族最根本的精神基因,代表着中华民族独特的精神标识,是中华民族生生不息发展壮大的丰厚滋养。中国共产党自成立之日起,就是中华民族优秀文化的忠实继承者和弘扬者,又是中国先进文化的积极创造者和发展者。用中华民族创造的一切精神财富以文化人、以文育人,这是建设时代文化的宗旨。

2. 以制度提高国家文化软实力

文化软实力集中体现了一个国家基于文化而具有的凝聚力和生命力。古今中外,任何一个大国的文化发展进程,既是经济总量、军事力量等硬实力提高的过程,也必然是价值观念、思想文化等软实力凝聚推进的结晶。

习近平同志指出:"中华优秀传统文化是中华民族的突出优势,是我们最深厚的文化软实力。"又指出,中国特色社会主义根植于中华文化沃土,反映中国人民已然适应中国和时代发展的进一步要求,有着深厚的历史渊源和广泛现实基础,提高国家文化软实力,要努力夯实国家文化软实力的根基,中华民族就一定能够创造出中华文化新的辉煌。

为努力夯实国家文化软实力的根基,国家做出了一系列的制度安排,如《完善中华优秀传统文化教育指导纲要》等,都明确规定,要继续深化文化体制改革,加快完善文化管理体制和文化生产经营机制,建立健全现代文化多元体系,构建现代公共文化体系,形成有利于创新的文化发展环境。

提高文化软实力的制度安排,还包括要着眼提高质量和效益,推进结构战略性调整,优化产业布局,提高规模化、集约化、专业化水平,推动文化产业成为国民经济的支柱产业,始终要把握好意识形态形成的产业属性,社会效益和经济效益的关系,坚持社会主义先进文化前进的方向,始终把社会效益放在首位。十八届三中全会关于文化体制机制的创新、文化制度建设问题上明确了四项内容:

①建立政府监管国有文化资产的管理制度。按照政企分开、政事分开的原则,推动政府部门由办文化向管文化转变,推动党政部门与其所属的文化企事业单位进一步理顺关系,实行管人、管事、管资产、管导向相统一的制度体系。

②建立新型的新闻媒体和新型网络的制度体系。健全基础管理、内容管理、行业管理以及网络违法犯罪打击等工作联动机制,形成正面引导和依法管理相结合的网络舆论工作格局,整合新闻媒体资源推动传统媒体和新型媒体的融合发展,建立新闻发布制度和推动新闻发布制度化,建立严格的新闻工作者职业资格制度,重视新型传播媒介运用和管理规范制度。

同时明确规定了做到四个坚持:即坚持社会主义先进文化方向,坚持中国特色社会主义文化发展道路,坚持把社会效益放在首位,坚持社会效益和经济效益相统一的原则,以制度促进文化事业的全面繁荣、文化产业的快速发展。

③建立坚持正确舆论导向的体制机制。健全基础管理、内容管理、行业管理以及网络违法犯罪防范等联动机制,完善网络突发事件处置,以实现新闻、媒体、网络、制度的融合一体化。习近平同志指出:"要加快传统媒体和新兴媒体融合发展,充分运用新技术新应用创新媒体传播方式,占领信息传播制高点。"并且强调指出:"根据形势发展需要,我看要把网上舆论工作作为宣传思想工作的重中之重来抓。宣传思想工作是做人的工作的,人在哪儿重点就应该在哪儿。我国网民有近6亿人,手机网民有4亿6千多万人,其中微博用户达到3亿多人。很多人特别是年轻人基本不看主流媒体,大部分信息都从网上获取。必须正视这个事实,加大力量投入,尽快掌握这个舆论战场上的主动权,不能被边缘化了。要解决好'本领恐慌'问题,真正成为运用现代传媒新手段新方法的行家里手。"

④建立新闻工作者职业资格制度。我国有关新闻工作的法规制度都明确规定,新闻工作者要遵守新闻工作基本操守,公正、真实、客观、全面去报道新闻,不受利益的诱惑。要坚决反对滥用新闻采访权,搞有偿新闻、新闻敲诈、虚假报道等违反新闻职业道德的新闻,严厉打击新闻敲诈,坚持新闻的真实性,规范新闻采访工作,严肃、自觉遵守国家制度法规,恪守新闻职业精神与职业道德,切实维护新闻工作者的良好形象,保持新闻采访工作的纯洁形象。但事实上,收受钱财,发表大量歪曲事实的报道,涉嫌损害商业信誉等新闻丑闻不断在新闻界频现,引起了社会民众的强烈不满。因此,国家对违反职业道德,涉嫌损害国家商业信誉和受贿新闻的害群之马进行了坚决处置。现在新闻发布与报道的制度建设已经出台,将会在实践中达到良好信誉和效果。

二、浩瀚繁复的中华典章

中国具有悠久的制度文化史,在特有的国情与政治历史文化影响下,形成了一套系统的典章制度体系,历经三千年之久连绵不绝。在历代改革基础上形成的制度不仅功能完备,领域宽广,并独树一帜标榜于世,为今天制度文化的建设提供了丰富的历史资源,为完善和创新制度体系提供了历史借鉴。

在中华文化中包含着丰富的典章制度,早在秦汉时期就开始制定文官律及政府官员的吏治规则,形成了秦汉律法的框架。魏晋南北朝时期随着政府规模的不断扩大,在典、章、令中又增加了新的制度内容。至唐代《唐六典》的出现,已是封建政治、经济、文化高度发展而产生的典章制度的雏形,标志着中国古代典章制度的成熟。历经宋、元、明、清几代,均在继承"六典"的形式上,以"六典"作为制度体系模式,形成了中华古代会典制度体系的渊源。

就我国古代行政典章的成分而言,主要的是"官法"。若追溯它们的历史发展足迹,可将其归为以下几个阶段:

1.《周官》——典章制度的初萌

公元前 11 世纪,是中国奴隶社会的强盛时期。西周王朝接受殷商亡国的教训,采取合诸侯、营成周、安殷民的措施,加强了对诸侯的统属和制约,在经济和政治制度方面,实行井田制、分封制、宗法制,使奴隶制度在经济基础和上层建筑两个方面都臻于完善。与此同时,西周统治者为确立对诸侯的永久统属权及保持统治制度的稳固和持久,便将有关制度进行汇纂公布,这就出现了最早的吏典——《周官》。

《周官》包含着丰富的官法内容,它以六官分为六典,以六典定六职:

天官管邦治。据天官典说:"乃立天官冢宰,使帅其属而掌邦治,以佐王均邦国。"作为六卿之长的冢宰负责管天下政务,辅佐王治天下,这已明确用法律的形式加以确认了。

地官管邦教。据地官典说:"乃立地官司徒,使帅其属而掌邦教,以佐王安邦国。"地官之长的大司徒负责土地、赋税和邦教,这是最早的有关经济官员的立法。

春官管邦礼。据春官典说:"乃立春官宗伯,使帅其属而掌邦礼,以佐王和邦国。"作为春官之长大宗伯,是掌管礼仪和外交的最高官员,其权利和义务也同样运用法律加以规定。

夏官管邦政。据夏官典说:"乃立夏官司马,使帅其属而掌邦政,以佐王平邦国。"夏官之长的大司马为军事最高长官,负责统领军队,掌管军事行政,这是首次以法典的形式确认军事官员的职责。

秋官管邦禁。据秋官典说:"乃立秋官司寇,使帅其属而掌邦禁,以佐王刑邦国。"作为长官预讼刑法的大司寇的职责,同样也由法律明确规定。

冬官管邦事。冬官即工官,作为分掌工艺制造及建筑等职责的大司空,乃是最早的科技行政官员,其职责和权力,也由法典授予。

《周官》的重要历史价值在于它首创了一国职官制度的体系,确立了以典设职、以典明责的原则,由此奠定了我国典章的基础。

2. 秦汉形成行政律典

伴随我国第一个封建王朝——秦朝的建立,产生了行政律典。汉承秦制,又大大发展了行政律典的形式与内容。秦汉两朝成为我国典章制度发展中的一个重要过渡。

秦是从多国角逐中成长起来的一个崭新的封建王朝。一开始它就试图建立高度的中央集权,并采取坚定的措施,废诸侯以置郡县,明法度以准律令,制定与颁行同中央集权相统一的行政法律,以确认登上历史舞台的新兴地主阶级的政治力量和权力地位。秦律就是在这样的时代条件下产生的。仅从现存的律文来看,其大都为秦始皇在位期间所颁布,有的可上溯到战国的秦昭襄王时代。其内容主要有法律令、法律问答等二十余种。秦律中的职官律文,其内同涉及经济、政治、法律、贸易及手工业等各方面的行政活动,如职官建制、任免、铨选、考核、礼仪、兵政及经营管理等。这种以行政法规制定和颁行职官律文的形式,唯秦汉两代所有,体现出我国早期典章制度建立中的基本特点。

汉制九章,标志着典律走向定制。

根据最近发现的汉律,可以证实汉律大都承袭秦律,但又远比秦律丰富。汉初刘邦定三章之法,萧何制律令,韩信申军法,张苍修章程,孙叔通定利益,由此产生了汉律六十篇章(章律九篇,傍章十八篇,越宫律二十七篇和朝律六十篇)。汉朝面临着加强中央集权、削弱地方割据势力的形势,使官律的制定备受重视,其中最有代表性的要属汉武帝时的"三律"(《上计律》、《左官律》、《附益律》)和汉献帝的《汉官典仪》与《汉仪》了。

《汉官典仪》与《汉仪》是较为著名的编制法典,前者是吏典,具体规定了官制及其职责,后者为律令合璧的典章。

3. 南北朝行典格令

南北朝时期,我国的行政法典与令、格、式的法律形式逐渐形成一体化趋势。当时南朝的齐、梁曾制定过《齐典》和《梁典》,这是一种以历史体例编纂规章制度的早期政典,具有法律效力;梁又官修过一部著名的《皇典》,它是行政典章的雏形;北朝的魏废帝"始作九命之典,以叙内外官爵";北周的文帝也曾命法臣裴政为朝廷修"政典";闵帝即位后,又命卢辩等人"撰坟典一部,六官一部"。这样,从齐典、梁典到九命典和六官典,反映出南北朝时期注重修典的倾向。

4.《唐六典》——封建典章制度

我国现存最完备的行政典章是《唐六典》,于公元 738 年颁行,是一部划时代的体系完整的封建行政法典。

《唐六典》的体制,以唐玄宗钦点的吏、教、礼、政、刑、事六典为本,按照五省、一台、九寺、五监、十二卫的编制排列,使之达到"官领其属,事归于职",把职官的选任、考绩、监察、黜陟紧密连在一起并使之制度化。

显然,《唐六典》是一部以国家行政体制为纵、职官划分为横的行政管理制度化的法典。其规模之严密,体系之严谨,为当时世界所罕见。著名的资产阶级民主派章炳麟曾评论说:"迄唐有《六典》、《开元礼》,由是律始专为刑书,不统宪典之纲矣。"日本研究中国法律的专家织田万也曾说:"唐作六典,载施政之准则,具法典之体裁,为后代之楷模,以视汉以来之所谓律、所谓令、所谓式者,大有殊焉。……由是观之,支那古来即有二大法典,一为刑法典,一为行政法典。"

5. 宋元行政典章制度的发展

《唐六典》的传统为宋元明清四代所继承。两宋在厘定行政法规的同时加强整饬官制。宋孝宗时修订《淳熙条法事类》,宁宗庆元元年(1195 年),又撰修《庆元条法事类》。后者包括八十卷,分职制、选举、文书、榷禁、财用、库务、赋役、农桑、道释、刑狱十多门。

元朝于 1271 年正式建立。政局刚定,统治者即着手制定国朝典章。元朝前后共制定了三部行政典章:英宗时官修的《大元通制》,至正五年修成《至正条格》,最后一部是《元典章》,全称为《大元圣政国朝典章》,是从元世祖忽必烈到元英宗五代典章制度的总汇,也是元朝基本法律的本源。其内容包括诏令、圣政、朝纲、台纲、吏、户、礼、兵、刑、工十门,共有三百七十三目,每目又分若干条格。这一法典的分类及其所规定的内容,反映出封建鼎盛社会重视典章制度的社会作用和体现它的民族特色。

6.明清会典制度之天成

明清是法典大成而严密的时代。其间先后制定的两部行政法典——《明会典》与《大清五会典》,举世瞩目,一代灿然。

这两部会典是集各代之大成,体制更为系统、完备,确立了以指导总体法令制度为典、以具体实施细则为例(或则例)的体例。凡典均以六部为纲,必得经国家制定颁行;例(或则例)以部门分置,经钦准即可实施,其法律效力与法典等同。

《明会典》,共二百二十八卷,始纂于弘治十年(1497 年),经正德时参校后刊行。嘉靖时两次增补,万历时又加修订,前后长达百年。

《大清会典》,有典一百卷,事例一千二百余卷,居世界行政法典的首席,其制定时代历经康熙、雍正、乾隆、嘉庆和光绪五朝。它以官为典,一职设官,有典有例,将有关法规分立于各部门之下,并参以相应的事例,正所谓:"会典乃当代宪章,与律令相表里,会典所载,皆百臣奉行之政令,而传之万世,一开卷而灿然。"可见这样一部与律令价值齐观、百官必遵奉的法典,真是一部颇具权威的治国宏纲,也可称之为一部典章制度的大全。

附件 1:历代行政体制演变

历代行政体制演变

朝代	形成体制	法律形式	主要法典
夏 商	内服外服	令	
周	六官	典	周官
秦	三长列卿	律、诏令	《秦律》行政律部分

续表

朝代	形成体制	法律形式	主要法典
汉	三公九卿		《汉官》 《汉官典仪》
魏晋南北朝	三省六曹	典、令、科、格、式	《晋令》、《麟趾格》 《齐典》、《皇典》 《六官典》
唐	三省六部	典、令、格、式	《唐六典》
宋	三省六部	典、敕、格、式	《淳熙条法事类》 《庆元条法事类》
元	一省六部	典章、条格	《元典章》 《大元通制》 《至正条格》
明—清	六部	典、例、则例	《明会典》 《崇德会典》 《清会典》 《六部则例》

在中华民族文化的滋润下,中国典章制度形成了治国理政的一整套治理概念、管理制度、治国典章,对世界人类文明的发展做出了重大贡献,尤其是在世界文官制度的发展史上,中国的文官制度就占有重要的一席。它远播于欧亚,成熟于西方工业化时代的英美诸国,时至今日,西方的领导人和专家学者都对中国典章制度的历史贡献赞誉不绝。从今天的制度创新体系来看,中华传统文化所传承的讲仁爱、重民本、守诚信、崇正义、尚和合、求大同的文化价值,都为制度体系建设提供了深厚的思想根源。这体现在文化制度建设上就是要树立和坚持正确的民族观、国家观、文化观、制度观,增强做中国人的骨气和底气。

三、建立现代文化发掘制度体系

1. 建立健全现代文化市场体系

完善文化市场准入和退出机制,鼓励各类市场主体公平竞争、优胜劣汰,促进文化资源在全国范围内流动。继续推进国有经营性文化单位转企改制,加快公司制、股份制改造,对按新规定转制的重要国有传媒企业,探索实行特殊管理制度。推动文化企业跨地区、跨行业、跨所有制兼并重组,以提高文化产业的规模化、集约化、专业化水平。推动新闻发布制度化建设,坚持正确舆论导向,建立严格的新闻工作者职业资格制度,重视新兴媒介的运用和管理,规范传播,使新闻、舆论制度建设实现完全公开、透明的环境体系。首先要完善与文化体制改革配套的制度体系,规定政府所提供的主要是购买服务项目,推荐公共文化活动菜单,组织大规模的培训和展览展示,提高品牌效应,以整合社会资源;经营性文化团体和社会企业推出群众评价和反馈机制,推动文化惠民项目与群众文化需求有效对接。

2. 中国文化消费市场

中国文化消费市场具有十分可观的潜在规模,文化消费报告提出,其消费规模预计 4.7 万亿元,而当前仅有 1 万亿元,面对 3.6 万亿元的余额产业市场服务,对中国文化产品和经济文化的发展意义重大。

过去十年间,文化产品进口从 60 亿美元攀升到 274 亿美元,年增长率为 16%,文化服务出口从 10 亿元增长至 65 亿元,年增长率为 24%。

这就要求在注重文化产品质量的提升和挖掘上打破碎片化的管理模式,构建系统规范的人文环境的制度体系,促进文化市场的大繁荣。

3. 构建现代公共文化服务体系

建立公共文化服务体系建设协调机制,统筹服务设施网络建设,促进基本公共文化服务标准化、均等化。

针对不同文化事业单位的功能定位,建立法人治理结构,完善绩效考核机制,推动公共图书馆、博物馆、文化馆、科技馆等组建理事会吸纳有关方面代表、专业人士和各界群众参与管理。

构筑公共文化的产品品牌,要在制度安排上强调一个扭转、三个转变。

①调整文化产品盲目追求 GDP 增长的理念。如公共文化产品不注重"文化"的特殊性,就会导致公共产品的文化消费不仅无法体现文化创造的特殊性,还会表现出伤害文化本质属性的泛娱乐化倾向。

②公共文化产品的消费应当转变唯物质偏颇,展现审美消费的合理性,强化文化消费的精神性。

③公共文化产品的消费应当转变单纯追求文化产品数量的偏向,注重文化产品质量的提升,开掘文化产品的美学内涵。

④公共文化产品的消费应当转变碎片化文化管理模式,创建系统化文化制度体系,营造文化消费的人文制度环境。

随着我国经济增长模式由投资主导型向消费主导型的逐步转变,文化消费在经济发展中的重要性日渐显现出来。文化产业的稳步推进不但使文化生产成为文化发展的基本途径,而且也使文化消费成为经济增长的强势引擎。面对近年来日益扩张的公共文化产品的消费需求,如何运用制度手段提升社会的文化消费水平遂成为文化产业发展的关键。

4.创新对外文化开放制度

习近平同志在政治局第十二次集体学习时强调:中华民族创造了博大精深的灿烂文化,要使中华民族最基本的文化基因与当代文化相适应、与现代社会相协调,与人们喜闻乐见、具有广泛参与性的方式推广开来,把跨越时空、超越国度、富有永恒魅力、具有当代价值的文化精神弘扬起来,这就要系统梳理传统的文化资源,让收藏在禁宫里的文物、陈列在广阔大地上的遗产、书写在古籍里的文字都要活起来,在充分展现文化生命力的环境中,加强国际传播能力建设,讲好中国故事,传播好中国声音,阐释好中国特色。

文化走出去成为展现中国文化的旋律,这样在文化体制改革和制度建设上作为五位一体的全方位制度建设,必将开创一个波澜壮阔的新航程。

在经济全球化、信息地球村的时代,不同文化的交流互鉴,多元理念的俯拾皆现,跨越国界的有形限制,让文明交流成为人类进步的精神动力,千差万别的生活方式深度融合。中国文化顺应时代潮流走向世界,散发出无尽的魅力,它所体现的自信、耐力和定力,彰显出中国文化绚丽多姿的光彩,凝聚人心的力量。

同时,中国对人类文明的丰富和发展越来越引起世界的关注,展现着时代的价值。美国学者约瑟夫·奈曾说过:"中国最强的软实力即根植于自身文化之中,后者曾深刻影响了西方文化。"中国所处的五千年历史的悠久背景,中国人所具有的为民族独立解放长期浴血奋斗的自信心,都向世界发出一个强烈的信息,整个社会所认同的文化观的最大公约数,是中国和世界融合发展、持续进步的最深厚的文明资源。

中华文化润物无声、光彩绽放,潜移默化、水滴石穿。全球465家孔子学院、7200多个孔子课堂的文化交流搭建起一座座汉语桥,衔接着一环环文化链,将生生不息具有丰厚底韵的东方文明传播到每一个边缘的部族和角落。

正如三中全会《决定》中指出:"提高文化开放水平。坚持政府主导、企业主体、市场运作、社会参与,扩大对外文化交流,加强国际传播能力和对外话语体系建设,推动中华文化走向全世界。"这就要切实运用制度安排,"理顺内宣外宣体制,支持重点媒体面向国内国际发展。培育外向型文化企业,支持文化企业到境外开拓市场。鼓励社会组织、中资机构等参与孔子学院和海外文化中心建设,承担人文交流项目。"并"积极吸收借鉴国外一切优秀文化成果,引进有利于我国文化发展的人才、技术、经营管理经验。"在切实维护国家文化安全的前提下,把中华文化的舞台推向全宇宙、全人类。

四、以制度涵养中华道统

中国人独特而悠久的精神世界,具有很强的民族自尊心的文化自信,培养了一代代人以爱国主义为核心的民族精神。中国以自身的实践告诉世界,只有坚定对自身文化、生命力和发展前景的信念坚守,全社会认同的道德观的最大公约数,一个国家才能由弱而强、转危为安,保持持续发展、高速发展。中国从万劫不复中腾起,再次证明,一个国家兴衰的决定因素是它的道统,而不是枪炮火药。道统在,国魂在,道统灭,国家亡。中国百年抗争不息,凤凰涅槃,历尽磨难,重登鼎盛之堂,就在于它的道统根基深厚,民族之魂长青。

实现中华民族传统美德的创造性转化,制度化发展,是建设社会主义文化强国最大的潜在动力和实践基础。

中国建设社会主义文化强国的最大公约数,就在于文化自信和道德自信,就在于深层的文化耐力和道德定力,文化的丰硕成果、道德的气韵悠长,使当今中国充满了文化的旺盛活力和精神魅力,再有制度体系的合理安排与保障,中国传统美德必然会汇聚成更加绚丽多彩的一个文明大舞台。

1. 思想道德制度建设

社会主义文化建设的一个基础性工作,就是加强社会公德、职业道德、家庭美德、个人品德教育,全面提高公民道德素质。十八届三中全会以来,国家出台了多个层面的思想道德制度安排,主要概括为两个方面:

(1)以制度激发社会积极向善

习近平同志在政治局第十二次集体学习时强调指出:"坚持马克思主义道德观、坚持社会主义道德观,在去粗取精、去伪存真的基础上,坚持古为今用、推陈出新,努力实现中华传统美德的创造性转化、创新性发展。"

道德是社会的基石,更是人际关系和谐的根基,崇德向善是中华民族生生不息的强大动力。在新的时代条件下,更需要崇高的道德思想作为精神支柱。因此,在道德教育方面,运用制度积极提倡多种形式的道德教育,激发整个社会的道德意愿,营造良好的道德风尚,已成为一股强大的正能量,喷发在中华大地上。

(2)以制度培育公民道德

道德判断深刻影响着人们对改革开放的深刻认同与遵循。我国以仁爱思想为核心的一整套传统美德规范,儒家倡导的"君子坦荡荡"的人格品质,"己所不欲勿施于人"的处世原则,"富贵不能淫、威武不能屈"的民族气节,"天下兴亡匹夫有责"的爱国情怀,以"先天下之乐而乐,后天下之忧而忧"的忧国忧民气质,都是径流于民族血液的道德基因,在"引导人们向往和追求讲道德、尊道德、守道德的生活,让13亿人的每一分子都成为传播中华美德、中华文化的主体"。在步入全面深化改革的征程中,广泛开展多种形式的道德教育,营造良好的道德风尚,就成为党和国家在公民道德制度建设方面的重要内容。

2. 以制度推动公民道德的实践能量

道德规范的践行与维护,既靠自律也靠他律,崇德明德向上向善,这是道德的基本点。推进社会主义思想道德建设,首在注重修身养性,这是道德自律的基础,发挥单位、社会、家庭三管齐下的载体作用,运用制度坚决抵制诚信缺失、道德失范的不良行为,并通过生动的道德楷模推动整个社会道德水平的提升。十八大以来的这些举措都体现了我们党在建设社会主义文化强国方面的高屋建瓴,远见卓识。

运用制度安排,构建覆盖广、多层次、立体化的传播格局,充分发挥党报、党刊、电视、媒体的价值渠道,强化热点、难点的舆论研判和正面导引,同时深入挖掘传统的文化道德感悟资源,广泛在教育系统,尤其是青少年一代布局励志,使整个社会初步形成了对践行思想道德正能量的价值认同和共识。

拓展制度优势,发挥文化浸润功能,对于社会成员的思想、道德、行为以优质的塑造,稳定有序推进服务,是取得精神道统建设成果的突出优势,这是培育和弘扬社会道德的共力,使之成为社会上的每个人认真汲取思想精华和道德精髓,使之成为涵养精神道统的不竭源泉。

3. 用制度化解市场经济的道德悖论

由于市场的属性所决定,追求利润最大化是每一个市场主体、每一个现实个体都必须奉行的信念和原则,这也是推动市场经济和社会不断发展的动力。但由于追求利益最大化,市场经济的违规运行给市场健康发展造成一定的失灵,在某些方面导致道德失范,例如,诚信、互利、包容、责任担当等都涉及强化经济主体的利益意识、自主意识、竞争意识。尤其在政府的责任担当上,违背了政府职能的行事规则,必然为市场失灵,即无序竞争而出现的市场经济的道德悖论,形成一定的气候;或由于体制不健全等原因,一味追求利益最大化,导致了经济主体的唯利是图、拜金主义、享乐主义,以及社会成员世界观、人生观、价值观的扭曲;目前在市场经济中泛滥的坑蒙拐骗、制假售假、权钱交易等无序竞争所形成的道德悖论,在一定程度上严重阻碍了社会主义市场经济乃至整个社会经济健康发展,为社会治理带来了沉重的代价。

十八大以来,已出台的和正在修订的市场经济制度,在三个方面明确规定了运用制度制约市场经济道德悖论的措施。

习近平同志指出:"我国现阶段存在的有违公平正义的现象,许多是发展中的问题,是能够通过不断发展,通过制度安排、法律规范、政策支持加以解决的,我们必须紧紧抓住经济建设这个中心,推动经济持续健康发展,进一步把'蛋糕'做大,为保障社会公平正义奠定更加坚实物质基础。"又强调:"不论处在什么发展水平上,制度都是社会公平正义的重要保证。我们要通过创新制度安排,努力克服人为因素造成的有违公平正义的现象。"克服市场上的不公平竞争而造成的道德悖论,制度建设是保证。强化顶层设计,加快完善和创新各项市场管理制度,已是当务之急。

①靠制度着力改变经济发展一条腿长、一条腿短的局面,把建立更加公平的成果分享制度,维护社会公平正义放在重要的位置。深化社会体制改革、创新社会治理模式、完善市场竞争的保障体系,使发展成果更多更公平地惠及全体民众。

②运用制度的调整加快建设法治政府,更好地发挥政府作用,运用政府的治理能力和权威,推进市场公平竞争的生态环境,打击违反市场规则的任意裁量行为。

运用政府"有形的手",引导和协调好市场"无形之手",改变当下政府多宏观原则性规定、少操作性制度安排的现状,确保方案切实可行、切中要害,确保各项治理措施、规范到位,全面推进政务公开,建设透明的市场运行机制。

③统筹多方对市场经济的管理职能,把化解负面因素转化为发展助力。在市场经济建设中,要在经济社会发展的基础上,加紧建设对保障市场经济具有重大作用的制度,逐步建立以权力公平、机会公平、规则公平为主要内容的市场保障体系,营造公平的市场环境,以促进制度红利惠及市场经济健康发展。

4.中央的道德品行教育规定

2014 年 7 月,中央组织部印发《在干部教育培训中加强理想信念和道德品行教育》通知,要求各地区各部门加强理想信念和道德品行教育,引导和帮助干部始终坚定共产主义理想和中国特色社会主义信念,始终坚守共产党人的精神家园。

(1)现状

当前大多数干部理想信念是坚定的,道德品行是好的。

在干部队伍中,理想信念缺失、道德品行不佳是一个需要引起高度重视的问题。

随着国内外环境深刻变化,经济社会深刻变革,干部在理想信念上遇到的纷扰是多重的,在道德品行上面临的考验是严峻的。必须把理想信念和道德品行教育摆在更加突出的位置,引导和帮助干部进一步坚定理想信念、提升道德素质,以实际行动彰显共产党人的人格力量。

(2)理想信念教育

开展理想信念教育,关键是要引导干部把理想信念建立在对科学理论的理性认同上、对历史规律的正确认识上、对基本国情的准确把握上。

要深入开展马克思列宁主义、毛泽东思想、邓小平理论、“三个代表”重要思想、科学发展观的教育。

尤其要深入学习领会习近平总书记系列重要讲话精神，使干部真正领会贯穿其中的马克思主义立场观点方法，坚定对马克思主义的信仰，防止在西方宪政民主、"普世价值"、"公民社会"等言论的鼓噪下迷失方向，防止在封建迷信和宗教的影响下失去自我。

深入开展党史、国史、社会主义发展史和世界历史的学习，帮助干部了解党和国家事业发展的来龙去脉，深刻认识共产党执政规律、社会主义建设规律、人类社会发展规律，坚定共产主义必胜的信念。深入开展国情世情教育，引导干部在不同社会制度、不同发展道路的比较中鉴别优劣、看清趋势，深化对中国特色社会主义的政治认同、思想认同和感情认同。

（3）道德品行教育

开展道德品行教育，关键是要引导干部明大德、守公德，成为一个高尚的人、一个纯粹的人、一个有道德的人、一个脱离了低级趣味的人、一个有益于人民的人。

要深入开展政治品质教育，引导干部对党和人民忠诚老实、言行一致，对上对下讲真话，面对大是大非能够挺身而出，面对歪风邪气敢于进行斗争。

深入开展社会主义核心价值观教育，引导干部追求高尚情操，维护公平正义，忠实履行职责，坚守道德底线，远离低级趣味。

深入开展中华优秀传统文化教育，引导干部继承和弘扬传统美德，捍卫国家和民族的精神独立性，防止成为西方道德价值的"应声虫"。

5. 以制度涵养时代家风

家庭是社会的基本细胞，也是个人成长的第一环境，家庭的风气正不正，不仅关系到家族的荣辱兴衰，而且直接关系到公民文明素质和社会文明程度的本源。国之栋梁出于家之苗圃，名将名相出于乡里。家的范畴内，就是一个国之栋梁、志士仁人的摇篮缩影。

习近平同志在布鲁日欧洲学院的演讲中说过："2000多年前，中国就出现了诸子百家的盛况，老子、孔子、墨子等思想家上究天文、下穷地理，广泛探讨人与人、人与社会、人与自然关系的真谛，提出了博大精深的思想体系。他们提出的很多理念，与孝悌忠信、礼义廉耻、仁者爱人、与人为善、天人合一、道法自然、自强不息等，至今仍然深深影响着中国人的生活。中国人看待世界、看待社会、看待人生，有自己独特的价值体系。中国人独特而悠久的精神世界，让中国人具有很强的民族自尊心，也培育了以爱国主义为核心的民族精神。"把家、国连到一起的思想基础就是中国最传统的家风，在修身、齐家、治国、平天下的理念里，在中国人的精神谱系里，国之栋梁出于家之苗圃，天经地义。无论生活的天空有怎样的阴晴风雨，家庭事关乎国家的兴旺，人民的安康，家庭作为人类社会最基本的细胞，自不待言。正如《大学》中所说："一家仁，一国兴仁；一家德，一国兴德。"把家国的哲理、思想、兴衰关系说得淋漓尽致。

用制度涵养时代家风，就是涵养最重要的立国资源。

有名的家风所体现的不仅仅是一个家庭的内容，往往是一个时代的道德晴空。如焦裕禄的家风，作为一任县委书记不准孩子看白戏的故事震动中外。为此焦裕禄又为县委起草了"干部十不准"的规定，不准任何人搞特殊化，这是由家到国最典型的一例。

如李先念的家风，他主管国家经济 26 年，但最严格的一条就是不准儿女经商。李小林不无感慨地说，"我们做到了"。李先念的家风在当今社会尤其令人敬佩，并且这种家风已经写进了党的规章制度，作为一种制度约束，已经影响到社会的方方面面。

又如抗日英雄杨靖宇将军的家风。将军唯一在世的儿媳，遵照家教从不以将军的声名做任何图谋，在 36 平方米的屋檐下，她和 5 个孩子整整挤了几十年，靠糊纸盒、缝手套、穿铁丝独自把孩子们抚养成人，从未向组织提过任何要求。她对孩子们的教育信条是："爷爷是爷爷，你们是你们，不能张扬，低调做人。"

在五大体系制度全面铺展的时代，建设时代家风作为党和政府的一项重要制度的使命被提出。实际上，倡导树立良好家风就是对中国优秀传统文化的继承，引导公众在执行合一上下功夫，在日常生活中做到慎独、慎处、慎微,让社会主义核心价值观内化于心、外化于行。

运用制度安排,涵养时代家风,已经成为家庭文明建设的品牌,成为社会主义核心价值体系建设的载体。持之以恒,必能净化社会风气、增强民族自信,涵养出中国家风的可贵内涵,对法治社会的建设产生深远的影响。

第八章　国家制度的顶层设计

习总书记说国家制度的顶层设计

1. 财税制度

财税体制改革不是解一时之弊,而是着眼长远机制的系统性重构。主要目的是明确事权、改革税制、稳定税负、透明预算、提高效率,加快形成有利于转变经济发展方式、有利于建立公平统一市场、有利于推进基本公共服务均等化的现代财政制度,形成中央和地方财力与事权相匹配的财税体制,更好发挥中央和地方两个积极性。深化财税体制改革,涉及面广,政策性强,利益调整难度大,落实工作任务艰巨而繁重。要充分认识深化财税体制改革的重要性、紧迫性、复杂性、艰巨性,树立全国一盘棋思想,加强组织领导,周密安排部署,正确引导舆论,凝聚各方共识,积极稳妥推进改革。(习近平主持召开中央全面深化改革领导小组第三次会议上的讲话,2014 年 6 月 6 日)

2. 户籍制度

推进人的城镇化重要的环节在户籍制度,加快户籍制度改革,是涉及亿万农业转移人口的一项重大举措。总的政策要求是全面放开建制镇和小城市落户限制,有序放开中等城市落户限制,合理确定大城市落户条件,严格控制特大城市人口规模,促进有能力在城镇稳定就业和生活的常住人口有序实现市民化,稳步推进城镇基本公共服务常住人口全覆盖。户籍制度改革是一项复杂的系统工程,既要统筹考虑,又要因地制宜、区别对待。要坚持积极稳妥、规范有序,充分考虑能力和可能,优先解决存量,有序引导增量。要尊重城乡居民自主定居意愿,合理引导农业转移人口落户城镇的预期和选择。要促进大中小城市和小城镇合理布局、功能互补,搞好基本公共服务,还要维护好农民的土地承包经营权、宅基地使用权、集体收益分配权。(习近平主持召开中央全面深化改革领导小组第三次会议上的讲话,2014年6月6日)

3. 司法制度改革

评价一个国家的司法制度,关键看是否符合国情、能否解决本国实际问题。实践证明,我国司法制度总体上是适应我国国情和发展要求的,必须增强对中国特色社会主义司法制度的自信,增强政治定力。

同时,我国司法制度也需要在改革中不断发展和完善。执法司法中存在的突出问题,原因是多方面的,但很多与司法体制和工作机制不合理有关。比如,司法机关人财物受制于地方,司法活动受到干扰;司法行政化问题突出;审者不判、判者不审;司法人员管理等同于一般公务员管理,不利于提高专业素质、保障办案质量;司法不公开、不透明,为暗箱操作留下空间,等等。这些问题不仅影响司法应有的权利救济、定纷止争、制约公权的功能发挥,而且影响社会公平正义的实现。解决这些问题,就要靠深化司法体制改革。

司法体制改革是政治体制改革的重要组成部分,对推进国家治理体系和治理能力现代化具有十分重要的意义。政法机关要加强领导、协力推动、务求实效,加快建设公正高效权威的社会主义司法制度。

要信仰法治、坚守法治，做知法、懂法、守法、护法的执法者，站稳脚跟，挺直脊梁，只服从事实，只服从法律，铁面无私，秉公执法。要靠制度来保障，在执法办案各个环节都设置隔离墙、通上高压线，谁违反制度就要给予最严厉的处罚，构成犯罪的要依法追究刑事责任。

深化司法体制改革，是要更好坚持党的领导、更好发挥我国司法制度的特色、更好促进社会公平正义。凡是符合这个方向、应该改又能够改的，就要坚决改；凡是不符合这个方向、不应该改的，就决不能改。简单临摹、机械移植，只会造成水土不服，甚至在根本问题上出现颠覆性错误。

深化司法体制改革，一个重要目的是提高司法公信力，让司法真正发挥维护社会公平正义最后一道防线的作用。(习近平在中央政法工作会议上的讲话，2014 年 1 月 7 日)

司法改革是这次全面深化改革的重点之一。全会决定提出了一系列相互关联的新举措，包括改革司法管理体制，推动省以下地方法院、检察院人财物统一管理，探索建立与行政区划适当分离的司法管辖制度；健全司法权力运行机制，完善主审法官、合议庭办案责任制，让审判者裁判、由裁判者负责；严格规范减刑、假释、保外就医程序；健全错案防止、纠正、责任追究机制，严格实行非法证据排除规则；建立涉法涉诉信访依法终结制度；废止劳动教养制度，完善对违法犯罪行为的惩治和矫正法律，等等。(习近平关于《中共中央关于全面深化改革若干重大问题的决定》的说明，2013 年 11 月 16 日)

4. 制度红利

改革开放是坚持和发展中国特色社会主义的必由之路，所以必须始终把改革创新精神贯彻到治国理政各个环节，不断推进我国社会主义制度自我完善和发展。(习近平:紧紧围绕坚持和发展中国特色社会主义宣传贯彻党的十八大精神,2013年2月19日)

改革开放是当代中国发展进步的活力之源,是我们党和人民大踏步赶上时代前进步伐的重要法宝,是坚持和发展中国特色社会主义的必由之路。(习近平在广东考察时的讲话,2012年12月13日)

改革开放是决定当代中国命运的关键一招,也是决定实现"两个一百年"奋斗目标、实现中华民族伟大复兴的关键一招。邓小平同志在上个世纪八十年代曾经说过:"改革的意义,是为下一个十年和下世纪的前五十年奠定良好的持续发展的基础。没有改革就没有今后持续发展。所以,改革不只是看三年五年,而是要看二十年,要看下世纪的前五十年。这件事必须坚决干下去。"(习近平在十八届中央政治局第二次集体学习的讲话,2012年12月31日)

坚持和发展中国特色社会主义,不断推进中国特色社会主义制度自我完善和发展,进一步解放和发展社会生产力、继续充分释放全社会创造活力,要求全面深化改革。(习近平在中共中央召开的党外人士座谈会上讲话,2013年9月17日)

5. 网络制度

我国网民有近六亿人,手机网民有四亿六千多万人,其中微博用户达到三亿多人。很多人特别是年轻人基本就不看主流媒体,大部分信息都从网上获取。必须正视这个事实,加大力量投入,尽快掌握这个舆论战场上的主动权,不能被边缘化了。要解决好"本领恐慌"问题,真正成为运用现代传媒新手段新方法的行家里手。

根据形势发展需要,要把网上舆论工作作为宣传思想工作的重中之重来抓。

宣传思想工作是做人的工作的,人在哪儿重点就应该在哪

儿。(习近平在全国宣传思想工作会议上的讲话,2013 年 8 月 19 日)

现行管理体制存在明显弊端,主要是多头管理、职能交叉、权责不一、效率不高。同时,随着互联网媒体属性越来越强,网上媒体管理和产业管理远远跟不上形势发展变化。特别是面对传播快、影响大、覆盖广、社会动员能力强的微客、微信等社交网络和即时通信工具用户的快速增长,如何加强网络法制建设和舆论引导,确保网络信息传播秩序和国家安全、社会稳定,已经成为摆在我们面前的现实突出问题。

全会决定提出坚持积极利用、科学发展、依法管理、确保安全的方针,加大依法管理网络力度,完善互联网管理领导体制。目的是整合相关机构职能,形成从技术到内容、从日常安全到打击犯罪的互联网管理合力,确保网络正确运用和安全。(习近平关于《中共中央关于全面深化改革若干重大问题的决定》的说明,2013 年 11 月 18 日)

6. 新城镇化制度

推进城镇化,还要注意两对关系。一是市场和政府的关系,既坚持使市场在资源配置中起决定性作用,又要更好发挥政府在创造制度环境、编制发展规划、建设基础设施、提供公共服务、加强社会治理等方面的职能。二是中央和地方的关系,中央制定大政方针、确定城镇化总体规划和战略布局,省及省以下地方则从实际出发,贯彻落实总体规划,制定相应规划,创造性开展建设和管理工作。

推进人的城镇化,一个重要的环节在户籍制度。要按照党的十八届三中全会精神,全面放开建制镇和小城市落户限制,有序放开中等城市落户限制,合理确定大城市落户条件,严格控制特大城市人口规模。(习近平在中央城镇化工作会议上的讲话,2013 年 12

月 12 日）

7. 制度试验田

　　建设自由贸易试验区，是党中央为推进新形势下改革开放提出的一项重大举措。要牢牢把握国际通行规则，加快形成与国际投资、贸易通行规则相衔接的基本制度体系和监管模式，既充分发挥市场在资源配置中的决定性作用，又更好发挥政府作用。要大胆闯、大胆试、自主改，尽快形成一批可复制、可推广的新制度，加快在促进投资贸易便利、监管高效便捷、法制环境规范等方面先试出首批管用、有效的成果。（习近平在参加十二届全国人大二次会议上海代表团审议时的讲话，2014 年 3 月 5 日）

　　我们将实行更加积极主动的开放战略，完善互利共赢、多元平衡、安全高效的开放型经济体系，促进沿海内陆沿边开放优势互补，形成引领国际经济合作和竞争的开放区域，培育带动区域发展的开放高地。坚持出口和进口并重，推动对外贸易平衡发展；坚持"引进来"和"走出去"并重，提高国际投资合作水平；深化涉及投资、贸易体制改革，完善法律法规，为各国在华企业创造公平经营的法治环境。我们将统筹双边、多边、区域次区域开放合作，加快实施自由贸易区战略，推动同周边国家互联互通。（习近平：深化改革开放，共创美好亚太——在亚太经合组织工商领导人峰会上的演讲，2013 年 10 月 7 日）

8. 公车改革

　　公款姓公，一分一厘都不能乱花；公权为民，一丝一毫都不能私用。（习近平在第十八届中央纪律检查委员会第三次全体会议上的讲话，2014 年 1 月 14 日）

一、迈向现代财政制度的顶层设计

党的十八届三中全会对全面深化现代财政制度改革作出了系统部署,2014 年 6 月中央政治局批准了《深化财税体制改革总体方案》,拉开了新一轮财税体制改革的序幕,在总体规划和顶层设计中确立了财税改革的定位,这对整个国家未来的经济发展意义十分重大,导向十分清晰明确。

新一轮的财税体制改革的总方向,是到 2020 年左右,建立一整套现代财政制度。这是与全面深化改革的总目标完全一致的重大决策,是推进国家治理体系和治理能力现代化的必然要求。突出强调财政是国家治理的基础和重要支柱的高规格定位,是中央着眼我国现代化建设全局而做出的重要判断,是对新一轮财税改革和财税制度确立的总目标、总方针,高瞻远瞩,宏伟现实。

1. 现代财政制度的国家定位

十八届三中全会《决定》指出:"财政是国家治理的基础和重要支柱,科学的财税体制是优化资源配置、维护市场统一、促进社会公平、实现国家长治久安的制度保障。必须完善立法、明确事权、改革税制、稳定税负、透明预算、提高效率,建立现代财政制度,发挥中央和地方两个积极性。"

在以往的社会定位上,财政和财税体制属于经济范畴,属于经济生活领域,而三中全会界定财政是国家治理的基础和重要支柱,提高到国家治理的基础和支柱层面,从更高层次和更广泛领域对财政制度改革及其作用给予了全新定位,给予了前所未有的高度设计。这样,财政制度也不仅仅是一个经济范畴,而是一个关系国家治理和整个经济社会事务,牵动政治、制度、文化、社会、生态文明和党的制度建设领域的基本要素,成为支撑国家内政外交、治党、治国、治军等各个方面职能履行的重要支撑。在其具体功能上,科学的财税体制也定位于优化资源配置、维护市场统一、促进社会公平、实现国家长治久安的制度保障。

《深化财税体制改革总体方案》指出,财政是国家治理的基础和重要支柱,财税体制在治国安邦中始终发挥着基础性、制度性、保障性作用。我们党历来高度重视财政工作与财税改革,在建立适应中国特色社会主义发展要求的财政制度方面进行了不懈探索。新一轮财税体制改革是一场关系国家治理体系和治理能力现代化的深刻变革,是立足全局着眼长远的制度全局创新。这就是:

通过改进预算管理制度,强化预算约束,规范政府行为,实现有效监督,加快建立全面规范、公开透明的现代预算制度。

深化税收制度改革,优化税制结构、完善税收功能、稳定宏观税负、推进依法治税,建立有利于科学发展、社会公平、市场统一的税收制度体系,充分发挥税收筹集财政收入、调节分配、促进结构优化的职能作用。

调整中央和地方政府间财政关系,在保持中央和地方收入格局大体稳定的前提下,进一步理顺中央和地方收入划分,合理划分政府间事权和支出责任,促进权力和责任、办事和费用相统一,建立事权和支出责任相适应的制度。

新一轮财税体制改革 2016 年基本完成重点工作和任务,2020 年基本建立现代财政制度。

2. 现代财税制度改革的突破口

新的深化财税体制改革的目标,是建立统一完整、法治规范、公开透明、运行高效,有利于优化资源配置、维护市场统一、促进社会公平、实现国家长治久安的可持续的现代财政制度。

(1)20 年的财税体制改革路

我国的财税体制历经多次调整,大体上经历了从"统收统支"到分灶

吃饭的包干制,再到分税制,其改革历程长达 20 年,大体可划分为三个阶段:

第一阶段是放权让利。从 1978 年到 1993 年的 15 年间,政府能够真真切切放下的权就是财税上的管理权,所谓让利也是指政府让利,但是政府能够真正让出的利主要是税收和国有企业上交的利润,通过财税上的放权让利,为改革开放铺路搭桥,使整个改革开放的布局得以平稳推进。

第二阶段是制度创新。从 1994 年到 2013 年的 20 年间,从放权让利迈上制度创新的转折点,是在 1994 年财税体制改革的基础上进行的。

1994 年的财税体制改革主要内容是改革工商税制,推行新的税收制度,实行分税制。这次改革建立了适应社会主义市场经济的财税体制的基本框架,在一定程度上激发了社会活力,为我国的持续发展奠定了基础。

第三阶段是全面深化的财税制度改革。这是以十八届三中全会为始端,在新的历史起点上展开以全面深化为特征的新一轮改革。它的特色是将全面覆盖经济体制、政治体制、文化体制、社会体制、生态文明体制以及党的建设制度等所有领域,将推进国家治理体系和治理能力现代化定位于全面深化改革的总目标,因此,新一轮财税体制的全面改革就充当了全面深化改革的突破口。

从建立与社会主义经济体制相适应的财税体制框架,到建立与国家治理体系和治理能力现代化相匹配的财政制度,是我国财税制度体制改革战略的重大转移,这次转移的成果就是决定建立新的国家财政制度。

这次战略重大转移的意义在于:它体现了现代财政制度的"现代"含义,它体现了国家治理的内在联系的逻辑线索。全面深化改革的总目标是完善和发展中国特色社会主义制度,推进国家治理体系和治理能力现代化,实现国家治理现代化的基础和重要支柱,是坚强而强大的国家财政。构筑坚实而强大的财政基础,是依托于科学的财税体制改革而推进,因此,建立现代国家财政制度要运用科学的财税体制,以达到和实现国家治理体系和治理能力现代化的总体目标。

（2）财税体制改革的试点内容

20年来，我国财税体制改革的试点内容，主要包括七个方面：

①逐步消除"内外有别"的税费制度，全面统一内外资企业税制，让各类企业站在统一起跑线上，促进市场公平竞争；

②推进农村税负改革，全面取消农业税，着力减免农民负担；

③建立完善转移支付制度，促进基本公共服务均等化；

④建立和完善部门预算和国库集中收付制度，规范财政收支；

⑤实施政府采购管理制度改革，提高财政支出效益，降低行政运行成本；

⑥实施成品油税费改革，进一步理顺税费关系；

⑦鼓励节能减排，建立科学发展的机制。

3. 新一轮财税体制改革的目标

新一轮财税体制改革，就是要建立与国家治理体系和治理能力相适应的现代财政制度，现在所说的体制改革不是政策上的修修补补，而是立足全局着眼长远，进行制度创新和实现系统性制度重构的总体要求。财政制度将承担安排体现政府与市场、政府与社会、政府与地方等诸多方面的关系，深刻影响政治、经济、文化、社会、生态文明、国防等领域，在国家治理体系中，始终发挥着基础性、制度性、保障性的作用。

（1）当前财税制度中存在一些问题

虽然经过多次的调整建立了财税体制的基本框架，但制度性的一些问题比较突出，主要体现在三个方面：

①税收优惠政策过多过滥。一些地方为了招商引资向企业许诺，只要前来投资落户就可享受最优惠的税收政策，现在争相建立的五花八门的开发区、高新区，在税收政策上往往都设有特殊优惠。在区域内的企业有税收优惠，区域外的企业没有优惠就造成企业税负的不平等。还有的地方政府违规变相减税，把从企业收上来的税以各种名义返还企业，结果导致财政收入虚增滥用，所造成的税收洼地危害极大，严重损害了市场环

境的公平竞争原则。

②财力固化严重凸显。目前与财政增幅和生产总值挂钩的重点支出,涉及教育、科技、农业、文化、医疗卫生、社保、计划生育等七类。七类重点支出占全国财政支出的 47.5%,支出挂钩机制导致财力的固化,使各级政府很难统筹安排预算,需要急需投入的项目没钱,有的事项则是钱等项目,影响了财政运行的高效率。

③中央和地方事权与支出责任划分不清。中央和地方事权与支出的责任不清晰、不合理、不规范,转移支付制度不完善,项目过多、规模过大,资金分散难以形成合力,必然造成财政资金效率降低,更不利于推进基本公共服务均等化。

(2)财税三大改革 24 字方针

上述存在的突出问题就是新一轮财税制度改革的重头戏。当前重点推进三个方面的改革:

①改进预算管理制度、强化预算约束、规范政府行为、实现有效监督,加快建立全面规范、公开透明的现代预算制度。

②深化税收制度改革、优化税制结构、完善税收功能、稳定宏观税负、推进依法治税,建立有利于科学发展、社会公平、市场统一的税收制度体系。

③建立事权与支出责任相适应的制度。调整中央和地方政府间的财政关系,在保证中央和地方收入格局大体稳定的前提下,进一步理顺中央和地方的收入划分,合理划分政府间收入和支出责任,促进权力和责任、办事和花钱相统一,建立清晰规范的事权和支出责任相适应的事权责任制度。

建立现代财政制度的基本思路,可以概括为 24 个字:完善立法、明确实权、改革税制、稳定税负、透明预算、提高效率。

深化财税改革,迈向现代财政制度的决策也是由倒逼机制而产生,我们当前所面临的现行财税体制存在的不足,引发了一些深层次矛盾的凸显,主要表现在以下诸方面:

由于转移支付制度项目过多、规模过大，资金分散难以形成合力，造成财政资金效率降低，不利于推进基本公共服务均等化，在解决产能过剩，调节收入分配，促进资源节约和生态环境保护方面，现行的税收功能较弱，都有待进一步地调整、规范和创新。专项转移支付项目过多，容易造成"跑部钱进"、"撒胡椒面"现象，造成中央部门通过资金安排不适当的干预地方实权，并且滋生腐败，对这个重大问题，已经着手展开认真清理，整合规范，目前的专项转移支付已从220项减少到150项，建立财政制度的任务之一就是要继续减少专项的转移支付。

4. 预算管理制度七项改革

十八届三中全会《决定》指出：改进预算管理制度。实施全面规范、公开透明的预算制度。审核预算的重点由平衡状态、赤字规模向支出预算和政策拓展。清理规范重点支出同财政收支增幅或生产总值挂钩事项，一般不采取挂钩方式。建立跨年度预算平衡机制，建立权责发生制的政府综合财务报告制度，建立规范合理的中央和地方政府债务管理及风险预警机制。

完善一般性转移支付增长机制，重点增加对革命老区、民族地区、边疆地区、贫困地区的转移支付。中央出台增支政策形成的地方财力缺口，原则上通过一般性转移支付调节。清理、整合、规范专项转移支付项目，逐步取消竞争性领域专项和地方资金配套，严格控制引导类、救济类、应急类专项，对保留专项进行甄别，属地方事务的划入一般性转移支付。

预算方面的改革内容和制度建设，重点包括七项：
①透明预算制度；
②完善政府预算体系；
③改进年度预算制度方式；
④完善转移支付制度；
⑤加强预算执行管理制度；
⑥规范地方债务管理制度；

⑦全面规范税收优惠制度。

2013年七类重点支出即占全国财政支出的47.5%,将近一半的财力从上到下被固化,使各级政府很难统筹安排预算,有的事项急待投入却没钱,有的事项是"钱等项目"影响财政效率。脱离实际的固化现象,必须改为据实安排支出,必须运用制度手段进行调整。

改进年度预算控制方式,建立跨年度的预算平衡机制,向支出预算和政策拓展,实施中长期的制度安排。如果没有中长期规划,预算一年一平衡,财政资金安排就会一年一考虑,不利于照顾长远。设立中长期财政规划制度,能够从长远考虑,应该做什么事,使用多少资源达到什么效果,在资金安排的投入上,运用制度保障事业的有效完成和稳定。

加强预算执行管理,硬化预算约束,所有支出都要预算安排,凡预算未安排事项一律不得支出,使制度安排具有刚性执行力。

5. 建立税收管理制度

税收目前存在的问题主要是:一些地方为了招商引资,向企业许诺了各种优惠,其中最具优惠的就是税收。现在五花八门的开发区、高新区,在税收政策上都有特殊优惠,已出台的区域税收优惠政策约50项,几乎囊括了全国所有省份。企业到地方去投资,往往是货比三家,谁给的优惠多就到谁那去,这样既不利于实现结构优化,也影响了公平竞争和统一市场环境建设,不符合建立现代财政制度的规范。因此,在改革中必须明确,任何法律法规、制度规范和区域政策,都不得突破国家统一的财税制度,凡税收优惠政策未经国务院批准,一律不能成立。

十八届三中全会《决定》指出:深化税收制度改革,完善地方税体系,逐步提高直接税比重。推进增值税改革,适当简化税率。调整消费税征收范围、环节、税率,把高耗能、高污染产品及部分高档消费品纳入征收范围。逐步建立综合与分类相结合的个人所得税制。加快房地产税立法并适时推进改革,加快资源税改革,推动环境保护费改税。

按照统一税制、公平税负、促进公平竞争的原则,加强对税收优惠特别是区域税收优惠政策的规范管理。税收优惠政策统一由专门税收法律法规规定,清理规范税收优惠政策。完善国税、地税征管体制。

税收制度建设包括四项:

①推进增值税改革,包括营改增、继续拓展有关领域;

②完善消费税制度改革涉及增设范围、税率结构和征收环节;

③加快资源税改革,推进资源税从价计征改革;

④建立环境保护税制度。

税种设计增值税、消费税、资源税、环境保护税、房地产税、个人所得税六种。

营改增的范围逐步扩大到生活服务业、建筑业、房地产业、金融业等各个领域。在优化税收结构、完善税收功能、稳定宏观税负,推进依法治税的基础上建立有利于科学发展、市场公平的税收制度体系。

6. 建立事权与支出责任制度

十八届三中全会《决定》指出:建立事权和支出责任相适应的制度。适度加强中央事权和支出责任,国防、外交、国家安全、关系全国统一市场规则和管理等作为中央事权;部分社会保障、跨区域重大项目建设维护等作为中央和地方共同事权;区域性公共服务作为地方事权。中央和地方按照事权划分相应承担和分担支出责任。中央可通过安排转移支付将部分事权支出责任委托地方承担。对于跨区域且对其他地区影响较大的公共服务,中央通过转移支付承担一部分地方事权支出责任。

建立事权与支出责任相适应的制度,是建立现代财政体制的重要方面,根据中央和地方谁干什么事来决定谁掏钱,通过分税、转移支付机制让钱、事相匹配,权责相一致。事权改革的主要内容包括:

在坚持现有中央地方收入格局大体不变的前提下,根据税制改革推进情况进一步理顺中央和地方的收入划分,调整中央和地方的财政关系,在进一步理顺中央和地方收入划分,合理划分政府间事权和支出责任,促进权力和责任、办事和花钱相统一,建立事权和支出责任相适应的现代制度。

7. 建立现代财政制度的路线图和时间表

按照十八届三中全会《决定》，预算管理制度改革是基础，要先行，收入划分改革需在相关税收、税制改革基本完成后进行，实权与支出责任相适应的制度需要量化指标共识后确立方案。今明两年是关键，预算管理制度要取得决定性进展，税收制度要在立法推进方面取得明显进展，事权与支出责任划分改革要基本达成共识，于2016年基本完成深化财税体制改革的重点工作任务，于2020年各项改革基本到位，建立现代财税制度目标基本实现。

二、户籍制度的改革创新

户籍制度改革也是党中央顶层设计的重要制度改革内容之一。2014年6月中央先后召开全面深化改革领导小组第三次会议，对户籍制度改革听取了意见，于7月1日又召开政治局会议，审议通过了《关于进一步推进户籍制度改革的意见》，户籍制度改革正式步入航程。

加快户籍制度改革是涉及亿万农业转移人口的一项重大措施。要坚持以人为本，着力促进有能力在城镇稳定就业和生活的常住人口有序实现市民化，稳步推进城镇基本公共服务常住人口全覆盖。

要坚持积极稳妥、规范有序，既要鼓励各地大胆实践、积极探索，又要指导地方尊重客观规律，尊重群众意愿，不搞指标分配，不搞层层加码。要优先解决好进城时间长、就业能力强、可以适应城镇和市场竞争环境的人，使他们及其家庭在城镇扎根落户，有序引导人口流向。要积极推进城镇基本公共服务由主要对本地户籍人口提供向对常住人口提供转变，逐步解决在城镇就业居住但未落户的农业转移人口享有城镇基本公共服务问题。

1. 户籍制度改革的配套制度

户籍制度改革是一项十分复杂的系统工程,要坚持统筹谋划,协同推进相关领域配套制度改革。

要完善农村产权制度,维护好农民的土地承包经营权、宅基地使用权、集体收益分配权。

要区别情况、分类指导,由各地根据中央的总体要求和政策安排,因地制宜地实行差别化落户政策。

要促进大中小城市和小城镇合理布局、功能互补,增强中小城市和小城镇经济集聚能力,为农业转移人口落户城镇创造有利条件。

2. 户籍制度的顶层设计

十八届三中全会《决定》指出:推进农业转移人口市民化,逐步把符合条件的农业转移人口转为城镇居民。创新人口管理,加快户籍制度改革,全面放开建制镇和小城市落户限制,有序放开中等城市落户限制,合理确定大城市落户条件,严格控制特大城市人口规模。稳步推进城镇基本公共服务常住人口全覆盖,把进城落户农民完全纳入城镇住房和社会保障体系,在农村参加的养老保险和医疗保险规范接入城镇社保体系。建立财政转移支付同农业转移人口市民化挂钩机制,从严合理供给城市建设用地,提高城市土地利用率。

习近平同志对户籍制度改革十分关注,他指出:"推进人的城镇化重要的环节在户籍制度,加快户籍制度改革,是涉及亿万农业转移人口的一项重大举措。"并指出,要做到两个有序放开和一个稳步推进:"总的政策要求是全面放开建制镇和小城市落户限制,有序放开中等城市落户限制,合理确定大城市落户条件,严格控制特大城市人口规模,促进有能力在城镇稳定就业和生活的常住人口有序实现市民化,稳步推进城镇基本公共服务常住人口全覆盖。"

关于户籍制度改革的安排指出,户籍制度改革是一项复杂的系统工程,既要统筹考虑,又要因地制宜、区别对待。要坚持积极稳妥、规范有序,充分考虑能力和可能,优先解决存量,有序引导增量。

要尊重城乡居民自主定居意愿,合理引导农业转移人口落户城镇的预期和选择。要促进大中小城市和小城镇合理布局、功能互补,搞好基本公共服务,还要维护好农民的土地承包经营权、宅基地使用权、集体收益分配权。

习近平同志又强调,要着眼解决发展中存在的突出矛盾和问题,把有利于稳增长、调结构、防风险、惠民生的改革举措往前排,聚焦、聚神、聚力抓落实,做到精之又精、细之又细、实之又实。

3. 破除户籍改革的制度性障碍

户籍制度是阻碍农业人口融入城镇的主要制度性障碍,因此,户籍制度的改革就成为一项多元化、复杂化的艰巨系统工程。裁量户籍制度改革中是否存在制度性漏洞主要看如下三个方面。

（1）确认农民工由农入市的身份制度

当前我国有两亿多农民工,已初步实现从农业到非农业产业的职业转换:从农村到城镇的地域概念转换,从生活乡村化走向生活城市化的习俗转换。这三个基本条件决定着农民工将成为第一批户籍制度改革受益者的群体。但所面临的问题是从农民到市民的身份转变,需要一系列的制度保障:

如实行差别化落户政策,因地制宜区别对待政策。城市人口不能无限扩大,落户政策要充分考虑城市规模的容量,尤其不能过度集中,造成城市能量超载,导致"城市病"。因此,实行差别化的落户政策,就要解决不同城镇规模实行不同户籍政策的差异性,在大中小城市和城镇实行不同的户籍标准有五种:

①全面放开建制镇和小城市落户限制;

②有序放开中等城市落户限制;

③合理确定大城市落户条件,严格控制特大城市人口规模;

④推进符合条件的农业转移人口在城镇落户并享受平等的市民

待遇；

⑤构建合理的城镇体系，促进大中小城市与小城镇合理布局，这在推动中小城市提高产业基础建设水平和公共服务的供给能力上，都要做出资源配置、区域环境等同的推进标准，让中小城市为大城市消解户籍困境。

（2）破除转移人口进城落户的制度瓶颈

这里包括多种类型，如有能力在城镇稳定就业和生活的常住人口有效实现市民化，首先保证一部分长期留在城镇的农民工、企营私业主和技术性农民工实行有序市民化。

流动人口转为城镇居民，实现身份转移，使其获得归属感。这叫"沉淀型"流动人口的城市化转移。

让那些有知识、有本领、有才能、有经济实力、在城市发展能力较强、文化程度较高、工作居住年限较长、具有丰富城镇职业经验的农业转移人口入城落户。

中西部地区在合理承接东部沿海产业转移过程中，为外出劳动力回归创业营造良好环境，推动回归农民工就近城镇化。

以上三种情况是对具体群体而实行的不同政策安排。但要运用人口管理制度、居住证制度、保障其合法权益。同时，应该解决公共服务产品的平等供给能力。

（3）建立基本公共服务全覆盖制度

户籍制度改革涉及地广面宽，需要大量资金支持，目前仅以我国两亿多进城农民工，连同家属涉及的几亿人口而言，按照人均 10 万元的市民化成本计算，就需要高达几十万亿的资金支持。因此，在推进户籍制度改革中，必须坚持积极稳妥、规范有序、能力许可的基本原则，按照上述的差异化布局推进，力争在 2020 年，在现有进城人口中优先解决 1 亿常住人口落户问题。

基本公共服务成为一个必须解决的现实。要稳步推进城镇基本公共服务常住人口全覆盖,从根本上改变过去的基本公共服务产品,主要面向城市户籍人口的现状。必须采取政府主导、全体民众介入、优先发展、合理布局的制度原则,这主要包括子女义务教育、就业创业服务、基本医疗保险、基本养老保险、保障性住房供给等。

享受基本公共服务是每个公民的基本权利。基本公共服务全覆盖是推进以人为中心、以人为核心的新型城镇化建设的实质要件,只有通过人口管理制度和财政转移支付制度的创新,才能推动基本公共服务常住人口全覆盖。这是实现农业转移人口市民化户籍制度改革的重中之重,是必然要设计突破的制度瓶颈。

此外,要运用制度保障转移人口的权益。在城镇化进程中,必须在推进城镇基本公共服务全覆盖的同时,维护好农业转移人口的土地承包经营权、宅基地使用权、集体收益分配权等。土地财产权是法律赋予农民的合法权利,不能随意剥夺;因为土地具有生存保障和致富资本两种功能,大部分农民工的工作和收入不稳定,而土地是他们的生存可靠保障。农民土地流转必须坚持依法有偿原则,保证他们享有土地是否流转的决定权和土地流转形式的选择权,依法依制维护转移人口的权益。

正如习近平同志所指出:"推进人的城镇化,一个重要的环节在户籍制度。要按照党的十八届三中全会精神,全面放开建制镇和小城市落户限制,有序放开中等城市落户限制,合理确定大城市落户条件,严格控制特大城市人口规模。"这就是户籍制度改革的一个基本纲领。

4. 下好户籍改革一盘棋

国务院颁布的《关于进一步推进户籍制度改革的意见》已于 2014 年 7 月 30 日向全国公布,户籍制度改革已进入全面实施阶段。户籍改革的意见指出,改革要坚持积极稳妥、规范有序,坚持以人为本、尊重群众意愿,坚持因地制宜、区别对待,坚持统筹配套、提供基本保障。到 2020 年,基本建立与全面建成小康社会相适应,有效支撑社会管理和公共服务,依法保障国民权利,以人为本、科学高效、规范有序的新型户籍制度。户籍制度改革意见分为三个方面十一条,主要内容如下:

①进一步调整户口迁移政策,全面放开建制镇和小城市落户限制,有序放开中等城市落户限制,合理确定大城市落户条件,严格控制特大城市人口规模,有效解决户口迁移中的重要问题。

②创新人口管理,建立城乡统一的户口登记制度,建立居住镇制度,健全人口信息管理制度。

③切实保障农业转移人口及其他常住人口的合法权益。完善农村产权制度,扩大义务教育、就业服务、基本养老、基本医疗卫生、住房保障等城镇基本公共服务覆盖面,加强基本公共服务财力保障。

《意见》指出,户籍制度改革是一项复杂的系统工程,需要兼顾的因素多,统筹推进的难度大。人口众多、城乡和区域差距较大,如何平衡?许多公共服务和社会福利政策长期与户籍直接挂钩,如何剥离?各类群众发展愿望和利益诉求多元多样,如何协调?这些深层次的矛盾决定了户籍制度改革的艰巨性和紧迫性。因此,户籍制度改革作为全面深化改革中的重要一环,中央要求这项事关社会公平正义,关系全面建成小康社会目标能否顺利实现的重大改革,各地政府部门要充分认识其深远意义,聚焦、聚神、聚力抓落实,做到紧之又紧、细之又细、实之又实,让这一改革改成改好。

《意见》确定了以下四大创新制度:

①建立城乡统一的户口登记制度。取消农业户口与非农业户口性质区分和由此衍生的蓝印户口等户口类型,统一登记为居民户口,体现户籍制度的人口登记管理功能。建立与统一城乡户口登记制度相适应的教育、卫生计生、就业、社保、住房、土地及人口统计制度。

②建立居住证制度。公民离开常住户口所在地到其他设区的市级以上城市居住半年以上的,在居住地申领居住证。符合条件的居住证持有人,可以在居住地申请登记常住户口。以居住证为载体,建立健全与居住年限等条件相挂钩的基本公共服务提供机制。居住证持有人享有与当地户籍人口同等的劳动就业、基本公共教育、基本医疗卫生服务、计划生育服务、公共文化服务、证照办理服务等权利;以连续居住年限和参加社会保险年限等为条件,逐步享有与当地户籍人口同等的中等职业教育资助、

就业扶持、住房保障、养老服务、社会福利、社会救助等权利,同时结合随迁子女在当地连续就学年限等情况,逐步享有随迁子女在当地参加中考和高考的资格。各地要积极创造条件,不断扩大向居住证持有人提供公共服务的范围。按照权责对等的原则,居住证持有人应当履行服兵役和参加民兵组织等国家和地方规定的公民义务。

③健全人口信息管理制度。建立健全实际居住人口登记制度,加强和完善人口统计调查,全面、准确掌握人口规模、人员结构、地区分布等情况。建设和完善覆盖全国人口、以公民身份证号码为唯一标识、以人口基础信息为基准的国家人口基础信息库,分类完善劳动就业、教育、收入、社保、房产、信用、卫生计生、税务、婚姻、民族等信息系统,逐步实现跨部门、跨地区信息整合和共享,为制定人口发展战略和政策提供信息支持,为人口服务和管理提供支撑。

④完善农村产权制度。土地承包经营权和宅基地使用权是法律赋予农户的用益物权,集体收益分配权是农民作为集体经济组织成员应当享有的合法财产权利。加快推进农村土地确权、登记、颁证,依法保障农民的土地承包经营权、宅基地使用权。推进农村集体经济组织产权制度改革,探索集体经济组织成员资格认定办法和集体经济有效实现形式,保护成员的集体财产权和收益分配权。建立农村产权流转交易市场,推动农村产权流转交易公开、公正、规范运行。坚持依法、自愿、有偿的原则,引导农业转移人口有序流转土地承包经营权。进城落户农民是否有偿退出"三权",应根据党的十八届三中全会精神,在尊重农民意愿的前提下开展试点。现阶段,不得以退出土地承包经营权、宅基地使用权、集体收益分配权作为农民进城落户的条件。

三、司法制度的总体规划

1. 掀开司法体制改革的帷幕

2014年6月7日,习近平同志主持召开了中央全面深化改革领导小组第二次会议,审议通过《关于深化司法体制和社会体制改革的意见及贯彻实施分工方案》,明确了深化司法体制改革的目标、原则,制定了各项改革任务的路线图和时间表。

6月30日,习近平同志主持召开中央全面深化改革领导小组第三次会议,又审议通过《关于司法体制改革试点若干问题的框架意见》和《上海市司法改革试点工作方案》,对若干重点难点问题确定了政策导向。《方案》遵循了十八届三中全会的决定精神:

①确保依法独立公正行使审判权检察权。改革司法管理体制,推动省以下地方法院、检察院人财物统一管理,探索建立与行政区划适当分离的司法管辖制度,保证国家法律统一正确实施。

②建立符合职业特点的司法人员管理制度。健全法官、检察官员额制、人民警察统一招录、有序交流、逐级遴选机制,完善司法人员分类管理制度,健全法官、检察官、人民警察职业保障制度。

③健全司法权力运行机制。优化司法职权配置,健全司法权力分工负责、互相配合、互相制约机制,加强和规范对司法活动的法律监督和社会监督。

④改革完善审判委员会制度。完善主审法官、合议庭办案责任制,让审理者裁判、由裁判者负责。明确各级法院职能定位,规范上下级法院审级监督关系。

⑤推进审判检务公开制度。增强法律文书说理性,推动公开法院生效裁判文书。录制并保留全程庭审资料。严格规范减刑、假释、保外就医程序,强化监督制度。广泛实行人民陪审员、人民监督员制度,拓宽人民群众有序参与司法渠道。

全面改革深化领导小组第三次会议又进一步明确了司法制度改革的基本点,这就是:完善司法人员分类管理,完善司法责任制,完善司法人员职业保障,推动省以下地方法院、检察院人财物统一管理,设立知识产权法院,确立司法体制改革的基础性、制度性措施。会议决定试点工作要在中央顶层设计和指导下进行改革的具体步骤和工作措施,鼓励试点地方积极探索、总结经验。中央有关部门要支持司法体制改革,帮助地方解决试点中遇见的难题,确保改革工作落到实处。试点地方党委要加强对司法体制改革的组织领导,细化试点实施方案,及时启动改革试点,按照可复制、可推广的原则推动制度创新。

中央明确要求,有关部门要加强对地方改革的具体指导,明确改革政策、各个环节的衔接、配合关系,各牵头单位要加大年度工作要点的推进、落实力度,到人、到事,凡事都要有人去管、有人去盯、去促、去赶,要抓紧对领导小组工作要点落实情况的督促检查和对账盘点,成熟一个,审议一个,出台一个。

2. 顶层设计的四大目标、六省市试点、七个导向

中央全面深化领导小组第二次会议审议通过的《关于深化司法体制和社会体制改革的意见及贯彻实施分工方案》,明确规定了司法制度改革的目标原则,制定了改革路线图和时间表,正式启动了司法体制的全面改革程序。

完善和改革司法制度的指导原则是:"维护宪法法律权威。宪法是保证党和国家兴旺发达、长治久安的根本法,具有最高权威。要进一步健全宪法实施监督机制和程序,把全面贯彻实施宪法提高到一个新水平。建立健全全社会忠于、遵守、维护、运用宪法法律的制度。坚持法律面前人人平等,任何组织或者个人都不得有超越宪法、法律的特权。"

深化司法制度改革是党内坚持顶层设计与实践相结合的基本导向,积极稳妥全面推进司法制度改革。司法改革的中心是:确保依法独立公正行使审判权和监督权;建立符合职业特点的司法人员管理制度,完善司法人员分类管理制度;健全法官、检察官、人民警察职业保障制度;健全司法权力运行机制,改革审判委员会制度,完善主审法官合议庭办案责任制,让审理者裁判、由裁判者负责;明确各级法院职能定位,规范上下级法院审计监督关系;同时推进审判公开、检务公开、强化监督制度,广泛实行人民陪审员、人民监督员制度,拓宽人民群众有序参与司法改革实践。

全面深化改革领导小组在第三次会议上又审议通过了《关于司法体制改革试点若干问题的框架意见》和《上海市司法改革试点工作方案》,

对若干难点问题确定了四项目标：

①司法人员分类管理；

②完善司法责任制；

③健全司法人员职业保障；

④推动省以下地方法院、检察院人财物统一管理体制。

试点确定在六省市进行：分别选择上海、广东、吉林、湖北、海南、青海六个省市先行试点。

针对七个问题提出了制度建设导向：

①对法官、检察官实行有别于普通公务员的管理管辖制度；

②建立法官、检察官员额制，把高素质人才充实到办案一线；

③完善法官、检察官选人条件和程序，坚持党管干部原则，尊重司法规律、确保司法队伍政治素质和专业能力；

④完善办案责任制，加大司法公开力度，强化监督制约机制；

⑤健全与法官、检察官司法责任相适应的职业保障制度；

⑥推动省以下地方法院、检察院人财物统一管理；

⑦完善人民警察警官、警员、警务技术人员分类管理制度。

3. 确立责任制度——法官不再是"官"

司法制度的建设内容是：建立公正、高效、权威的社会主义司法制度，实现司法公正，建立符合司法规律的办案责任制，"有权必有责、用权受监督、失职要问责、违法要追究"的法治原则。即十八届三中全会决定的要求："让审理者裁判、由裁判者负责。"探索建立突出法官、检察官主体地位的责任制。

司法制度改革的重点内容是：坚持一个主体地位三个责任制，这就是完善主审法官责任制、合议庭办案责任制、检察官办案责任制，突出法官、检察官办案的主体地位，明确法官、检察官办案的权力和责任，对所办案件终身负责。对错案实行严格责任追究，形成权责明晰、权责统一的司法权力运行机制。

从这一意义上来说，法官不再是行政管辖的"官"，而是具有尊严和职业荣誉感的法律职业共同体成员。

司法制度改革的重要抓手是运用信息化手段加强和规范对司法活动的公开力度,全面推进办案工作、全程录音录像、生效裁判文书上网;充分发挥律师在诉讼中的作用,确保司法权依法公正运行,真正体现司法案件的公平正义。

《关于司法体制改革试点若干问题的框架意见》和《上海市司法改革试点工作方案》中,都对司法人员分类管理做了制度安排,这就是为确保高素质的司法队伍的建设、司法权力运行机制的科学化必须实行司法公平、公正原则,建立符合职业特点的司法人员管理制度,是建设高素质司法队伍的制度保障,抓住了司法人员管理制度的改革成效,这在司法制度改革中处于基础性地位,决定整个司法制度改革的成败。从一定意义上讲,检察官和法官在去行政化的进程中已不再是官;同时,在法院和检察院工作的人员也并不都是法律意义上的司法人员。在司法人员分类管理制度中,基本分为法官、检察官,司法辅助人员,司法行政人员。对法官检察官实行有别于普通公务员的管理制度,从根本上形成了法官不再是"官"的制度体制。

4. 司法人员管理制度——激活一池静水

实行司法人员分类管理的基础是建立在法官、检察官员额制,提高法官、检察官任职条件。综合考虑其政治素养、廉洁自律、职业操守,以及专业素质、办案能力、从业经历等多种因素,公平公正的选任法官、检察官,从现实中解决了法官队伍过大、进入门槛偏低的问题,对提高队伍素质、提升公正司法能力具有决定意义。

对司法人员的分类管理制度,其中还包括人民警察、警官、警员、警务技术人员实行分类管理制度,健全执法勤务机构人民警察警员序列制度,重点解决亮大面宽的一线警员任务重、职级低、待遇差的问题,同时按照公务员法确定的职务分类框架建立公安、安全、审判、监察机关、专业技术类公务员管理制度,确保人员待遇与专业技术职务配套衔接。对公安、安全机关具有刑事司法属性的侦查人员探索实行主办侦查员制度,并完善相应的职业保障制度。

司法制度规定法官、检察官的人选要坚持党管干部原则,尊重司法规律,法官、检察官首先要有过硬的政治素质,具有符合业务需要的专业能力。在省一级设立法官、检察官任选委员会,从专业角度提出法官、检察官人选,由组织人事、纪检监察部门考察法官,人大依照法律程序任免。建立主体遴选制度,上级法院检察院的法官、检察官,原则上从下一级法院和检察院择优选人,保证了具有丰富司法经验和较强司法能力的法官、检察官入选。在运作程序上、在选人渠道上,实行有别于普通公务员的招录办法,招录优秀律师和具有法律职业资格的法学学者等人才进入法官、检察官队伍,为建立法律共同体搭建平台。

附件1:5+1制度——上海市司法改革试点方案五项内容

①完善司法人员分类管理制度;
②健全法官、检察官及司法辅助人员职业保障制度;
③完善司法责任制;
④探索建立省以下法院、检察院的法官、检察官省级统一管理体制;
⑤探索建立省以下法院、检察院经费省级统一管理机制。

附件2:最高人民法院"四五改革纲要"主体内容

①推动在省一级设立法官遴选委员会,从专业角度提出法官人选;
②将法院人员分为法官、审判辅助人员和司法行政人员,分类管理;
③对法官在编制限额内实行员额管理,确保法官主要在审判一线;
④一线办案法官即使不担任领导职务,也可晋升至较高法官等级;
⑤推动在知识产权案件较集中的地区设立知识产权法院;
⑥主审法官独任审理案件的裁判文书,不再由院、庭长签发;
⑦建立法官惩戒制度,设立法官惩戒委员会;
⑧建立庭审公告和旁听席位信息的公示与预约制度;
⑨实现四级法院依法应当公开的生效裁判文书统一在中国裁判文书网公布;

⑩改革法院考评机制,取消违反司法规律的排名排序做法;

⑪推动省级以下地方法院经费统一管理机制改革;

⑫地方法院收取的诉讼费、罚金、没收的财物等,统一上缴省级国库。

从"四五改革纲要",即2014—2018年的司法改革纲要,可以清楚地看到新一轮对外改革开放的基石是制度自信和制度创新。在司法制度改革上的基本点,也是建立在运用法治思维管人、管权、管事,提高政法队伍建设的制度化水平,主要体现在以下五个方面:

一是建设一支信念坚定、执法为民、敢于担当、勤政廉洁的司法队伍。既要端正执法理念,提高执法素质,又要善于运用法治思维,从制度建设层面对管人、管权、管事中存在的不适应国家持续稳定发展的弊端提出长远解决方案,确保权力规范公正行使,确保司法队伍清正廉洁。

二是用制度理清执法司法权边界。法治既受于权力,也约束权力,把执法司法权关进制度笼子里,最重要的是明确司法权由法律授予,没有法律授权,不得对公民、法人和其他组织实施司法行为。当前,对于法律授予司法机关的司法权力要进行全面梳理,清晰界定司法人员行使权力承担责任的界限。

三是运用制度监督制约司法权力的运行。司法权的行使关系当事人的权利,如果缺乏监督,既会影响司法公平公正,也会产生司法腐败。坚持以权利制约权力,健全司法单位分工负责、互相配合、依法制约的制度机制,强化对执法司法权的监督制约,确保权力行使到哪里,监督制约机制就跟踪到哪里,最大限度预防和减少权力出轨和权力寻租。

四是用制度促进司法权的公开透明运行。要通过完善和健全制度确保法律在阳光下运行,如执法依据、程序、流程、结果都能够及时公布,以公开促公正,以公信保清廉,达到执法办案信息化、制度化,做到动态管理、刚性约束、规范公正高效。

五是用制度严格保障权责一致。在司法改革中形成严格的制度体系,在执法办案各个环节都设立制度隔离墙,通上高压电,坚持法律面前人人平等,执行制度没有例外,对于违反制度的要严肃查处,发现一起查处一起,绝不姑息,对于构成违法犯罪的坚决追究法律责任。

附件3：建立审判权力运行体系路线图和时间表

1. 到2015年年底

健全完善权责明晰、权责统一、监督有序、配套齐全的审判权力运行机制；

初步建立诉访分离、终结有序的诉讼信访工作机制；

健全完善以庭审为中心的审判机制，强化刑事诉讼中的人权保障机制，确保司法公正。

2. 到2016年年底

建成人民法院审判流程公开、裁判文书公开和执行信息公开三大平台；

形成定位科学、职能明确、监督得力、运行有效的审级制度。

3. 到2017年年底

初步建立分类科学、结构合理、分工明确、保障有力、符合司法职业特点的法院人员管理制度；

初步形成科学合理、健全有效、便民利民、确保公正的司法管辖制度；

初步建立统一管理、两级保障的人民法院经费保障体制，实现人民法院内设机构的优化配置。

四、深化考试招生制度改革

2014年8月29日，中共中央政治局召开会议，审议通过了《关于深化考试招生制度改革的实施意见》，9月4日，国务院予以公开发布，这标志着顶层设计的考试招生制度的新一轮改革全面启动。

考试招生制度是国家的基本教育制度，是人才培养的枢纽环节，关系到国家发展大计，关系到每一个家庭的利益，关系到亿万学子的成长命运，是全党全国人民深切关注的一项重大制度改革。

改革开放35年来，我国的考试招生制度不断改进和完善，初步形成了独立的一套制度,为国家选拔人才、彰显社会公平作出了历史性贡献,为提高教育质量和教育素质,促进国家的现代化建设发挥了不可替代的重要作用。这次深化考试制度改革就是在 30 多年我国教育发展的基点上,为全面贯彻新时期的党的教育方针,坚持立德树人,进一步促进教育公平,培养德、智、体、美全面发展的社会主义建设者和接班人而推进的一项制度深化改革和制度创新。

这次考试招生制度改革的总体定位是促进公平、科学选材,改革的总目标是到 2020 年基本上建立中国特色的现代教育考试招生制度,形成分类考试、综合评价、多元录取的考试招生模式,健全促进公平、科学选才、监督有力的制度体系,从而构建衔接沟通各类教育、认可多种学习成果的终身学习"立交桥"。

实施意见从三个方面确定了体制体系的制度改革:

1. 基本原则和总体目标

(1)基本原则

①坚持育人为本,遵循教育规律。把促进学生健康成长成才作为改革的出发点和落脚点,扭转片面应试教育倾向,深入推进素质教育,培养德、智、体、美全面发展的建设者和接班人。

②着力完善规则,确保公平公正。把促进公平公正作为改革的基本价值趋向,完善法律法规,健全制度体系,切实保证考试招生机会公平、程序公平、结果公正。

③体现科学高效,提高选拔水平。促进科学选才,完善政府监管机制,确保国家的考试招生有序、高效实施。

(2)总体目标

2014 年启动考试招生改革试点,2017 年全面推进,2020 年基本建立一套中国特色现代教育考试招生制度体系,形成分类考试、综合评价、多元录取的考试招生模式,构建衔接沟通各级各类教育、认可多种学习成果的终身学习"立交桥"。

2. 总体任务和措施

其任务重大而浩繁,主要包括三大体系:

其一,改进招生计划分配方式体系。综合考虑生源数量及办学条件、毕业生就业状况等因素,完善国家招生计划编制体系,督促高校严格执行招生计划。

要坚持增加农村学生上重点高校人数,实施农村贫困地区定向招生专项计划,部属高校省属重点高校要安排一定比例的名额招收边远、贫困、民族地区的优秀农村学生。

要完善中小学招生办法,破解择校难题。试行学区制和九年一贯对口招生,实行优质普通高中和优质中等职业学校招生名额合理分配机制,进一步落实和完善进城务工人员子女入学和升学考试保障措施。

其二,改革考试形式和内容。主体是完善高中学业水平考试,规范高中学生综合素质评价,加快推进高职院校分类考试,深化高考考试内容的深层次改革。要依据高校人才选拔要求,改进评分方式,加强评卷管理,完善成绩报告,从 2015 年起,增加使用全国统一命题试卷的省份,尤其是通过分类考试录取的生员应占高职院校招生总数的一半左右,2017 年成为主渠道。

其三,改革招生录取机制和监督管理机制。

一是减少和规范考试加分。大幅度减少严格控制考试加分项目,2015 年起取消体育、艺术等特长生的加分项目。

二是完善和规范自主招生。自主招生主要选拔均有学科特长和创新潜质的优秀学生。

三是完善高校招生选拔机制。涉及考试招生的相关事项包括标准、条件和程序等内容,在招生中,详细名列并提前向社会公布。

四是改进录取方式。推行高考成绩公布后填报志愿方式,逐步创造条件取消高校招生录取批次。

五是拓宽终身学习渠道。扩大社会成员接受多样化教育机会,中等职业学校实行注册入学,成人高等学历教育实行弹性学制,宽进严出。实现多种学习渠道、学习方式、学习过程的相互衔接,构建人才成长的"立交桥"。

六是监督管理体制。为确保招生制度改革的全面实施,要坚持信息公开,实施招生阳光工程,加强制度保障,强化教育考试安全管理制度,健全诚信制度,进一步完善教育考试招生的法律法规体系。

加大违规查处力度,严肃查出违法违规行为,严格追究当事人及相关人员责任,对敢于以身试法者将依法追究、严惩不贷。

3. 实施意见中的两大制度建设亮点

这次高校招生录取方式的变化,细化为以下八个方面:

高校将涉及考试的相关事项要名列提前向社会公布;

加强学生招生委员会的建设;

聘请社会监督员巡视测试和录取现场;

建立考试录取申诉机制;

建立招生问责制;

推行高考成绩公布后填报志愿方式;

逐步取消高校招生录取批次;

改进投档录取方式,推进平行志愿投档方式。

在综合考试内容上,凝聚了两方面的探索:一是改革考试科目设置,考生总成绩由统一高考的语文、数学、外语三个科目成绩和高中学业水平成绩考试三个科目成绩组成,保持统一高考的语文、数学、外语科目不变、分值不变,不分文理科。二是改革招生录取机制,探索基于统一高考和高中学业水平考试成绩,参考综合素质评考的多元录取机制。

实施意见特别指出,要充分考虑教育的周期性,提前公布考试招生制度改革实施方案,给考生和社会明确稳定的预期,这将缓解社会存在反映强烈的问题,如对影响学生全面发展、一考定终身的难题的破解,对城乡不平等、中小学择校矛盾突出的问题将进一步的缓解,更好地促进学生健康成长,保障国家科学选拔人才,更好地维护社会公平公正,都将具有历史性的影响。

五、互联网制度建设

至今人们记忆犹新,在北京中关村街头曾经树立起的那个巨大广告牌:"中国人离信息高速公路有多远? 向北 1500 米。"20 年过去,当年的路标早已失去,引来的却是一条中国网民的无限信息高速之路。互联网给中国送来的不仅是信息高速网络经济,更重要的是带来了一整套互联网的制度规则,或者正在建设中的互联网法治。就是说在中国的制度体系建设中,又增加了一个成员,互联网制度笼子。

1. 习惯和规则:面临网络挑战

当 1987 年中国发出的第一封电子邮件"跃过长城,走向全世界"的时候,互联网所影响的是整个中国的社会内涵、公共事物的活动规则以及国家竞争的新格局、国家安全的战略高地,而这些习惯和规则的改变,都将成为互联网制度建设的重要资源。这就是:

(1)生活规则

现在,互联网的电子邮件、网络阅读,都已成为司空见惯的生活工具和必需的生活环境。有的人若搜不到网络信号就难以忍受,离开了手机就坐立不安,时间被切成碎片,阅读被改变成娱乐欣赏,作为网络工具直接异化了人们的理念。这在生活规则的确立上,就是一种生活规范的强迫症。数字生存如何才能更有意义? 如何克服网络强迫症? 这些已成为制度规则面临的时代使命。

(2)文明规则

不管个人、行业和社会,互联网的建网模式、运行模式都成为一个基本的预警,成为人们交往的定则。摆在社会面前的问题是,虚拟社会如何才能更加文明? 翻开网络的阴暗一页,如"三人成虎"的故事、扣帽子打棍子的霸道讨论、大 V 们的肆无忌惮、诚信的失灵、谣言的泛滥,都为公共秩序社会公德造成了巨大的撞击,使一个本来明净的网络空间覆盖上重重雾霾。

因此,在网络空间搭建的言论广场,有表达就得有责任,有自由就要有担当,既强调发言的权利和语言个性,又必须强调公共秩序和公德。从文明规则的需求观,消除"唯我症",建立清明网络空间,必是互联网制度建设的必经之路。

（3）知识规则

网络的传播是提升知识能量的最佳选择和最有力的工具。30 年前,著名科学家钱学森在探讨培养天才儿童教育时就曾指出:"任何天才都可复制,任何天才都可培养,如中国的神童培养那样。但在今天要有两个决定性条件,一是计算机系统,二是知识的勤奋。"当网络公开课打造出的"数字常青藤",成为一部随身可以携带的百科全书,"随手百度"成为无限量的大脑内存,这样,海量信息如何成为智慧之源,就成为提升时代智能的决定因素。而智慧规则的"铁律"必须放弃随意性,放弃黄色物质的污秽环境,使互联网成为清静的智慧源,制度规则就成为一个导向遵循的命题。

（4）治理规则

网络已成为行业、商业和市场的交易工具。2013 年的网络经济就已突破 6 千亿元,电子商务交易总额达到 10 万亿元,全国 83% 的企业都已经使用互联网开展业务。在中国转型升级的时期,互联网的功能治理作用,业已凸显。现在面临的问题是,在数字时代如何把治理命题转化为网络平台的重要前提,如重大项目的上马决策,雾霾袭来的对策,个人信息的保护,诚信社会的公信保障等,还有所面临的极端化的名义表达和随意的信息变量,都要求确立网络的治理规则,必须具备管理、推进、监督、创新的基本条件,把网络能量转化为治理能力,给予制度提升的空间。

（5）空间规则

互联网的事业将整个地球变为地球村，宇宙空间变为网络空间，在整个国际社会，都同样面临着一个安全问题。斯诺登解开的"棱镜门"，只让人们窥视了网络暗战的一角，就已经成为国际社会震惊的国家安全重大问题。正如习近平同志所说：没有网络安全就没有国家安全，网络安全成为国家的战略高地。互联网已经成为陆、海、空、天之外人类活动的第五空间，构筑网络空间的发展战略，必须由制度安全体系来保驾护航。

2. 制度架构：互联网经济创新驱动

（1）互联网的市场理念

在今天一个十几亿人的市场上，"从每个人手里挣一分钱，就是千万富翁"的思路，已成为运用互联网创业的概念，伴随着互联网技术发展起来的一系列商业模式创新，都为互联网产业创新提供了极好的原始积累。例如，一家网上坚果店，创业几个月日销售额高达800万元，年销售额超过3亿元。一家成立不久的手机厂商，在4月8日的12个小时内，就接到200万个订单。利用网络购物余额理财的思路，不到一年就打造出一支5000多亿元的货币基金。这些商业模式都是网络版图的创新，更是促进市场经济巨大发展的网络红利。

在互联网普及的今天，正隐藏着改变世界的巨大潜力。利用互联网优势，跨越经济创新的步伐，包括传统商业运行的铁律，同样也成为互联网面前人人平等的现实。

（2）互联网的制度理念

基于这些因素，在互联网的产业创新制度体系建设中，应当充分考虑到：社会生产者所普遍关注的海量、快速、自由、免费的互联网特征，更多强调的是平等、开放、协作、共赢的互联网精神，通过制度安排，让它从云端步入现实生活，必将与产业升级、市场经济的快速发展紧密融合为一体。这是企业家们的普遍觊觎。

人格化的因素是互联网创新驱动的一个特点。若干互联网商业模式的产生和商业生态的构建,完全是建立在公开透明的运作平台之上,并给所有参与者更多的成就感、归属感,使得利益不再是利益的考量,商业关系在网络的纽带下注入了更多人格化因素,这样,尊重每个人的权利,汇集每个人的能量,凝聚每个人的价值观念,就使商业网的人格化更为广泛普遍。同样,对参与者的责任担当要求更加严格和规范。这也是普通民众的期盼。

移动互联网的快速发展,带来的商业模式乃至商业逻辑的深刻变化,也快速推动着制度模式的创新。改变无处不在,创新日新月异,身处 e 时代的制度思维模式,只能顺势而为,融合互联网时代经济的发展需要,建立一套公正、互赢、和谐、平等的保障制度体系。

（3）互联网的制度模式:跨越式跳跃

移动互联网的快速发展带来了商业模式乃至商业逻辑的快速发展。马化腾对移动互联网有一段描述:我认为,移动互联网才是真正的互联网,我们的感受是,智能手机是人感官的一个延伸,手机摄像头相当于眼睛的延伸,感应器相当于触觉的延伸,麦克风相当于嘴巴的延伸,这些都把人的器官延伸增强了,并且通过互联网连在了一起,这是前所未有的。在移动互联网阶段,互联网与所有传统行业都有深度结合的空间,成为主体经济不可分割的一部分,不仅人和人之间连接,人和设备、设备和设备、甚至人和服务之间都有可能产生连接,未来连接一切的时代还有很多运作空间。尤其最近的互联网与金融的连接就成为金融界的热门,互联网将让金融变得更有效地为经济、为社会服务,完全实现普惠金融的精神。

20 年的互联网旅程,为中国经济尤其对实体经济的发展产生了不可估量的影响,几乎涉猎教育、文化、旅游、金融、批发、物流、交易等领域,以及政府办公、诉讼审判等党政系统,互联网无处不在、无业不介,移动互联网所带来的信息产业更是一个巨无霸的发展空间。真正实现地球成为地球村,千里信息一秒牵。

2014 年 5 月,全球移动互联网大会在北京召开,业内专家共同探讨了移动互联网的未来,并发布了《手机浏览器发展趋势白皮书》等规范性文件。专家们一致认定：在硬件越来越智能化的背景下，随着宽带中国、4G 网络建设加快，移动互联网将渗透到中国社会的每个角落，中国要赢得未来，就要敢于拥抱移动互联网，从互联网上跨越式赶超世界。

移动互联网的制度构架必然是：未来一切皆可移动，既涉及互联网的能量快速释放，又涉及深入改革开放和移动互联网的交融关系，以实现保障国家安全的必要措施和经济宏观发展预测的制度全覆盖。

3. 大数据、云计算的关联制度

移动互联网已经改变了关闭电脑而结束互联网联系的时代，可以通过手机、各种穿戴式的职能设备、移动式的各种路件，随时保存在互联网空间中，而大数据和云计算则构成另外一个特定的规范：万物皆互联，无处不计算。

因为互联网、手机、无线传感器的普及，实施监测、远程协作、搜索管理已成为日常生活事，信息像水电一样通过网络管道共享，计算机上的有形数据转化为无形财富。这样，职能终端与可穿戴计算设备的出笼，使得行为、位置、心里数据等客观变化，成为可供记录和分析的对象，这标志着云计算与大数据时代序幕的开启。职能管理、社交网站、互联网技术进入人类社会的生活，就如同搭上高铁列车，风驰电掣驶向未来。

大数据之大不仅在于容量，更在于社会对其价值的洞悉，作为一种新的测量工具，将再一次引领新的繁荣，提供给社会和人们生活、事业的选择。随着新媒体技术的更新，大数据的概念逐渐拓展，涵盖了从数字图像、新闻更迭、文本记录、视频文档、社交平台互动所提供的所有信息，它被视作一种能力，引发了国家战略层面的深刻关注。在大数据所重塑的后信息环境中，一个大规模的生产、分享和运用数据的世界扑面而来。

而以云计算为基础的信息存储、分享和挖掘手段，又推动着数据的交换、整合和分析，帮助社会和人们发现新的知识领域，创造新的价值未来，这将对中国社会新的繁荣，人类文明的再一次进步，产生巨大的挑战意义。

这些关乎国家安全、国计民生、社会发展、人类文明的高科技事业，必须有适应和完整的制度架构,以保证运行发展的未来。

4.三维打印的未来制度安排

从印刷技术产业走向中国社会的未来,如同计算机产生的革命效果一样,一个三维打印的技术空间在向中国经济的创新频频招手。

作为前沿性的技术制造,三维打印同样正在快速改变着人们的生产方式、生活意向,在生物、医学、建筑等领域,发挥着重要的引擎作用。2014年在北京召开的三维打印技术大会,表明中国的三维打印技术已经迈过传统的行业底线,走向从细胞到建筑无所不能的市场境界。

2014年5月在青岛召开的世界三维打印技术博览会上,人们从各个展厅看到了用三维打印技术打印出来的衣服、项链、玩具以及用于装备制造业的机器、零部件,还有医学领域的牙齿、骨骼,甚至能够从事"细胞打印",它将对最简单的脂肪干细胞以及组织工程器官移植等生物领域技术,产生难以想象的空间飞跃,使人们看到了一个严肃的制度命题。

三维打印技术的发展也同样要考虑到安全性问题,因为从工艺品到飞机零部件,从发射子弹的手枪到可吃的蛋糕,三维打印都可以实现,而且打印所需的材料也不尽相同,这可能会从技术推广衍生一系列的道德安全问题,引发社会和谐和社会安全问题。对此,就需要运用制度保障,运用法律裁定。

面对互联网的飞速发展所带来的这些尖端技术功能,制度的命题就是要靠制度规则保证大数据、云计算的活力,要用法律界定大数据、云计算在医疗、卫生、保险等领域得以广泛运用的价值取向,让互联网、高科技像土地、矿产能够产生价值的资源一样,规避信息安全风险,这是当前制度规则和法律使命所面临的重大课题。

六、新城镇建设制度体系

十八大提出的重要创新制度建设主要有两项:一是新城镇化的制度

体系建设;二是自贸区经济制度体系建设,两项制度体系的结构和创新发展,进一步完善了基本经济制度。创新经济制度的重要成果,将对中国社会的未来发展产生深远的影响。

1.城镇化——现代化的必由之路

城镇化是伴随工业化发展,非农产业在城镇集聚、农村人口向城镇集中的自然历史过程,是人类社会发展的客观趋势,是国家现代化必由之路。工业革命以来各国经济社会的发展表明,一个国家要成功实现现代化,必须注重城镇化发展。我国实现新型城镇化的决策,主要根据我国实现现代化的发展需要做出的重大抉择,它体现在以下五个方面:

(1)城镇化是保持经济持续健康发展的强大引擎

内需是我国经济发展的根本动力,扩大内需的最大潜力在于城镇化。目前我国常住人口城镇化率为 53.7%,户籍人口城镇化率只有 36% 左右,不仅远低于发达国家 80% 的平均水平,也低于人均收入与我国相近的发展中国家 60% 的平均水平,还有较大的发展空间。

(2)城镇化是加快产业结构转型升级的重要抓手

产业结构转型升级是转变经济发展方式的战略任务,加快发展服务业是产业结构优化升级的主攻方向。目前我国服务业增加值占国内生产总值比重仅为 46.1%,与发达国家 74% 的平均水平相距甚远,与中等收入国家 53% 的平均水平也有较大差距。

(3)城镇化是解决农业、农村、农民问题的重要途径

我国农村人口过多、农业水土资源紧缺,在城乡二元体制下,土地规模经营难以推行,传统生产方式难以改变,这是"三农"问题的根源。我国人均耕地仅 0.1 公顷,农户户均土地经营规模约 0.6 公顷,远远达不到农业规模化经营的门槛。

（4）城镇化是推动区域协调发展的有力支撑

改革开放以来，我国东部沿海地区率先开放发展，形成了京津冀、长江三角洲、珠江三角洲等一批城市群，有力推动了东部地区快速发展，成为国民经济重要的增长极。

（5）城镇化是促进社会全面进步的必然要求

城镇化作为人类文明进步的产物，既能提高生产活动效率，又能富裕农民、造福人民，全面提升生活质量。

2. 战略决策——破解"二元结构"

在发展城乡一体化、建设新型城镇化中的主要障碍是城乡的二元结构。要从根本上解决这些问题，必须创新体制机制，形成以工促农、以城带乡、工农互惠、城乡一体的新型工农城乡关系，让广大农民平等参与现代化进程，共同分享现代化成果。如何破解"二元结构"，十八届三中全会《决定》中确立了五大战略，这就是：

（1）加快构建新型的农业经营体系

坚持家庭经营的基础性地位，推进家庭经营、集体经营、合作经营、企业经营等共同发展的农业经营方式不断创新。

坚持农村土地集体所有权，依法维护农民土地承包经营权，发展壮大集体经济。

坚持和完善最严格的耕地保护制度，赋予农民对承包地占有、使用、收益、流转及承包经营权抵押、担保权能，鼓励以承包经营权入股发展农业产业化经营。

鼓励承包经营权在公开市场上向专业大户、家庭农场、农民合作社、农业企业流转，发展多种规模经营。

鼓励农村发展合作经济，扶持发展规模化、专业化、现代化经营。

鼓励和引导工商资本到农村发展适合企业化经营的现代种养业，向农业输入现代生产要素和经营模式。

（2）赋予农民更多财产权利

保障农民集体经济组织成员权利，积极发展农民股份合作，赋予农民对集体资产股份占有、收益、有偿退出及抵押、担保、继承权。

保障农户宅基地用益物权，改革完善农村宅基地制度，慎重稳妥推进农民住房财产权抵押、担保、转让，探索农民增加财产性收入渠道。

支持建立农村产权流转交易市场，推动产权流转交易公开、公正、规范运行。

（3）推进城乡要素平等交换

维护农民生产要素权益，保障农民工同工同酬，保障农民公平分享土地增值收益，保障金融机构农村存款主要用于农业农村。

健全农业支持保护体系，改革农业补贴制度，完善农业保险制度。鼓励社会资本投向农村，在农村兴办各类事业。统筹城乡基础设施建设和社区建设，推进城乡基本公共服务均等化。

（4）完善城镇化健康发展体制机制

坚持走中国特色新型城镇化道路，推进以人为核心的城镇化，推动大中小城市和小城镇协调发展、产业和城镇融合发展，促进城镇化和新农村建设协调推进。

推进城市建设管理创新。建立透明规范的城市建设投融资机制，允许地方政府通过发债等多种方式拓宽融资渠道，允许社会资本参与城市基础设施投资和运营。

（5）推进农业转移人口市民化

逐步把符合条件的农业转移人口转为城镇居民。创新人口管理，加快户籍制度改革，全面放开建制镇和小城市落户限制，有序放开中等城市落户限制，合理确定大城市落户条件，严格控制特大城市人口规模。

3. 规划纲要——四大指标

根据中国共产党第十八次全国代表大会报告、《中共中央关于全面深化改革若干重大问题的决定》、中央城镇化工作会议精神编制的《国家新型城镇化规划(2014—2020年)》,明确未来城镇化的发展路径、主要目标和战略任务,统筹相关领域制度和政策创新,是指导全国城镇化健康发展的宏观性、战略性、基础性规划。

新型城镇化提出了四大指标:

①指标一:以人为本,加速农民工市民化,即城镇化水平达到常住人口城镇化率60%左右,户籍人口城镇化率45%左右。

规划明确提出我国的常住人口城镇化率将从2012年的52.6%提高到2020年的60%左右,户籍人口城镇化率将从2012年的35.3%提高到2020年的45%左右。这在制度确立上存在着一个问题,即户籍人口城镇化和常住人口城镇化不能等同,这种差别实际与诸多的福利因素以及社会管理的现实条件脱节,这种制度上安排的差异化,应当是公平而合理的一个系数。

②指标二:基本公共服务即城镇基本公共服务从主要对本地户籍人口提供为面向常住人口。目前被统计为城镇人口的2.34亿农民工,在教育、就业、医疗、养老、保障性住房等方面,未能享受城镇居民的基本公共服务,这成为我国城镇化进程中的一个突出问题,因此规划中提出了制度性的安排是:在推进户籍制度改革,让符合条件的农业专业人口落户城镇的同时,积极推进城镇基本公共服务,由主要对本籍户口人口提供向常住人口提供转变,初步解决在城镇就业居住单位落户的农业专业人口,享有城镇基本公共服务待遇。

到2020年将有一个亿左右农业专业人口和其他常住人口在城镇落户,对于最关键的农民工子女接受义务教育问题,确定比例为99%左右,目前全国已经有一千四百多万农民工随迁子女,分别在公办学校和民办学校就读。这一制度安排能够让基层百姓看到向上的希望,确保不会因贫困教育缺失,这样做也有利于激发社会活力。

③指标三:基础设施百万以上人口城市,公共交通占机动化出行比例达到60%,我国城市基础设施目前因存在重量不足、标准不高、运行管理粗放等现状,规划专门针对基础设计的诸多"短板"设定了"硬杠杆",这对改

善宜居环境,增强人均综合承载能力,破除各种"城市病",具有重要意义。

④指标四:运用节约集约用地建设绿色城市。人均城市建设用地不小于100平方米,空气质量达到国家标准的城市比例为60%。根据这一指标将强调人均城市建设用地不超过100平方米,在空气质量改善形成联防联控联动的机制,确保绿色城市建设的基础条件,目前居民人均建设用地面积早已超过国家规定的80—120平方米标准,造成了"平地建城植树,基本农田上山"的怪现象,规划提出的指标系数将是制度建设的合理依据。

我国到2020年推进以人为核心的新型城镇化,着重要解决好三个1亿人的问题。即:促进约1亿左右的农业专业人口和其他常住人口落户城镇;改造约1亿人居住的城镇棚户区和城镇村;引导约1亿人在中西部地区就近城镇化。这将是提高城镇化质量的重点任务,也是我国城镇化向现代化迈进的必由之路。

4.行动规则——五大战略任务

新型城镇化是综合性系统工程,核心是以人为本,关键是提升质量,需要全面落实五个战略任务:

(1)有序推进农业转移人口市民化和基本公共服务均等化

按照尊重意愿、自主选择、因地制宜、分步推进、存量优先、带动增量的原则,以农业转移人口为重点,兼顾高校和职业技术院校毕业生、城镇间异地就业人员和城区城郊农业人口,促进有能力在城镇稳定就业和生活的常住人口有序实现市民化。全面放开建制镇和小城市落户限制,有序放开50万—100万人口城市的落户限制,合理放开100万—300万人口的大城市落户限制,适量限制300万—500万人口的大城市落户条件,严格控制500万以上的特大城市人口规模。到2020年努力实现1亿左右农业转移人口在城镇落户。同时加快推进基本公共服务均等化,努力实现城镇义务教育、就业服务、基本养老、基本医疗、保障性住房等基本公共服务覆盖城镇常住人口。

（2）优化城镇化布局，促进大中小城市和城镇协调发展

优化提升东部地区城市群，培育发展中西部地区城市群，构建以陆桥通道、沿长江通道为两条横轴，以沿海、京哈京广、包昆通道为三条纵轴，以轴线上城市群和节点城市为依托、其他城镇化地区为重要组成部分的"两横三纵"城镇化战略格局。

（3）提高城市可持续发展能力，增强城市承载能力

加快转变城市发展方式，有效预防和治理"城市病"。加快产业转型升级，强化城市产业支撑，营造良好创业环境，增强城市经济活力和竞争力。优化城市空间结构和管理格局，完善基础设施和公共服务设施，增强对人口集聚和服务的支持能力。提高城市规划科学，健全规划管理体制机制，完善城市治理结构，创新城市管理方式，提升城市治理水平。

（4）推动城乡发展一体化，让广大参与者共享现代化成果

坚持工业反哺农业、城市支持农村的方针，着力在城乡规划、基础设施、公共服务等方面，完善城乡发展一体化体制机制，消除城乡二元结构，牢牢守住18亿亩耕地红线，加快推进农业现代化。

（5）统筹推进城镇化相关领域协同发展

加快绿色城市建设、推进智慧城市建设、注重人文城市建设、实施网络化城市建设、加强和创新城市社会治理，以带动和完善新城镇治理结构创新。

5. 顶层设计——五大制度体系

新型城镇化涉及人、地、钱、房和生态环境等诸多重点领域的体制机制改革，需要加强顶层设计，整体推进城镇化体制机制建设。主要体现在五大制度体系：

(1)推进人口管理制度改革

加快改革户籍制度,全面推行流动人口居住证制度,建立健全与居住年限相挂钩的基本公共服务提供机制。

健全人口信息管理制度,加快推进跨部门、跨地区的人口相关信息整合和共享,建设覆盖全国的人口综合信息库和信息交换平台,实行以公民身份号码为唯一标识,依法记录、查询和评估人口信息制度,为流动更加频繁的人口服务和管理提供支撑。

(2)深化土地管理制度改革

提高土地利用效率,根本上要靠制度管理。要按照管住总量、严控增量、盘活存量的原则,严格控制新增城镇建设用地规模,严格执行城市用地分类与规划建设用地标准,探索实行城镇建设用地增加规模与吸纳农业转移人口落户数量挂钩、与城镇低效用地再开发挂钩的激励约束机制。

坚持最严格的耕地保护制度,赋予农民对承包地占有、使用、收益、流转及承包经营权抵押、担保权能,进一步改革农村宅基地制度。

(3)创新城镇化资金保障机制

推进城镇化需要数十万亿的庞大资金支撑,必须建立多元化可持续的资金保障机制。加快完善财政转移支付体系,建立财政转移支付同农业转移人口市民化挂钩机制。

为增强地方政府提供基本公共服务能力,要加快建立规范透明的城市建设投融资机制:完善和健全地方政府债务管理制度,建立健全地方债券发行管理制度和信用评级制度,通过 PPP 等多种渠道吸引社会资本参与新城镇化建设。

(4)建立新城镇化住房保障制度

"住有所居"是实现城镇化的根本条件。要加快构建以政府为主提供基本保障、以市场为主满足多层次需求的住房供应体系;建立各级财政保障性住房稳定投入机制,不断完善租赁补贴制度;通过调整完善住房、土地、财税、金融等方面政策,构建房地产市场的长效调控机制。

(5)强化生态环境保护制度

改善生态环境质量,推动城镇化绿色循环低碳发展的制度体系,形成节约资源和保护环境的空间格局、产业结构、生产方式和生活方式。

建立健全生态文明考核评价机制、国土空间开发保护制度、资源有偿使用制度和生态补偿制度、资源环境产权交易制度、环境监管制度、区域环境联防联控机制等制度,实行严格的生态环境保护责任追究制度和环境损害赔偿制度,以及最严厉的终身责任制度。

不断提高城镇化管理的制度建设和科学水平,城镇化进程中全面落实改革开放的重要战略任务。新中国的城乡建设规划和制度确立经历了一个从无到有、从单一到配套、从部门制度上升为国家一体化制度的过程,是 60 多年努力的实践成果,在未来的新城镇化建设中,充分运用过去的城市规划管理体系和制度,根据国情、社情和民情,重点做好针对现阶段社会经济体制和城镇化的发展趋势,城乡规划和管理制度要在规划编制方法、公众参与制度、规划管理程序方面建立系统的管理机制,并对整个过程的进程实行制约监督和刚性制度措施,这才是保障全面落实深化改革战略任务,建设其具有智慧功能、环境优美、科学文化发达的新一代城镇,从根本上结束城乡二元的分支状态,开创中国城市制度文明的新纪元。

在运用双剑合璧激发城镇化的效应中,我国城镇化经历了一个起点低、速度快的发展过程。1978—2013 年,城镇化率年均提高 1.02 个百分点;2000 年以来,城镇化率年均提高 1.35 个百分点;2013 年城镇化率达到 53.73%,超过世界平均水平。城镇数量和规模不断扩大,一批辐射带动力强的城市群正在成长壮大,京津冀、长江三角洲、珠江三角洲三大城市群以 2.8%的国土面积集聚了 18%的人口,创造了 36%的国内生产总值,拉动我国经济快速增长。城镇化吸纳了大量农业劳动力转移就业,改变了亿万人民的生产生活条件,取得了举世瞩目的成就。

6. 制度障碍——六个滞后

在城镇化快速发展的同时,质量不高的问题也日益突出。被统计为城镇人口的2.34亿农民工及随迁家属难以融入城市社会,市民化进程滞后。"土地城镇化"快于人口城镇化,城镇用地粗放低效,新城新区、开发区和工业园区占地过多。城镇空间分布和规模结构不合理,与资源环境承载能力不匹配。城市管理服务水平不高,"城市病"问题日益突出。自然历史文化遗产保护不力,城乡建设缺乏特色。现行户籍管理、土地管理、社会保障、财税金融、行政管理等制度,固化着已经形成的城乡利益失衡格局,阻碍了城镇化健康发展。

因此,在制度和管理层面,经济学家提出的原则是:让无形的手充分施展,让有形的手更有效率,实现推进新型城镇化的双剑合璧,并以加速度变量的方式创造出成熟化的"城镇效应"。这是一个科学的良性布局。

目前我国城镇化的比例虽然已经提高到54.7%,但主要问题是城镇化质量不高,在某些地区,城中不同地出现了"半城镇化"、"被城镇化"、"房地产化"、"空壳化"的四化现象。究其根源,主要是:人口城镇化滞后于工业化、滞后于人口非农化、滞后于土地城镇化、农业现代化滞后于工业化和城镇化、中西部城市化滞后于东部城镇化、城镇建设和管理滞后于人口城镇化。这六个滞后的实质问题是制度化障碍,因此,深化改革创新制度破除城镇化质量的制度障碍,即成为新城镇化建设的重大课题,这里有几个需要警惕的城镇化现象:

①新城镇化面临的煤炭能源呼唤清洁能源的诞生。因为城镇化率每提高1%,能源消耗至少会增加6000万吨标准煤,未来6年间新增的能源消耗和防止新增的能源消耗将会超过3.6亿吨标准煤,这将面临巨大的治理污染问题,对制度方面提出的命题是美丽中国的概念,其实要比实现富裕中国更艰难。

②城镇化不是砖瓦砂浆。这是世界银行常务副行长英卓华提出的命题,就是说城镇化不是"水泥壁垒化"构成的城镇现象,它不是砖瓦泥浆的堆积,而高效包容和可持续的新型城镇化,才是制度保证的以人为核心

的战略城镇化。

③城镇化不是没有文化的城镇化。诺贝尔经济奖获得者斯蒂格利茨早在2006年就预言:"21世纪影响人类社会进程最主要的两件大事:一是美国的新技术革命,二是中国的城镇化。"仅以过去30年为例,中国城市的外来人口约为2.6亿人,现在每年约有2000万外来人口迁入城市,每月平均180万—200万,这相当于汉堡和维也纳的人口,到2013年中国将有70%的人口居住城市。如果文化跟不上城镇化的发展,或者千城一面,没有历史记忆、文化脉络、地域特色,这样的城镇化将是新的微茫集聚区。

④城镇化要注意城镇保障性住房制度的实施。人类是具有群居偏好的高级动物,渴望追求存在感、认同感、归属感和安全感,只有伴随共同关系的形成发展和持续,成员之间所渴望的这四个概念才会形成和谐稳定的城镇基础。如果保障型住房不能具有制度性的保障,包括住房的建设、分配、管理、监督以及退出等制度机制,这样的城镇化就不是安邦固本的国家惠民生、稳增长的城镇化。尤其不能存在"一边高楼林立,一边棚户连片"的强烈反差。这些实质性的问题都必须通过建立保障性的制度体系逐一实现。

附件1:强化生态环境保护制度

完善推动城镇化绿色循环低碳发展的体制机制,实行最严格的生态环境保护制度,形成节约资源和保护环境的空间格局、产业结构、生产方式和生活方式。

①建立生态文明考核评价机制。把资源消耗、环境损害、生态效益纳入城镇化发展评价体系,完善体现生态文明要求的目标体系、考核办法、奖惩机制。对限制开发区域和生态脆弱的国家扶贫开发工作重点县取消地区生产总值考核。

②建立国土空间开发保护制度。建立空间规划体系,坚定不移实施主体功能区制度,划定生态保护红线,严格按照主体功能区定位推动发展,加快完善城镇化地区、农产品主产区、重点生态功能区空间开发管控

制度,建立资源环境承载能力监测预警机制。强化水资源开发利用控制、用水效率控制、水功能区限制纳污管理。对不同主体功能区实行差别化财政、投资、产业、土地、人口、环境、考核等政策。

③实行资源有偿使用制度和生态补偿制度。加快自然资源及其产品价格改革,全面反映市场供求、资源稀缺程度、生态环境损害成本和修复效益。建立健全居民生活用电、用水、用气等阶梯价格制度。制定并完善生态补偿方面的政策法规,切实加大生态补偿投入力度,扩大生态补偿范围,提高生态补偿标准。

④建立资源环境产权交易机制。发展环保市场,推行节能量、碳排放权、排污权、水权交易制度,建立吸引社会资本投入生态环境保护的市场化机制,推行环境污染第三方治理。

⑤实行最严格的环境监管制度。

⑥建立和完善严格监管所有污染物排放的环境保护管理制度。独立进行环境监管和行政执法。完善污染物排放许可制,实行企事业单位污染物排放总量控制制度。加大环境执法力度,严格环境影响评价制度,加强突发环境事件应急能力建设,完善以预防为主的环境风险管理制度。对造成生态环境损害的责任者严格实行赔偿制度,依法追究刑事责任。建立陆海统筹的生态系统保护修复和污染防治区域联动机制。开展环境污染强制责任保险试点。

附件2：绿色新城镇标准

01	绿色能源 推进新能源示范城市建设和智能微电网示范工程建设,依托新能源示范城市建设分布式光伏发电示范区。在北方地区城镇开展风电清洁供暖示范工程。选择部分县城开展可再生能源热利用示范工程,加强绿色能源县建设。
02	绿色建筑 推进既有建筑共热计量和节能改造,基本完成北方采暖地区居住建筑供热计量和节能改造,积极推进夏热冬冷地区建筑节能改造和公共建筑节能改造。逐步提高新建建筑能效水平,严格执行节能标准。积极推进建筑工业化、标准化,提高住宅工业化比例。政府投资的公益性建筑、保障性住房和大型公共建筑全面执行绿色建筑标准和认证。

03	绿色交通
	加快发展新能源、小排量等环保型汽车,加快充电站、充电桩、加气站等配套设施建设,加强步行和自行车等慢行交通系统建设,积极推进混合动力、纯电动、天然气等新能源和清洁燃料车辆在公共交通行业的示范应用。推进机场、车站、码头节能节水改造,推广使用太阳能等可再生能源。继续严格实行运营车辆燃料消耗量准入制度,到2020年淘汰全部黄标车。
04	产业园区循环化改造
	以国家级和省级产业园区为重点,推进循环化改造,实现土地集约利用、废物交换利用、能量梯级利用、废水循环利用和污染物集中处理。
05	城市环境综合整治
	实施清洁空气工程,强化大气污染综合防治,明显改善城市空气质量;实施安全饮用水工程,治理地表水、地下水,实现水质、水量双保障;开展存量生活垃圾治理工作;实施重金属污染防治工程,推进重点地区污染场地和土壤修复治理。实施森林、湿地保护与修复。
06	绿色新生活行动
	在衣食住行游等方面,加快向简约适度、绿色低碳、文明节约方式转变。培育生态文化,引导绿色消费,推广节能环保型汽车、节能省地型住宅。健全城市废旧商品回收体系和餐厨废弃物资源化利用体系,减少使用一次性产品,抑制商品过度包装。

七、自贸区——制度试验田

1. 自贸区制度:可推广可复制

建立中国上海自由贸易试验区是党中央在新形势下推进改革开放的重大举措,要切实建设好、管理好,为全面深化改革和扩大开放探索新途径、积累新经验。在推进现有试点基础上,选择若干具备条件的地方发展自由贸易园(港)区。

自贸区的制度建设,通过行政审批制度改革,建立创新的制度实验田,这将是我国加快完善经济制度建设、构建更加开放型的经济型体制,富有勇气和果敢胆识的抉择。

十八届三中全会《决定》指出:放宽投资准入。统一内外资法律法规,保持外资政策稳定、透明、可预期。推进金融、教育、文化、医疗等服务业领域有序开放,放开育老养老、设计建筑、会计审计、商贸物流、电子商务等服务业领域外资准入限制,进一步放开一般制造业,同时加快海关特殊监管区域整合优化。

在试验区内,暂时停止实施有关法律法规的决定,建立新的制度体系,对负面清单之外的外商投资暂时停止外资企业法、中外合资经营企业法、中外合作企业经营法等法律的实施、暂时停止文物保护法的有关规定的实施,这就意味着上海自贸区将建立独立的制度体系,形成与国际投资贸易规则相衔接的基本制度框架。

全面提高开放性经济水平,创造新的对外开放经济模式,建立上海自贸区在制度建设方面的推进,就是实现这一历史重任的有益有效的尝试。

2.制度建设两大板块

(1)"直接进小门,一目了然"

按照2013年的负面清单发布,我国国民经济18个行业门类、89个大类、419个中类、1069个小类。权力清单只注重419个中类,必然会成为短板。自贸区决定弃大保小,按照1069个小类去做,让企业进来后能摸清门道,政府能够理清领域,这就是"直接进小门,一目了然"。

负面清单直接关系到行政审批制度的改革,因此确定为自贸区建设的重点是制度创新而不是政策优惠,简化行政审批就意味着一系列的后续监管要跟上去,从事前审批转变为事中、事后监管制度,这比原来的制度更实际、更管用。这样2014年版的负面清单,在开放度、透明度上与国际规则的衔接更具有制度优势。

(2)形成一批可复制、可推广的制度

自贸区的定位在制度创新。自贸区形成的制度体系的基本前提是可以复制、可以推广,根据具体情况可以在全国铺开,有的可在特殊区域推广,这就决定了制度的可行性和科学性、合理性,防范系统和区域性的风险功能,都是自贸区制度实验的关键所在。例如自贸区的商事等级制度,今年3月即在全国复制和推广,而且反响效果极佳。

自贸区的实验被比喻为爆竹,这枚爆竹的响与不响、亮度强弱将直接关系到中国经济制度建设创新的成败力度,因此在自贸区制度框架实验单上,确立了五个方面:

①探索负面清单模式,形成更加开放透明的投资管理制度;

②深化贸易监管制度创新,提高贸易便利化水平;

③深化金融制度创新,服务实体经济发展;

④加强事中、事后监管,创新政府监管方式;

⑤加大自主改革力度,拓展改革试点领域:探索完善行政公开透明制度、公平竞争制度和权益保护制度等。

3. 自贸区推出新制度 14 项

(1)5 月 1 日前实施的制度 7 项

5 月 1 日前,海关已经或即将实施的制度有 7 项,包括先进区、后报关制度;区内自行运输制度;加工贸易工单式核销制度;保税展示交易制度;境内外维修制度;期货保税交割制度;融资租赁制度。

(2)6 月 30 日前分批推出的制度 7 项

5 月 1 日至 6 月 30 日分批推广和实施的制度有 7 项:批次进出、集中申报制度;简化通关作业随附单证;统一备案清单;内销选择性征税制度;集中汇总纳税制度;保税物流联网监管制度;智能化卡口验放管理制度。

试验区成立 8 个月里,已聚集 1.6 万多家投资企业、28 万从业人员,在形成更加开放透明的投资管理制度、提高贸易便利化水平、深化金融制度创新、推进政府管理改革等方面取得积极成效,初步形成 30 多项可复制、可推广的改革事项。

习近平同志对自贸区的制度创新给予了高度关注,2014 年 5 月 23 日特地到上海自贸区进行考察。他高兴地指出:上海自由贸易试验区是块大试验田,要播下良种,精心耕作,精心管护,期待有好收成,并且把培育良种的经验推广开来。习近平希望试验区按照先行先试、风险可控、分步推进、逐步完善的原则,把扩大开放同改革体制结合起来,把培育功能

同政策创新结合起来,大胆闯、大胆试、自主改。他强调两点:

要切实把制度创新作为核心任务,以形成可复制、可推广的制度成果为着力点,努力创造更加国际化、市场化、法治化的公平、统一、高效的营商环境。

切实把防控风险作为重要底线,在建设全过程都掌控好风险,努力排除一切可能和潜在的风险因素;切实把企业作为重要主体,重视各类企业对制度建设的需求,鼓励企业积极参与试验区建设。

4. 自贸区建设有了"基本法"

自贸区提供的地方立法《中国(上海)自由贸易试验区条例》(以下简称《条例》),将于2014年8月1日起施行。这部上海自贸试验区建设的"基本法",共9章57条,从管理体制、投资开放、贸易便利、金融服务、税收管理,到综合监管、法治环境等方面,对推进自贸试验区建设进行了全面的梳理规范。

(1)《条例》的制度亮点

①明确规定自贸试验区建设要坚持"自主改革"的指导思想,努力聚焦制度创新的重点领域和关键环节,不断激发制度创新的主动性、积极性;

②尊重人民的首创精神,规定凡是法律、法规、规章未禁止的事项,鼓励公民、法人和其他组织在自贸试验区开展改革创新,充分体现了对公民法人而言"法无禁止皆可为"的法治精神;

③明确自贸试验区实行外商投资准入前国民待遇加负面清单管理模式,对负面清单之外的领域,将外商投资项目核准和外商投资企业设立和变更审批改为备案管理。

(2)监管制度明晰

《条例》规定,要在自贸试验区建立与国际贸易等业务发展需求相适应的监管模式,积极开展海关和检验检疫监管等方面制度的创新。具体的条文规定,不仅涵盖海关和检验检疫已经推出的通关无纸化、先报关后进港等改革措施,还通过对推动监管制度改革的原则性规定,为今后的监管制度创新预留了空间。

(3)建设"国际贸易单一窗口"

试验区将提高政府部门监管效能,降低贸易和运输企业的综合物流成本,促进国际贸易发展。

(4)明确了"五大金融创新"

《条例》明确了"五大金融创新"的关键点,即:创新有利于风险管理的账户体系;促进投融资汇兑便利;人民币跨境使用;推动利率市场化体系建设;建立与自贸试验区发展需求相适应的外汇管理体制。所有这些改革措施,都是在风险可控的前提下进行。

(5)规定了"一公平四保护"

《条例》也对国际通行进行了专门规定,即维护公平竞争、加强投资者权益保护、加强劳动者权益保护、加强环境保护、加强知识产权保护。从四个方面进行了规范:

一是制定并公布权力清单,明确了管委会和驻区机构应当公布行政权力清单以及运行流程;

二是抽象行政行为接受公众评论,要求在制定有关自贸试验区的法规、规章和规范性文件时,有关方面必须征求社会公众、相关行业组织和企业等方面的意见;

三是建立行政异议制度,对管委会制定的规范性文件有异议的,公民、法人和其他组织可以提请市政府进行审查;

四是建立信息发布机制,要求自贸区门户网站公布相关法律、法规、规章、政策、办事程序等信息,以便利社会各方面的查询。

自贸区的实验条例的公布,对于进一步在制度创新和法律保障上,推动自贸区的跨越性发展将具有指导意义。

八、公车改革——以制度树公信

一场历时 20 年的公车改革终于揭幕,以顶层设计的制度强势推动破局,到 2014 年 7 月中共中央发布了《关于全面推进公务用车制度改革的指导意见》和《中央和国家机关公务用车制度改革》两个制度,并发出通知要求各地区、各部门严格贯彻执行。这在全面深入改革开放史上又写下了浓重的一笔。

1.1994—2004 年——公车改革远征路

从 1994 年下达《关于党政机关汽车配备和使用管理的规定》为发端,历经整整 20 年的岁月,这在党政机关和社会上所产生的巨大冲击波将会对公务用车制度改革产生有力的推动,也会为同时布局和推行的司法制度改革、户籍制度改革、纪检制度以及建立现代财税制度等重点改革带来破冰式的影响。因此,公车改革一出台,即受到了全党、全国民众的高度关注和赞扬。从制度研究层面来说,这两个制度文件的制定所以能够迅速推动,主要体现的是以制度树公信而产生的刚性的制度威力。

公车改革最难改的是"官念"。公车姓公只能公用,但回归这一制度常识理念,需要下狠心、抓落实,需要制度创新的智慧、稳妥推进的理性、扎实推进的细致。一个车子实际是捆绑在一个"官利"之上。车轮上的铺张、车轮上的腐败已成为中国社会的大弊之一,这里面很重要的原因就是监管缺失、制度漏洞,为既得利益者和私心杂念者留出了利益的缝隙。不少官员为既得利益所困惑,已分不清公私界限,把"出有车"当成是一种地位待遇,深陷进"大小是个官,要做四个圈"的误区。因此,使得公车改革一再陷入"官念"的泥潭,难以推行。反观近一年来,在反四风、惩腐败、利民心、树公威的一系列重拳之下,公车官念的"篱笆"已被撕开,加之制度严格的管理手段都为这一困局的破冰提供了有力支撑。因此,公字当头,制度开局,成为公车改革的鲜明特色。

从各级党政机关取消一般公务用车,到保留必要的机要、通讯、应急等车辆;从创新提供方式,有效保障公务出行,到明确公务交通补贴不是福利,一系列举措可谓力度空前,操作性极强。这既包含着总体目标又有执行细则,既破除私利又不废公务,既敢于向自我开刀,又忠实制度建设的长远,这些谋划与部署都回归了"公车姓公、车为公用"的制度轨迹。

2. 公车改革七要点——制度破冰

(1)参改范围

包括中央纪委机关和中央各部门、全国人大机关、国务院各部门、全国政协机关、最高检最高法、各人民团体、群众团体、各民主党派中央、全国工商联、中央和国家机关所属参公事业单位。

(2)人员范围

包括在编在岗的司局级及以下工作人员。

(3)车辆范围

取消一般公务用车,保留必要的机要通信、应急、特种专业技术用车和符合规定的一线执法执勤岗位车辆及其他车辆。

(4)改革方式

对司局级及以下工作人员适度发放公务交通补贴,自行选择公务出行方式,在北京市行政区域城区公务出行不再报销公务交通费用。

(5)补贴方式

司局级每人每月1300元,处级每人每月800元,科级及以下每人每月500元,统筹资金使用要公开透明。地方公务交通补贴标准,不得高于中央和国家机关补贴标准的130%,边疆民族地区和其他边远地区标准不得高于150%。

（6）车辆处置

对取消的公务用车，由公务用车主管部门统一规范处置；对取消的公务用车委托中介机构进行资产评估，以评估价作为处理基准价，采取公开拍卖等方式进行公开处置，处置结果向社会公开。

取消车辆处置要防止甩卖和贱卖现象，避免国有资产流失。

（7）司勤人员安置

根据保留公务用车的实际需要合理设置司勤人员岗位，按照公开、平等、竞争、择优的原则在现有在册的司勤人员中竞聘上岗、择优上岗。

对其他司勤人员按照以人为本、积极稳妥、因地制宜的原则坚持内部消化为主，通过内部转岗、开辟新的就业岗位、提前离岗等多种方式妥善安置，不得简单推向社会。

（8）保障措施

一是加强保留公务用车管理。中央和国家机关各部门、各单位根据编制总量和工作性质可保留 5 辆以内的公务用车，由公务用车主管部门实行编制管理。

二是严格财务管理。要严格交通费用预算管理，各单位按照在编在岗公务员数量和职级职务直接核定补贴数额，严格公务交通补贴发放，不得擅自扩大范围，提高补贴标准。

三是加强公务用车的纪律监察和审计。

四是切实保障公务出行。北京市要采取切实措施，健全城市公共交通服务体系，完善用出租车市场化运营管理方式，增加社会化交通供给，并采取措施及时解决公务出行遇到的有关问题。

3. 路线图和时间表

运用制度确保公车改革改成、改好。公车改革的"制度意见"和"制度方案"是一项复杂的系统工程，牵涉方方面面，需要统筹协调形成合力，要调动中央和地方两个积极性，处理好政府和市场的关系，做好新旧制度的有机衔接,就能激发落实的合力,做到改成改好、善做善成。

据专家们的计算,这次公车改革不仅是在政治上向车轮的腐败动了决定性的手术,同时,也是全面深化改革的又一项重大举措,表明了党和政府锐意改革、厉行节约的坚定信心。据专家的保守估计,可每年节省开支1500亿以上。

为了保证改革的实行,并确定了公车改革时间表和执行路线图:2014年年底前,中央和国家机关公车改革力争基本完成;2015年年底前地方党政机关公车改革基本完成;2016年年底公车改革全面完成。为确保改革成功,制度文件中规定了"六个不得":

①不得以特殊用途等理由变相超编制、超标准配备公务用车;

②不得以任何方式换用、借用、占用下属单位或者其他单位和个人的车辆;

③不得接手企事业单位和个人赠送的车辆;

④不得以任何理由违反用途使用和固定给个人使用执法执勤、机要通信等公务用车;

⑤不得以交通补贴名义变相发放福利;

⑥公务人员不得既领取公务交通补贴又违规乘坐公务用车。

同时作出了明确的责任认定,在顶层设计的强势推动下,原来的阻力已不复存在,官员阶层基本达成共识,如果不接受车改或抵制车改,那就不必做官。同时规定,对相应的位置处罚措施,将按照有关规定严格执行。

公车改革的破冰出炉,给整个社会一个非常积极的信号,这就是十八大制定的八项规定、整治四风、反铺张浪费等措施制度的实行,为公车改革铺平了道路,营造了公车改革破除阻力的极好环境。由公车制度改革所提振的民众信心,将在全面深化改革的浪潮中得到验证和迸发。

策　　划:任　超　洪　琼　倪天勇

责任编辑:洪　琼　张　立

版式设计:顾杰珍

责任校对:高　敏

图书在版编目(CIP)数据

把权力关进制度的笼子里/中国政法大学制度学研究中心 编.
　-北京:人民出版社,2014.10
ISBN 978－7－01－013926－5

Ⅰ.①把…　Ⅱ.①中…　Ⅲ.①中国共产党-廉政建设-学习参考资料
　Ⅳ.①D261.3

中国版本图书馆 CIP 数据核字(2014)第 209881 号

把权力关进制度的笼子里
BA QUANLI GUANJIN ZHIDU DE LONGZI LI

中国政法大学制度学研究中心　编

李铁　李树忠　王凤鸣　著

人 民 出 版 社 出版发行
(100706　北京市东城区隆福寺街 99 号)

北京汇林印务有限公司印刷　新华书店经销

2014 年 10 月第 1 版　2014 年 10 月北京第 1 次印刷
开本:710 毫米×1000 毫米 1/16　印张:17.25
字数:260 千字　印数:00,001-20,000 册

ISBN 978－7－01－013926－5　定价:45.00 元

邮购地址 100706　北京市东城区隆福寺街 99 号
人民东方图书销售中心　电话 (010)65250042　65289539